MUTTERS AGENDA

XIII

1972–1973

Titel der französischen Originalausgabe:
L'Agenda de Mère, 1972–1973
© 1982 Institut de Recherches Évolutives, Paris.

Deutsche Erstauflage 2003

Zweite Auflage 2013

ISBN 978-3-910083-63-9

Diese Agenda ...
ist mein Geschenk
an die, die mich lieben

Mutter

Biographische Anmerkung

MUTTER wurde am 21. Februar 1878 in eine Pariser Familie gänzlich materialistischer Überzeugung geboren. Sie studierte Musik, Malerei und höhere Mathematik. Als Schülerin des französischen Malers Gustave Moreau lernte sie die großen Impressionisten der Epoche kennen. Später traf sie Max Théon, eine mysteriöse Persönlichkeit mit außerordentlichen okkulten Fähigkeiten, der ihr als erster eine zusammenhängende Erklärung all der spontanen Erfahrungen gab, die sie seit ihrer Kindheit hatte, und der sie bei zwei langen Besuchen auf seinem Anwesen in Algerien die Geheimnisse des Okkultismus lehrte. 1914 besuchte sie die französische Kolonialstadt Pondicherry in Südindien, wo sie Sri Aurobindo begegnete, der dort als indischer Freiheitskämpfer vor den Briten Zuflucht gefunden hatte. Nach einem Aufenthalt in Japan und einem kurzen Besuch in China kehrte sie 1920 endgültig nach Pondicherry zurück. Als Sri Aurobindo sich 1926 zurückzog, um der Erforschung einer neuen Evolutionsmacht in der Materie nachzugehen, übernahm sie die Leitung seines Ashrams und bemühte sich vergeblich, die Schüler zu einem neuen Bewußtsein zu erwecken. 1958, acht Jahre nach Sri Aurobindos Abschied, zog auch sie sich zurück, um *das* Problem anzugehen: eine Veränderung im Bewußtsein der Körperzellen. Von 1958 bis 1973 deckte sie allmählich den „Großen Übergang" zu einer neuen Spezies und einem neuen Lebensmodus in der Materie auf. Dabei erzählte sie Satprem von ihren außerordentlichen Erfahrungen, und das ist die *Agenda*.

(Siehe Satprems biographische Trilogie: *Mutter: 1. Der Göttliche Materialismus, 2. Die Neue Spezies, 3. Die Mutation des Todes*, Verlag Hinder + Deelmann, Gladenbach 1992-94.)

SATPREM wurde 1923 in Paris geboren. Den Großteil seiner Kindheit verbrachte er auf Segelfahrten vor der bretonischen Küste. Mit zwanzig wurde er wegen Widerstandsaktivitäten von der Gestapo verhaftet und verbrachte anderthalb Jahre in deutschen Konzentrationslagern. Körperlich und seelisch zutiefst erschüttert, reiste er nach seiner Befreiung zunächst nach Indien, um einen Posten in der französischen Kolonialregierung in Pondicherry anzutreten. Dort begegnete er Sri Aurobindo, der verkündet hatte: „Der Mensch ist ein Übergangswesen". Daraufhin verließ er seinen Posten und begab sich auf eine Reihe von Abenteuern, die ihn nach Guayana, Brasilien und Afrika führten, bevor er 1953 nach Indien zurückkehrte. Er wanderte als Sannyasin durchs Land, wurde in den Tantrismus eingeweiht, bis er sich schließlich dem Werk von Mutter und Sri Aurobindo widmete.

Als Mutters Vertrauter zeichnete er siebzehn Jahre lang ihre Erfahrungen auf und dokumentierte ihre Suche nach einer Veränderung im Programm der Zellen, die zu einer anderen Sicht des Todes führte.

1977, vier Jahre nach Mutters Tod, gründete er in Paris das Institut de Recherches Évolutives, um die vollständige Veröffentlichung der *Agenda* sicherzustellen.

CHRONIK DES WELTGESCHEHENS

1972

10. Januar	Scheich Mudjibur Rahman kehrt nach Bangladesch zurück, nachdem er seit März 1971 in pakistanischer Gefangenschaft gehalten worden war.
21. Feb.	Mutter wird vierundneunzig.
	Tod Kardinal Tisserants.
21.-28. Feb.	Reise Nixons nach Peking: „Normalisierung der Beziehungen".
10. März	Kambodscha: Staatsstreich von Marschall Lon Nol, der sich zum Präsidenten der Republik erklärt.
19. März	Unterzeichnung eines Freundschaftsvertrags zwischen Indien und Bangladesch.
24. März	Großbritannien: Übernahme der direkten Verwaltung von Nordirland nach einem Jahr der Gewalttätigkeiten zwischen Protestanten und Katholiken mit 467 Todesopfern.
6. April	Wiederaufnahme der amerikanischen Bombardierung von Nordvietnam.
9. Mai	Vereinigte Staaten: Nixon verkündet die Blockade und Verminung nordvietnamesischer Häfen.
22. Mai	Nixon reist nach Moskau. Unterzeichnung des SALT-Vertrages zur Rüstungsbeschränkung.
	Ceylon erklärt sich zur Republik und ändert seinen Namen in „Sri Lanka".
30. Mai	Massaker im israelischen Flughafen Lod: 27 Tote.
1. Juni	Westdeutschland: Der Terrorist Andreas Baader wird verhaftet.
10. Juni	Der Orkan Agnes verwüstet die Ostküste der Vereinigten Staaten: „größte Naturkatastrophe der US-Geschichte".
17. Juni	Die Polizei des Distrikts Columbia verhaftet fünf Einbrecher im Watergate-Gebäude in Washington, dem Hauptquartier der Demokratischen Partei: Beginn der Watergate-Affäre.
29. Juni	Der Höchste Gerichtshof der Vereinigten Staaten erklärt die Todesstrafe als unvereinbar mit der amerikanischen Verfassung.
3. Juli	Indien und Pakistan unterzeichnen den Simla-Vertrag zur Reduzierung der gegenseitigen Spannungen in der Kaschmir- Frage.
18. Juli	Ägypten: Präsident Sadat beendet die sowjetische Militärpräsenz im Lande.
19. Juli	Frankreich: Geheimgespräche zwischen Kissinger und Le Duk Tho in Bezug auf den Vietnamkrieg.
21. Juli	Nordirland: die IRA richtet ein Blutbad in Belfast an.
27. Juli	China verkündet offiziell den Tod Lin Piaos im September 1971 bei einem Flugzeugabsturz auf dem Weg in die Sowjetunion nach einem gescheiterten Staatsstreich gegen Mao Tse Tung.
7. Aug.	Großbritannien: Entdeckung eines bedeutenden Ölvorkommens in der Nordsee.
14. Aug.	Tod des Dichters und Schriftstellers Jules Romains, Mitglied der Academie Frangaise, Begründer des Unanimismus und Autor des 27-bändigen Romanwerks „Die guten Willens sind" sowie der Theater-Arztsatire „Dr. Knock".

21. Aug.	Vereinigte Staaten: Nixon wird erneut Präsidentschaftskandidat der Republikanischen Partei.
25. Aug.	Vereinte Nationen: China erklärt sein Veto gegen den Beitritt Bangladeschs.
26. Aug.	Tod des Weltumseglers und Rekordfliegers Sir Francis Chichester.
5. Sept.	Dem Anschlag palästinensischer Terroristen während der Olympischen Spiele in München fallen 11 israelische Athleten zum Opfer.
10. Sept.	Ein Orkan richtet im indischen Staat Orissa schwere Schäden an.
25. Sept.	Wiederaufnahme diplomatischer Beziehungen zwischen China und Japan, zum ersten Mal seit 1937.
7. Nov.	Wiederwahl Richard Nixons zum Präsidenten der Vereinigten Staaten.
7. Dez.	Waffenstillstand zwischen Indien und Pakistan in Kaschmir, Rückgabe der 1971 eroberten Landesteile.
21. Dez.	50. Jahrestag des Bestehens der Sowjetunion.
23. Dez.	Nicaragua: ein schweres Erdbeben fordert 10 000 Todesopfer.
26. Dez.	Tod des 33. US-Präsidenten Harry S. Truman.
30. Dez.	Vereinigte Staaten: Nixon erklärt die Einstellung der Bombardierungen und die Wiederaufnahme der Pariser Friedensgespräche mit Nordvietnam.

Januar

11. Januar 1972

Ein gutes neues Jahr, mein Kind!

> *(Mutter nimmt Satprems Hände.*
> *Er gibt ihr die Blume „Göttliche Liebe"[1],*
> *dann verteilt sie Geschenke.)*

Du hast Indiras Brief gesehen, ich habe ihn dir gezeigt...

Ja, liebe Mutter, ich habe ihn zur Kenntnis genommen.

Dort werden sie jetzt bewußter – sehr amüsante Dinge ereignen sich.

Meinst du in der Hauptstadt, in Delhi?

Nein, an der Front: in Bangladesch.
Aber der Bursche, der von Amerika kam[2], sagt, er wolle den Krieg nicht beenden – wir werden sehen ... Jedenfalls gehen wir klar auf den Zerfall Pakistans zu.

> *(langes Schweigen)*

Die Kraft arbeitet jetzt sehr stark. Und du, wie geht es dir?

Ich bin vertrauensvoll.

Ach, gut! Das ist alles, was nottut.

> *(Schweigen)*

Die Kraft von „Dem" ist ungeheuer. Die Körper sind nicht daran gewöhnt, so können sie es nur sehr schwer ertragen. Doch das macht nichts.

> *(Mutter ergreift Satprems Hände, Meditation)*

*
* *

---

1. Die Granatapfelblume.
2. Vermutlich bezieht sich Mutter auf Z.A. Bhutto, der als pakistanischer Außenminister nach Amerika gereist war und im letzten Moment zurückgerufen wurde, um Präsident von Pakistan zu werden.

(Botschaft für den ersten Januar:)

Ohne das Göttliche sind wir beschränkte, unfähige und hilflose Wesen; mit dem Göttlichen, wenn wir uns ihm ganz hingeben, ist alles möglich, und unser Fortschritt ist unbegrenzt.

Eine besondere Hilfe ist in diesem Jahr der Jahrhundertfeier Sri Aurobindos auf die Erde gekommen; laßt uns davon profitieren, um das Ego zu überwinden und ins Licht vorzudringen!

Ein gutes neues Jahr!

2. Januar 1972

(Botschaft Mutters)

Als Sri Aurobindo seinen Körper verließ, sagte er, daß er uns nicht verlassen werde. Tatsächlich war er während dieser einundzwanzig Jahre immer unter uns, führend und all denen helfend, die aufnahmefähig und seinem Einfluß gegenüber empfänglich sind.

In diesem Jahr seiner Jahrhundertfeier wird seine Hilfe noch stärker sein. Es liegt an uns, noch offener zu sein und sie nutzen zu können. Die Zukunft gehört denen, die die Seele eines Helden haben. Je stärker und aufrichtiger unser Glaube ist, um so mächtiger und wirksamer die empfangene Hilfe.

5. Januar 1972

Wie geht es dir?

Alle möglichen Dinge zerren noch immer an mir.

(Mutter gibt Satprem ihre letzte Botschaft)

Sri Aurobindo gehört keinem einzelnen Land sondern der ganzen Erde. Seine Lehre führt uns in eine bessere Zukunft.

(Dann hört sich Mutter den Brief eines Schülers an, der die Herabkunft einer besonderen Kraft gespürt hatte und fragte, ob das in Zusammenhang mit diesem neuen Jahr stehe.)

Es steht in Zusammenhang mit dem Jahr Sri Aurobindos.
In diesem Jahr wird die Kraft Sri Aurobindos einen Druck ausüben – ich habe es sofort gespürt, seit dem 1. Januar. Ein starker Druck seiner Kraft, seines Bewußtseins, so *(Mutter senkt ihre Arme).*

(Schweigen)

Und sonst?

Was sagst du denn?

Nein … Es macht mir Mühe zu sprechen.
Aber die Erfahrung geht weiter; sie wird immer stärker und genauer… Es fällt mir nur schwer, mich auszudrücken.
Das Bewußtsein ist SEHR aktiv, aber im Schweigen. Sobald ich spreche …

(Mutter tritt bis zum Ende in Kontemplation)

Wie spät ist es?

Elf Uhr, liebe Mutter.

Die Atmosphäre ist sehr friedlich und sehr klar.

8. Januar 1972

Was gibt's Neues?... Geht es besser?... Nein?...

Ich weiß nicht. Ich verstehe nicht recht, welchen Weg wir gehen.

Ich verstehe ihn ganz und gar nicht!... Einfach ... *(Mutter öffnet ihre Hände in einer Geste der Hingabe).*
Es ist nicht leicht.
Es ist nicht leicht, aber ich sagte dir schon, beide Extreme sind da: Einerseits ist es nicht leicht, aber ganz plötzlich wird es für einige Sekunden wunderbar, und dann wieder ... Ich spreche lieber nicht davon.

(Schweigen)

Jetzt, wo ich hier festsitze, kommt bei allen Leuten die niedere Natur zum Ausdruck, und sie handeln, indem sie sich sagen: „Mutter wird es nicht wissen." Voilà. „Mutter wird es nicht wissen" bedeutet, daß es keine Kontrolle mehr gibt. Ich finde das ausgesprochen abstoßend.
Leute, zu denen ich gesagt habe: „Sie dürfen nicht im Ashram bleiben", lassen sich hier nieder. Und man läßt es zu. Und nicht nur das, sie kommen ins Auroville-Büro und wollen die Führung übernehmen. Nun ... Es ist ganz und gar abstoßend geworden.
Nur weil ich an mein Zimmer gebunden bin, nicht mehr so klar sehe und nicht mehr so gut höre, nutzen sie das aus.
Man sagt, ich würde den Ashram nicht mehr selbst leiten, sondern die Leute meiner Umgebung täten das, und sie täten, was sie wollten.
Aber das ist nicht wahr.

Nein, das ist nicht wahr!

Es ist nicht wahr.
Was das Bewußtsein betrifft, ist es ein sehr VIEL höheres Bewußtsein als vorher – das weiß ich –, aber mein Ausdrucksvermögen ... Ich habe kein Ausdrucksvermögen mehr. Ich gehe auch nicht mehr hinaus, so ist man überzeugt, daß ich nicht weiß, was vorgeht.
Da möchte ich lieber ... Ich möchte meine eigene Persönlichkeit so weit wie möglich auslöschen, damit sie nur noch auf die äußere Form beschränkt ist. Ich möchte einzig ... ein Übermittlungskanal sein, so *(Geste der Transparenz)*. Und ich versuche nicht einmal, mir dessen bewußt zu sein.
Die göttliche Gegenwart spüre ich immer, sehr stark, aber ...

(langes Schweigen)

In gewissen Fällen, in gewissen Augenblicken, ist die Kraft so gewaltig, so wirkungsvoll, daß ich selbst verblüfft bin, und in anderen Momenten habe ich so ein Gefühl ... nicht etwa, daß die Kraft verschwunden wäre, aber ... ich weiß nicht, was geschieht.

Ich kann das nicht erklären.

Natürlich sagen mir die Leute: „Sie haben mich geheilt, Sie haben soundso gerettet, Sie ..." – ich vollbringe geradezu Wunder, aber ... Sie denken, ich sei es, doch es ist kein Ich da. Da ist nichts, hier gibt es kein Ich; es ist nur ... *(Geste eines Fließens durch Mutter hindurch)* die Kraft, die hindurchgeht. Ich versuche ... ich versuche, nichts zu verschleiern, nichts aufzuhalten, nichts zu vermindern – das ist mein einziges Bestreben: die Kraft so unpersönlich wie möglich hindurchfließen zu lassen.

Nur dir kann ich dies sagen – zu den anderen sage ich nichts, überhaupt nichts.

Und ich weiß nicht einmal, ob du dasselbe fühlst ... Ich weiß nicht, ob du fühlst, daß die Kraft da ist – fühlst du sie?

Oh, diese Kraft fühle ich sehr, sehr stark! Ja, eine ungeheuerliche Kraft.

Aber was fühlst du denn nicht? Du machst eine Einschränkung. Das möchte ich gern wissen.

Das kommt darauf an, ob ich bei dir oder von dir entfernt bin. Wenn ich nicht bei dir bin, fühle ich vielleicht ... Ich beklage mich über ein Fehlen der Gegenwart ... einer Gegenwart ... Wie soll ich sagen?

Konkret?

Nein, nein, das ist es nicht. Es ist voller Macht, aber ... wenn es etwas gäbe, das mehr im Herzen wäre, verstehst du, etwas ... Innigeres, etwas Lebendigeres, weniger Unpersönliches.

Ach, da stimme ich zu. Aber alles zielt darauf ab, diese Unpersönlichkeit zu erlangen.

In meinem Bewußtsein ist dies wie eine notwendige Bedingung für den Übergang (keine endgültige Bedingung, aber eine für den Übergang), um auf die Unsterblichkeit zuzugehen. Das ist der Grund. Da ist etwas – etwas, das gefunden werden muß. Aber ich weiß nicht, was.

(langes Schweigen,
Mutter schüttelt den Kopf,
als ob sie nicht wüßte)

15

Die alte Sichtweise ... nicht die gewöhnliche Sichtweise, aber meine alte Sichtweise ist wie aufgelöst, und statt dessen muß ... alles gelernt werden *(Mutter öffnet die Hände, dem hingegeben, was von oben kommt).*

(Schweigen)

Im Bewußtsein des physischen Körpers besteht etwas wie ... nicht einmal eine Wechselfolge, sondern als sei beides ständig zusammen: das Bewußtsein, nichts zu wissen und nichts zu vermögen (jedenfalls nach der „aktuellen" Weise, wenn man so sagen darf), und gleichzeitig – weder eins nach dem anderen noch eins im anderen noch eins neben dem anderen, ich kann es nicht sagen – gleichzeitig das Empfinden eines absoluten Wissens und einer absoluten Macht. Beides ist da *(Geste der Gleichzeitigkeit).*

Ich könnte fast sagen: „so wie ich entsprechend den anderen bin" ... (Wenn ich „ich" sage, spreche ich jetzt immer vom Körper.) Das eine entspricht dem, was ich in den Augen der anderen bin, und das andere ist das, was ich entsprechend dem Göttlichen bin. Und beides ist ... *(dieselbe gleichzeitige Geste).*

Das ist sehr konkret, denn zum Beispiel ... Das beste Beispiel ist die Ernährung. Der Körper braucht Nahrung, um zu leben, doch alles in ihm ist fremd. Da werden die Mahlzeiten zu einem fast unlösbaren Problem ... Um es auf kindliche Weise auszudrücken: Es ist, als wüßte ich nicht mehr, wie man ißt. Wenn ich mich jedoch beim Essen nicht beobachte, so stellt sich spontan eine andere Weise zu essen ein. Verstehst du, was ich sagen will?

Ja.

Dasselbe gilt für das Sehen und das Hören ... Ich fühle, wie alle Fähigkeiten reduziert sind. Und so gesehen weiß ich tatsächlich nicht, was die Leute tun, was sie sagen, all das. Aber gleichzeitig – gleichzeitig – ist da eine WAHRERE Wahrnehmung dessen, was sie sind, was sie denken, was sie tun: eine wahrere Wahrnehmung der Welt, aber so neu, daß ich es nicht ausdrücken kann.

So bin ich nicht mehr das eine und noch nicht das andere. Es ist so *(Geste zwischen den beiden).* Das ist nicht angenehm.

Ja.

Und die Reaktionen der Leute *(Mutter nimmt ihren Kopf zwischen die Hände)* sind derartig falsch!...

12. Januar 1972

Weißt du zufällig, wo ich die zwölf Aspekte der Mutter beschrieben habe (das Symbol mit den zwölf Blättern)? 1 in der Mitte, dann 4 und außen 12.

Ja, das war für Auroville, glaube ich.

Für Auroville? Aber ich habe das schon vor Jahren gesagt ...

Ich habe es kürzlich gesehen.

Die zwölf?

(Sujata geht hinaus, um das Papier zu suchen)

Hier sind keine Details angegeben.

(Mutter zeigt eine Notiz)

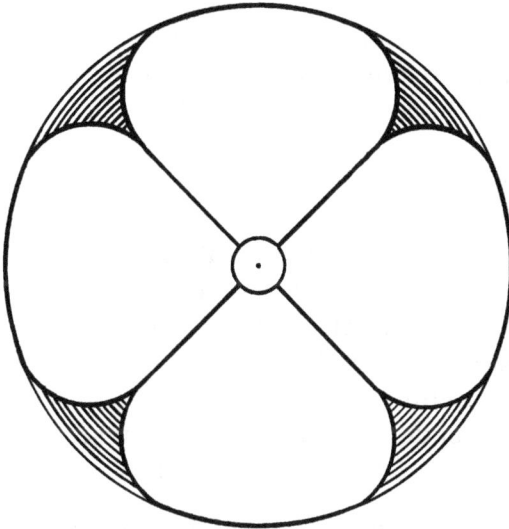

Der innere Kreis stellt das göttliche Bewußtsein dar.
Die vier Blätter stellen die vier Mächte der Mutter dar.
Die zwölf Blätter stellen die zwölf Mächte der Mutter dar,
die sich für ihre Arbeit manifestieren.

Die Mutter
24.1.1958

(Schweigen)

17

Vor zwei oder drei Tagen, zwischen deinem letzten Besuch und heute, hatte ich ganz plötzlich eine Offenbarung des Ziels der Schöpfung – was sie bedeutet und das Warum: der Sinn der Schöpfung. Und das war so klar! So klar: die Vision des Warum und worauf wir zugehen – unmöglich in Worten auszudrücken.

Etwas kam *(Mutter zeigt ein Papier)*, aber die Worte hatten eine besondere Bedeutung. Hier:

> Das Resultat der Schöpfung ist eine detaillierte Vervielfältigung des Bewußtseins. Wenn die Schau des Ganzen und die Schau aller Details sich in einem aktiven Bewußtsein vereinigen können, wird die Schöpfung ihre fortschreitende Vervollkommnung erreicht haben.

„Fortschreitend" ... *(Geste der Ausdehnung)*. Alle Worte, alle Bilder können das nicht beschreiben. Es war wirklich ein Verständnis, wirklich die Schau der Sache. Das *(Mutter deutet auf ihre Notiz)* wirkt hohl. Aber es ist ... (um ganz kindliche Bilder zu gebrauchen) wie die Schöpfung, die man auf einem Bildschirm ablaufen läßt und projiziert. Man projiziert ... Nein: das höchste Bewußtsein projiziert sich wie auf einen unendlichen Bildschirm.

Die Erfahrung war so offensichtlich! Es war DAS. Aber es dauerte nur einen Augenblick. Ich versuchte, es zu erklären. Und in dem Augenblick hatten die Worte einen Sinn – eine besondere Bedeutung.

Einem Kind könnte man sagen, daß der Höchste sich vor seinem eigenen Bewußtsein entfaltet, wie jemand, der einen unendlichen Film ablaufen läßt. Das, was innen ist *(Geste nach innen, auf der Höhe des Herzens)*, projiziert er so vor sich hin. Ein supramentales Wesen hätte die Möglichkeit, bewußt eins mit dem Göttlichen zu sein und damit gleichzeitig der Sehende und das Gesehene zu sein.

Es gibt keine Worte, um das auszudrücken.

(Schweigen, Sujata kommt mit einem Papier zurück)

Hast du es gefunden?

Da sind keine Einzelheiten.

Ach!

Du sagst einfach:

> Der Punkt im Zentrum repräsentiert die Einheit, das Höchste. Der innere Kreis repräsentiert die Schöpfung, das Konzept der Stadt [Auroville].

Die Blätter repräsentieren die Kraft des Ausdrucks, die Verwirklichung.

Nein, das ist es nicht.

Ich schrieb etwas oder vielmehr sagte ich etwas zu Sri Aurobindo, der aufschrieb, was die zwölf waren (die vier sind die vier Hauptaspekte der Mutter, und die zwölf sind die zwölf Eigenschaften oder „Tugenden" der Mutter, die Mächte). Das hatte ich eines Tages gesagt, aber das war, als wir in dem anderen Haus[1] waren. Ich hatte es mit etlichen anderen Papieren in eine Schublade gelegt, und als wir hierher umzogen, war die Schublade nicht mehr auffindbar: jemand hat sie weggenommen – wer, was, wie? Ich habe keine Ahnung, aber die Schublade ist verschwunden. Ich erinnere mich, diese zwölf später noch mal aufgeschrieben zu haben, und ich bewahrte es auf, und jetzt finde ich auch dieses Papier nicht mehr ... Seltsam[2].

Als du die Zeichnung für Auroville machtest, sagtest du, es solle zwölf Gärten geben, und jeder habe eine Bedeutung.

Das betrifft Auroville, das ist es nicht.

Aber entsprechen die zwölf Gärten nicht den zwölf Eigenschaften?

Nein, nein. Das andere hatte ich vor mindestens fünfundzwanzig Jahren geschrieben, mindestens – oh, sogar noch früher, ich weiß nicht mehr, wann wir von dort hierher umgezogen sind, wann war das?

1927 ... vor fünfundvierzig Jahren!

Und die vier, was sind die vier?

Das müssen wohl Mahakali, Maheshwari, Mahalakshmi und Mahasaraswati sein.

Ja, aber ich meine nicht die volkstümlichen Gottheiten. Sri Aurobindo hatte jeder eine besondere Bedeutung gegeben.

Das, was er in „Die Mutter" geschrieben hat.

Das ist ein langer Text.

---

1. Das Bibliothekshaus oder der Westflügel des Ashrams, den sie am 8. Februar 1927 verlassen hatten, um sich im Meditationshaus niederzulassen, dem Ostflügel des Ashrams. Die beiden Häuser bilden den aktuellen Kern des Ashrams mit zwei anderen Häusern (*Rosary* und *Sekretariat*).
2. Nach Sri Aurobindo „sind diese zwölf Mächte die notwendigen Schwingungen für eine vollkommene Manifestation" (XXV.359).

Wer sind die vier?... *(Mutter versucht vergeblich, sich zu erinnern)*
Wie seltsam, ich habe es vergessen.

(Schweigen)

Hast du in der *Kosmischen Revue* über das kosmische Viereck gelesen? 1, 2, 3, 4 und eins in der Mitte. Das kosmische Viereck war von
Théon entworfen worden, und ich weiß, daß er in die Mitte die Liebe
gesetzt hatte. Aber die vier darum herum ... Was sind die vier? Ich
erinnere mich nicht mehr. Ich wußte all das so gut, jetzt ist alles weg.
Ich weiß, daß da das Licht, das Leben und die Nützlichkeit war – Nütz-
lichkeit war die vierte, aber die erste?... All das ist weg.
Denn das würde mir einen Hinweis geben.
Und die zwölf, ich erinnere mich, sie aufgeschrieben zu haben.
Gestern habe ich drei davon wiedergefunden, aber jetzt erinnere ich
mich nicht mehr. Ich weiß, daß die erste die Aufrichtigkeit war ...
Ich weiß nichts mehr.

(Schweigen, Sujata geht hinaus, um einen anderen Text zu
suchen)

Wenn es kommt, kommt es nicht als Gedanke sondern als Vision.
Und wenn es weg ist, ist es weg.
Ich weiß, daß Ausdauer dabei war.
Wenn es da ist, ist es klar, offensichtlich, wie eine Vision, und sobald
es verschwunden ist, ist es weg.

Was für einen Hinweis hätte es dir gegeben?

(Mutter verharrt absorbiert)

Es ist wie dieses Papier, das ich dir gegeben habe [„Das Resultat
der Schöpfung"], als es da war, war alles offensichtlich, und es war
der Schlüssel zu allem, um zu verstehen, wie es abläuft – warum und
wohin es führt, und wie es ist. Es war vollkommen klar. Und du siehst
das Papier, es sieht nach nichts aus. Als es da war, war es so offensichtlich! Einfach wunderbar. Und es war der Schlüssel zum Verständnis:
der Schlüssel zum HANDELN – das enthüllte Geheimnis. So, als gäbe das
die Macht. Und dann ging es wieder weg.
Ich erinnere mich, als ich mir das notierte, gab ich den Worten
eine besondere Bedeutung, eine tiefere Bedeutung, die sie sonst nicht
haben. Also ...

(Sujata kommt zurück mit „Worte von damals")

Liebe Mutter, hier in „Worte von damals" hast du die zwölf „Tugenden" erwähnt. Zuerst erwähntest du die Aufrichtigkeit.

Ja.

Dann Demut.

Ja.

Und Mut. Dann Umsicht, Wohltätigkeit, Gerechtigkeit, Güte, Geduld, Sanftheit, Fürsorge ... Und schließlich Dankbarkeit.

Ja.

Die erste ist Aufrichtigkeit; die zweite ist Demut – ja, in dieser Reihenfolge kam es neulich wieder: Aufrichtigkeit, Demut.

Und Mut.

Vorher war Durchhaltevermögen und nachher Mut. Aufrichtigkeit, Demut, Durchhaltevermögen und Mut. Daran erinnere ich mich. Aber es gab zwölf.

Nachher erwähnst du: Umsicht.

Das ist es nicht.

Wohltätigkeit.

Nein.

Güte.

Nein.

Geduld, Sanftheit, Fürsorge ...

Nein ... Diese Version schrieb ich, bevor ich Sri Aurobindo kannte[1].

(Schweigen)

Wenn du da gewesen wärest, als es kam[2], hättest du verstanden, was ich sagte, denn das Bewußtsein war da (es kam in Bezug auf eine Frage, die T.J. mir stellte). Aber ich weiß nicht im voraus, wann es kommt – es kommt nicht auf Wunsch. Ich erinnere mich, als die Erfahrung kam, spürte ich plötzlich, daß ich verstand: alles war klar. Aber als ich es zu formulieren versuchte, war es schon in den Hintergrund getreten.

---

1. Später stellte Mutter die Liste der zwölf Mächte oder Eigenschaften wieder her: „Aufrichtigkeit, Demut, Dankbarkeit, Durchhaltevermögen, Aspiration, Empfänglichkeit, Fortschritt, Mut, Güte, Großzügigkeit, Gleichmut, Friede."
2. Die Erfahrung der simultanen Schau des Ganzen und aller Details.

In einer „Agenda" hast du mir einmal von einer solchen Erfah-
rung erzählt.

Ach, ja?

Du sagtest, das Ziel der Schöpfung sei, im Individuum zugleich
das globale Bewußtsein (des Ganzen) und das individuelle
Bewußtsein zu vereinen – beide zusammen[1].

Ja, so etwas ist es, aber es war klarer und präziser … Nicht ich bin
es, die „denkt", verstehst du.

Sicherlich.

Es ist, als sei ich darin eingetaucht, und dann sehe ich … ich weiß
nicht. Nein, es ist nicht etwas, das ich „sehe" (nicht etwas mir Fremdes,
das ich sehe), sondern … ich BIN plötzlich das. Und in dem Moment
gibt es keine Person mehr, kein … Für all diese Erfahrungen kann ich
keine Worte finden.

Alles, was ich sage, alles, was ich notiere, gibt mir den Eindruck, in
eine leblose Materie projiziert zu sein – wie ein Foto.

Gewiß. Während du zu mir sprichst, spüre ich die ganze Welt des
Bewußtseins, die dahinter steht – die Worte sind nur ein Träger
für all das, was ich spüre, was du mich wahrnehmen läßt.

Ja.

Wenn nachher nur noch die geschriebenen Worte auf dem
Papier übrigbleiben, ist offensichtlich der tiefere Sinn weg.

Ja, das ist weg … Leider kommt er nicht immer zurück. Was soll's!

(Schweigen)

Ich erinnere mich, die Erfahrung ist noch sehr lebendig. Wie ich
dir sagte, hat T.J. ein sehr kindliches Bewußtsein, und so sagte ich ihr:
Sieh, es ist, als ob das Ganze (nicht das Göttliche abgetrennt von der
Schöpfung: das Ganze) sich auf einen Bildschirm projizierte, um sich
zu sehen. So ist es unendlich, es ist „immer" – es ist niemals dasselbe,
und es ist niemals abgeschlossen. Wie eine Projektion, um die Details
zu sehen und sich seiner selbst auf eine andere Art bewußt zu werden[2].

---

1. Siehe *Agenda* Bd. 12 am 30. Oktober und 25. Dezember 1971.
2. Mutter fügte dieser Notiz folgende Erläuterung bei: „Es gibt keine zwei gleichen Bewußtseinsinstanzen unter den Menschenwesen in Zeit und Raum. Und
   die Summe all dieser Bewußtseinsinstanzen ist eine teilweise und verminderte
   Manifestation des göttlichen Bewußtseins. Deshalb sprach ich von „fortschreiten-
   der Vervollkommnung", denn die Manifestation des Bewußtseins im Einzelnen ist
   unendlich und niemals abgeschlossen."

Natürlich ist dies recht kindlich als Bild, aber sehr vielsagend – so sah ich es in jenem Moment. Exakt der Eindruck eines unendlichen Ganzen, das sich endlos projiziert.

(Mutter bleibt lange absorbiert)

Ich habe das Erinnerungsvermögen verloren, aber ich fühle, daß dies absichtlich so ist; daß meine Sicht der Dinge viel weniger spontan und aufrichtig wäre (ich weiß es nicht), wenn ich mich erinnerte.

Ja, ich verstehe gut.

Es ist stets wie eine neue Offenbarung – und nie auf die gleiche Weise. Es ist so: man WIRD die Sache – man wird sie. Man „sieht" sie nicht; es ist nicht etwas, das man sieht oder versteht oder weiß, es ist … etwas, das man IST.

Als ich diese Erfahrung der Welt hatte, enthielt die Erfahrung ihr eigenes Bewußtsein. Es war nicht etwas, das ich „wußte", es war etwas, das WAR.

Aber die Sprache, die Worte ergeben nicht den richtigen Sinn.

15. Januar 1972

(Mutter gibt Satprem ihre letzten Notizen.)

Hast du all diese Papiere?… Ich hatte eine Botschaft gegeben [1966]: *Let us serve the Truth!* [Laßt uns der Wahrheit dienen!], und man fragte mich: *(kindlicher Tonfall)* „Was ist denn die Wahrheit?" Ich antwortete:

Stellt euch in den Dienst der Wahrheit, und ihr werdet die Wahrheit kennen.

*
* *

Ist es möglich, in sich selbst die Fähigkeit des Heilens zu entwickeln?

Indem man sich bewußt mit der göttlichen Kraft vereinigt, ist im Prinzip alles möglich. Aber es muß ein Prozeß gefunden werden, und das hängt vom Einzelfall und von den Individuen ab.

Die erste Bedingung ist, eine physische Natur zu haben, die eher Energien von sich gibt, als daß sie von anderen zehrt. Die zweite unerläßliche Bedingung ist, die Energien von oben herabziehen zu können, von der unerschöpflichen unpersönlichen Quelle.

12.1.1972

*
* *

Aufrichtigkeit, Demut, Ausdauer und ein unstillbarer Durst nach Fortschritt sind wesentlich für ein glückliches und wirkungsvolles Leben. Und vor allem muß man überzeugt sein, daß die Möglichkeiten des Fortschritts grenzenlos sind. Fortschritt bedeutet Jugend; man kann mit hundert Jahren jung sein.

14.1.1972

*
* *

Ich möchte dir ein physisches Problem unterbreiten.

Ach?

Es geht darum zu wissen, ob ich mich einer Operation unterziehen soll oder nicht.

Weshalb eine Operation?

Mein ganzes rechtes Bein ist geschädigt – alle Venen sind verhärtet.

Oh!

Das ist die Folge der Operation, der ich mich vor fünf Jahren unterzogen habe. Vor fünf oder sechs Jahren operierte man mich hier im Krankenhaus, man öffnete mir den Bauch ...

(Mutter lacht)

Und für fünf oder sechs Tage ernährte man mich durch die Venen ...

Oh! Sie haben sie beschädigt.

Ja, völlig. Seitdem hat es sich verschlimmert.

Und jetzt wollen sie wieder operieren?

Es besteht die Möglichkeit, eine Bandage zu tragen, aber Dr. Sanyal sagt, daß die Bandage wohl nicht viel nützt und es sich weiter verschlimmern wird ... Aber das wäre eine radikale Operation, verstehst du: man öffnet das Bein von unten bis oben und reißt die Venen heraus.

Und dann?

Man läßt nur die Hauptvene. Alle anderen Venen reißt man heraus.

Oh! Sie werden dein Bein vielleicht lähmen ...
Mit den Bandagen kannst du wenigstens laufen. Ich rate dir zur Bandage, ich bin nicht für diese ...

Ja, das ist radikal.

Wenn du die Kraft herbeirufen könntest ...
Nimm die Bandage! Ich selbst trage seit Monaten eine Bandage. Lege die Bandage an, und dann konzentriere dich! Beim Einschlafen und beim Aufwachen konzentrierst du dich und rufst die Kraft dort herab. Und dann ... Ich habe Vertrauen, daß dies sehr viel besser ist – viel besser.

Ja, liebe Mutter.

Ich bin nicht für diese Dinge.
Nein, tue es nicht!

Ich halte nicht viel davon.

Nein, nein, es ist besser, etwas zu hinken, als zu ...
Wenn du die Kraft konzentrierst ... Gib dein Bein dem Göttlichen hin! Morgens und abends, *(lachend)* darauf vertraue ich mehr.

Ja, liebe Mutter ... In mir sind so viele dunkle Stellen, die nicht fortgehen wollen. Man bietet sie dar, aber sie bleiben beharrlich.

Nein. Jedenfalls kannst du das tun, was ich dir sagte.

(Schweigen, Sujata nähert sich Mutter)

(Sujata:) Liebe Mutter, er ist immer sehr deprimiert, er sagt immer, daß viel Dunkles in ihm stecke, aber ich fühle, daß sogar unsere Dunkelheiten Teil unserer Natur sind, und wir wurden vom Göttlichen gebaut, also ist es Seine Aufgabe, uns zu ändern, oder nicht, Mutter?

(Mutter lacht) Man muß sich allerdings ändern wollen.

(Sujata:) Ja, liebe Mutter, man will. Aber warum soll man sich Sorgen machen, wenn es sich nicht sofort ändert?

Was ich ihm sage, ist, zu wollen – morgens und abends. Wenn du in deinem Bett bist, einen Augenblick konzentriert verweilen *(lachend)* mit so viel Vertrauen, wie du nur kannst.

(Satprem, hustend:) Ja, liebe Mutter.

Du hustest?

Ich weiß nicht, ich hab Staub in der Kehle.

Das ist das Dunkle, das herauskommt!

Käme es bloß wirklich heraus …

(Mutter lacht) Es kommt heraus!

Ich habe das Gefühl, daß die Geschichte mit meinem Bein symbolisch ist.

Ja, ja.

In mir sind zwei Wesen.

Ja.

Ich sehe den „anderen" übrigens immer klarer. Aber man hat den Eindruck eines Wesens, das eine Existenz für sich hat, das vollkommen unabhängig ist …

Ach!…

Und man weiß nicht, wie es sich beeinflussen läßt.

(Schweigen)

In uns stecken wirklich zwei Wesen.

Ja, das habe ich bemerkt. Aber das macht nichts. Dadurch wird es ein bißchen schwieriger, das ist alles.

Ja, es ist schwierig.

(Schweigen)

Ich weiß nicht, was auf dieses andere Wesen einwirken könnte … Ich weiß nicht, womit es sich überzeugen läßt.

(Schweigen)

Deshalb sage ich: Biete dieses Wesen dem Göttlichen dar! Du, der du weißt (der Teil, der weiß), biete es dar ... Es macht nichts, wenn der andere meckert – beachte ihn nicht! Biete es dem Göttlichen dar, BEHARRLICH, morgens und abends, morgens und abends ..., indem du dein Bein als Symbol nimmst. Wir werden sehen.
Wir werden sehen.

Gut, liebe Mutter.

Das ist das einzige Mittel.
Das Göttliche weiß.

Ja.

Es weiß, was zu tun ist.
Gib Ihm diesen Teil hin! Selbst, wenn der „andere" schimpft, selbst, wenn er nicht glaubt – das ist bedeutungslos, du gibst ihn trotzdem hin – verstehst du?

(Schweigen)

Tatsächlich findet eine GROSSE Veränderung statt.
Eine große Veränderung geht vor sich. Aber dies sind seine letzten Anstrengungen, um zu bleiben, was er ist. Und da steckt er eben alles hinein, was er kann – man muß mehr als er tun, einen Druck ausüben. Und die einzige Weise ist diese: „Hier, nimm es!" Gib dieses Wesen dem Göttlichen hin! Sag Ihm: „Hier, ich gebe es Dir *(lachend)*, ich will es nicht mehr haben, nimm Du es!" Auf diese Art.

Aber findest du, daß es sich ändert?

Ja – ja, oh, ja! Eine große Änderung ist eingetreten. Eine große Änderung. Nur ist es ... es ist offensichtlicher geworden, als ob der Widerstand *(Mutter ballt ihre Faust)* sich noch mehr konkretisiert hätte, um sich zu widersetzen. Man muß beharrlicher sein. Zäher. Ich sage dir, biete dieses Wesen dar; du bist dir seiner bewußt, biete es morgens und abends dem Göttlichen dar: „Tue damit, was du willst ..." Verstehst du?... Durch dein Bein.

Ja.

Es wird uns gelingen.

Ja, liebe Mutter, ja.

(Konzentration)

*
* *

(Etwas später hört sich Mutter Auszüge aus der Agenda vom 18. Dezember 1971 für das nächste Bulletin an, wo sie sagt: „Man hat in jeder Minute den Eindruck, man könne sterben oder ewig leben.")

Diese Erfahrung wird immer beständiger. Es wurde ... mal ist es das eine, mal das andere (bei den praktischen Dingen des Lebens: Essen, Gehen usw.). Es hat sich zugespitzt. Und gleichzeitig das Wissen *(Mutter hebt einen Zeigefinger)*: „Der Augenblick ist gekommen, den Sieg zu erringen." So kommt es vom Psychischen, so kommt es von oben. „Halte durch ... der Augenblick ist gekommen, den Sieg zu erringen."

Das ist wirklich interessant.

Die Erfahrung eines Schmerzes (eines physischen Schmerzes), der fast unüberwindlich wird, und dann geschieht etwas ... die Hingabe, die Hingabe seiner selbst ... nicht wahr: als ob allein das Göttliche existierte.

Damit verschwindet der Schmerz auf wundersame Weise.

Aber in der nächsten Sekunde kann er wiederkommen. Das ist es nicht ... Mein Körper ist dabei, den Vorgang zu leben.

Und nur wenn ich reglos bin, gleichsam in einer Kontemplation der Zellen ..., dann ist es großartig. Die Zeit existiert nicht mehr, alles ... alles wird umgewandelt in etwas anderes.

(Schweigen)

Das Gebet des Körpers, als er sich bewußt wurde, was geschah, war dieses: „Laß es mich wissen, wenn der Moment der Auflösung gekommen ist, wenn die Notwendigkeit der Auflösung besteht, damit alles diese Auflösung annehmen kann, und nur in diesem Fall!" Aber dann ...

Oh, es ist seltsam, die Bewußtseinszustände sind stark, klar, deutlich, genau, aber sie lassen sich nicht ausdrücken. Es gibt keine Worte.

An einem Tag ist es dieses Detail, an einem anderen Tag ein anderes.

(Schweigen)

Laß dich lieber nicht operieren!

Ja, liebe Mutter.

Biete dein Bein dem Göttlichen dar, Tag und Nacht! *(Mutter lacht)*

(Satprem legt seinen Kopf auf Mutters Knie)

Du mußt gesund werden können.

19. Januar 1972

Letztes Mal sagte ich dir, daß ich die zwölf Eigenschaften suche
(Mutter nimmt ein Blatt heraus). Hier, es wurde wiedergefunden:

Aufrichtigkeit	Demut	Dankbarkeit	Ausdauer
Aspiration	Aufnahmefähigkeit	Fortschritt	Mut
Güte	Großzügigkeit	Gleichmut	Friede

Die ersten acht betreffen die Haltung dem Göttlichen gegenüber
und die letzten vier der Menschheit gegenüber.

Und dann hat man einen Text Sri Aurobindos wiedergefunden *(mit
einer farbigen Karte der zwölf Blätter)*:

> Das Zentrum und die vier Mächte: weiß.
> Die zwölf sind alle von verschiedenen Farben, in drei Gruppen:
> die obere Gruppe ist rot, ins Orange übergehend, dann ins Gelb.
> Die folgende Gruppe geht von Gelb ins Grün über, dann ins Blau.
> Und die dritte Gruppe geht von blau zu violett und ins Rote.
> Wenn es nicht möglich ist, weiß zu nehmen, kann das Zentrum
> golden sein (Goldstaub).

20.3.1934

Das Zentrum ist golden.

Warum wolltest du die zwölf Eigenschaften denn wissen?

Sie werden zwölf Räume unten um das Matrimandir herum bauen,
und da wollte R, daß jeder Raum eine Bedeutung hat: eine der zwölf
Eigenschaften der Mutter mit ihrer entsprechenden Farbe[1].

*
* *

Etwas später

Nirod liest mir gerade seine Korrespondenz mit Sri Aurobindo vor.
Alles kommt darin vor, Dinge, die ich lange Zeit danach sagte, und ich

---

1. Es mag den Leser interessieren, daß gemäß Sri Aurobindo diese Farben gewöhnlich folgende Bedeutungen haben, obwohl die genaue Bedeutung variiert „je nach
dem Gebiet, der Kombination, dem Charakter und den Farbtönungen, dem Spiel
der Kräfte": rot = physisch; orange = supramental im Physischen; gelb = denkendes
Mental; grün = Leben; blau = höheres Mental; violett = göttliche Barmherzigkeit
oder Gnade; gold = göttliche Wahrheit; weiß = das Licht der Mutter oder das
Göttliche Bewußtsein. (Siehe *Agenda* Bd. 4, 18. Mai 1963)

wußte nicht, daß er das geschrieben hatte – genau dasselbe. Das hat mich wirklich interessiert.

In dieser Korrespondenz sagte er zu Nirod (mehrere Male sagte er das): „Ich mag auf die Idee kommen, den Körper vor der supramentalen Realisation zu verlassen[1]..." Das sagte er einige Jahre vor seinem Tod. Er spürte es.

(Schweigen)

Aber er sprach von einer Transformation, die dem Erscheinen des ersten supramentalen Wesens vorangehe. Und genau das hatte er mir gesagt –, daß sein Körper nicht fähig sei, diese Transformation durchzustehen, und daß der meine fähiger sei – das sagte er wiederholt.

Aber es ist schwierig. Wie ich dir neulich schon sagte. Vor allem das Essen ist ... zur Qual geworden.

22. Januar 1972

> *(Zwei Tage zuvor hatte Pranab, der verspätet aus Mutters Zimmer kam, zu Sujata gesagt: „Die üblichen Störungen: Herz, Schwindel.")*

Die Arbeit geht immer deutlicher weiter. Aber es ist schwierig ... Sich selbst überlassen ist das Physische schrecklich pessimistisch. In ihm steckt ein ganzer Atavismus von Machtlosigkeit, von Widersprüchen und Katastrophen – furchtbar pessimistisch. Das ist eine Arbeit ... Nur ganz allmählich, ständig dem Göttlichen zugewandt, kann es hoffen, daß die Dinge sich verbessern.

Kann nicht essen, nichts ... Die physische Welt ist absolut schrecklich – schrecklich.

---

1. 30. März 1935. *(Frage:) Es ist unvermeidlich, daß Sri Aurobindo vollkommen supramental wird, und er ist dabei, sich Stück für Stück zu supramentalisieren. Wenn das wahr ist – und das ist es –, kann er wohl nicht sterben, bevor er supramental ist, und wenn er das einmal ist, wird er unsterblich sein.* (Antwort:) „Das erscheint mir ganz wie ein nonsequitur. Der erste und letzte Teil ist richtig – aber das Bindeglied ist prekär. Wieso wissen Sie, ob es mir nicht einfallen mag, inzwischen zu sterben." *(Frage:) Gewisse Leute sagen, daß Sie selbst und Mutter seit langem supramentalisiert worden wären, wenn wir Euch nur nicht davon abgehalten hätten. Stimmt das?* (Antwort:) „Ich kann nicht sagen, daß es keine Wahrheit in sich trägt." (Siehe *Bulletin* August 1975.)

Das Mental und das Vital bewirken, daß man sich anpassen kann und daß es vorangeht, aber ohne diese beiden: einfach schrecklich!

(Schweigen)

Gestern war es abscheulich, und heute morgen begann es besser zu werden. Ich weiß nicht, wie die Dinge laufen, ich verstehe nicht … Er fühlt, daß er keinerlei Herrschaft mehr über die Zeit hat[1].

(Mutter geht in sich)

*
* *

(Etwas später beginnt Mutter gewisse Papiere zu ordnen.)

Ich verspüre ein großes Bedürfnis, die Dinge zu ordnen … Entweder ist das einfach die Kraft, die auf diese Weise einen Druck ausübt und die will, daß alles in Ordnung ist (dies scheint es mir zu sein) … oder es könnte sein, daß der Körper sich darauf vorbereitet fortzugehen.

Nein-nein – das ist unmöglich!… Nein-nein!

Er spürt, daß eine Arbeit der Transformation stattfindet, aber in manchen Augenblicken hat er den Eindruck, daß es unmöglich ist – daß man unmöglich so leben kann –, worauf in letzter Minute etwas kommt, und dann ist es … wirklich eine in der physischen Welt unbekannte Harmonie. Eine Harmonie … die physische Welt erscheint schrecklich im Vergleich dazu. Aber das bleibt nicht.

(Mutter deutet auf ihre Brust: sie ist immer außer Atem, wenn sie spricht)

Ich finde es immer schwieriger zu sprechen.
Aber die Wahrnehmungen werden immer deutlicher *(Mutter zeichnet ein Bild vor sich)*, klar, leuchtend. Die Wahrnehmung ist immer klarer und leuchtender – immer weiter.
Wirklich wie eine neue Welt, die sich manifestieren will. Im Schweigen geht es.

(Mutter geht in Kontemplation. In wenigen Augenblicken zeigt sich ein glückseliges Lächeln auf ihrem Gesicht)

---

1. Mutter war mehr als eine halbe Stunde verspätet.

26. Januar 1972

Was gibt es Neues?

Nichts. Nichts zu sagen.

Geht es dir gut?

Ich weiß nicht.

(Schweigen)

Der Doktor, der mein Bein behandelte und dann nach Delhi abreiste, ist zurückgekommen; er sah es sich heute an und sagte, die Heilung gleiche einem Wunder. Es ist fast gesund – nicht ganz, aber fast.

(Schweigen)

Was ich dir sagte, hält an – allerdings mit einer Verbesserung. Das heißt, es entwickelt sich zum Guten. Nur das Sprechen ist noch schwierig – Sprechen und Essen sind zwei sehr schwierige Dinge.

29. Januar 1972

(Satprem liest Mutter einen Brief des mit P.L. befreundeten Monsignore R. vor, der sich mit der Hoffnung, ein neues Leben zu beginnen, an Mutter wendet. Mutter verharrt eine Viertelstunde lang auf ihn konzentriert.)

Ist er krank?

Er mußte sich einer Reihe sehr schwerer Operationen unterziehen. Ich glaube, bei der letzten entfernte man eine Lunge.

Oh!

Dieser Mann hat allerlei Schläge erhalten. Er hat eine Rekordzahl von Operationen hinter sich.

Was ist der Zeitunterschied zu Frankreich?

Fünf oder fünfeinhalb Stunden.

Das heißt?

Das heißt, daß es jetzt halb sechs oder sechs Uhr morgens ist.

Notiere dir die jetzige Zeit!

Es ist elf Uhr.

Könntest du ihn fragen, ob ... Welches Datum haben wir?

Wir haben den 29.

... Ob er am 29. um elf Uhr (du nennst die Zeit dort drüben) etwas gespürt hat?

Und wenn er etwas gespürt hat – was immer es auch sei, wenn er ein Gefühl hatte (ich sage nicht, welches), etwas wie eine Kraft oder irgend etwas, irgendein Phänomen –, wenn er es zu dieser Stunde gespürt hat, könnten wir uns auf einen Tag und eine Zeit einigen und etwas versuchen: ich würde eine spezielle Konzentration auf ihn richten.

Wenn er sein Foto schicken könnte, wäre es einfacher. Das ist alles, was ich tun kann.

Schick ihm einen eingeschriebenen Brief!

(Schweigen)

Es wäre besser, wenn er selbst die Zeit festsetzt, wo er eine Weile frei und ruhig sein kann.

(Schweigen)

Was sagte ich, solle man ihn fragen?

Ob er etwas gespürt habe ...

Es ist besser, nicht „gespürt" zu sagen: ob er sich irgendeiner Sache BEWUSST war; denn bei „Spüren" könnte er an ein vitales oder physisches Gefühl denken. Ob er sich etwas bewußt war.

(Mutter geht bis zum Ende in sich, dann nähert sich Sujata)

Liebe Mutter, ich möchte dich auf ein recht eigenartiges Phänomen aufmerksam machen. Vorletzte Nacht hatten Satprem, F und ich unabhängig voneinander einen ähnlichen Traum.

Ach! Und was war es?

Massive Angriffe.

Durch wen?

Ich weiß nicht, liebe Mutter. Aber was ich sah, war, daß viele Leute des Ashrams zugegen waren und man uns hinrichten wollte. Ich hatte einen unerschütterlichen Glauben und dachte: „Das ist nicht möglich, im letzten Moment wird ein Wunder geschehen ...“

Ja.

Ich sagte das zu jemandem, der sehr beunruhigt und deprimiert war.

Zu wem?

Ich weiß es nicht, ich erinnere mich nicht mehr – jemand, der ebenfalls hingerichtet werden sollte. Auch viele Kinder waren da. Dann hörte ich etwas wie einen großen Gesang (viele Leute waren versammelt, und es war der Augenblick, wo wir hingerichtet werden sollten), wie ein Mantra, das von allen aufstieg, etwa so: OM Namo Bhagavaté Sri Arabindaye.

Sieh an!

Alle sangen das – alle. Und dann verschwand die Bedrohung.

Und wer hatte diesen Traum noch?

Satprem sah sich einem massiven Feuer von Bomben und Granaten ausgesetzt[1]. Und F sah, daß sie dich besuchen wollte, aber man hatte sie in ein Zimmer eingeschlossen. Sie wollte dir das Essen bringen, doch man sagte ihr: „Nein, nein, Mutter ißt nicht.“ Sie wußte, daß es Lügen waren, aber man wies sie ab.

Wann war das?

Nicht letzte Nacht, die Nacht davor.

Ja, ja.
Du hattest den vollständigsten Traum.
Aber du hast gesehen, daß es nicht zum Angriff kam.

Ja, er löste sich auf, als man den Namen Sri Aurobindos sang. [Sujata singt:] OM Namo Bhagavaté Sri Arabindaye ...

Das ist es, das ist es. Und es ist wahr, mein Kind ... Das war gut.

Wurden wir angegriffen?

---

1. Er flüchtete in eine Art bewegliche Dunkelheit, die wie von blassen, milchweißen Adern durchzogen war, und entkam in deren Schutz.

Nicht physisch natürlich.

Es ist gut. Es ist wahr. Es war die Nacht davor. Ich selbst wiederholte das Mantra die ganze Nacht.

Es ist gut, mein Kind.

30. Januar 1972

(Mutters Botschaft)

Sri Aurobindo ist auf die Erde gekommen, um die Manifestation der supramentalen Welt zu verkünden. Und nicht nur verkündete er diese Manifestation, sondern er verkörperte teilweise diese supramentale Kraft und gab uns das Beispiel für das, was zu tun sei, um sich auf die Manifestation vorzubereiten. Was können wir Besseres tun, als all das, was er uns sagte, zu studieren, und uns zu bemühen, seinem Beispiel zu folgen und uns auf die neue Manifestation vorzubereiten.

Das gibt dem Leben seinen wahren Sinn und wird uns alle Hindernisse überwinden helfen.

Laßt uns für die neue Schöpfung leben, und wir werden immer stärker werden und jung und fortschrittlich bleiben!

Februar

1. Februar 1972

(Notizen von Mutter:)

Der Zweck Aurovilles ist, die Ankunft der supramentalen Realität auf der Erde zu beschleunigen.

Alle, die finden, daß die Welt nicht so ist, wie sie sein soll, sind eingeladen zu helfen.

Jeder muß entscheiden, ob er sich einer absterbenden alten Welt anschließen oder für eine neue und bessere, in der Geburt begriffene Welt arbeiten will.

*
* *

Das erste, was das physische Bewußtsein wissen muß, ist, daß alle Schwierigkeiten, denen wir im Leben begegnen, daher rühren, daß wir uns nicht ausschließlich auf das Göttliche verlassen, um die nötige Hilfe zu finden.

Nur das Göttliche kann uns vom Mechanismus der universalen Natur befreien. Diese Befreiung ist unerläßlich für die Geburt und die Entwicklung der neuen Spezies.

Nur wenn wir uns in vollkommenem Vertrauen und in Dankbarkeit ausschließlich an das Göttliche hingeben, können wir die Schwierigkeiten überwinden.

2. Februar 1972

(Mutter hört sich die englische Übersetzung der „Notizen auf dem Weg" vom 18. Dezember 1971 an, die zu einer beträchtlichen Verwirrung zwischen R [der amerikanischen Übersetzerin] und Nolini führten: „ein Durcheinander". Mutter hält beim folgenden Satz inne:)

„... Mir wurde einfach alles weggenommen: das Mental ist völlig verschwunden. Ich war dem Anschein nach völlig verdummt, ich wußte nichts. Und ganz allmählich entwickelte sich das physische Mental ..."

(Mutter kommentiert auf englisch)

Man sollte nicht „allmählich" sagen, denn es geschah nicht allmählich sondern sehr schnell. Eines Nachts verstand ich … Es kam wirklich wie ein Wunder (ich wollte das nicht sagen), aber plötzlich wurde die Schau der Welt, die ich hatte, weggenommen, und dieses neue Bewußtsein wurde einfach so eingesetzt *(Mutter macht eine Geste, als habe man ihr etwas aufgesetzt oder als sei sie plötzlich in dieses neue Wissen eingetaucht)*. Aber das wollte ich nicht sagen.

Man sollte nicht „allmählich" sagen. Die Wahrheit ist: nach und nach, durch aufeinanderfolgende Offenbarungen. So ist es[1].

(Mutter hält bei einem anderen Satz inne)

„Das [dieser radikale Wechsel] konnte sich vollziehen, weil ich mir meines psychischen Wesens sehr bewußt war … es blieb bestehen, und das erlaubte mir, dank dieser psychischen Gegenwart, mit den Leuten ohne Unterschied umzugehen …"

Das Psychische kümmert sich um die Leute – schon immer, und es fährt fort, sich um sie zu kümmern. Das [der radikale Wechsel] machte keinen Unterschied.

(dann ein anderer Satz:)

„Ich verstehe und höre die Leute nur, wenn sie klar denken, was sie sagen. Und ich sehe nur, was das innere Leben zum Ausdruck bringt."

Bei manchen Leuten, die mich besuchen, nehme ich nur eine Silhouette war, und dann wird plötzlich alles präzise. Danach verschwindet es wieder – IHREM DENKEN ENTSPRECHEND. Das ist äußerst interessant.

(dann noch dieser Abschnitt:)

„Die Unterwerfung schließt das Vertrauen nicht mit ein; das Vertrauen ist etwas anderes; es ist eine Art Wissen – ein unerschütterliches Wissen, das sich durch nichts stören läßt –, daß WIR selbst das, was im göttlichen Bewußtsein vollkommener Friede ist, in Schwierigkeiten, Leiden, Elend verwandeln."

Das ist eine ganz wichtige Entdeckung. Sie ist fundamental. Wir selbst, die Entstellung unseres Bewußtseins, verwandelt in Schmerz,

---

1. Infolge der Verwirrung, die in Mutters Zimmer herrschte, gab es auch eine Verwirrung hinsichtlich des jähen Moments, wo das Mental aufgehoben wurde, und dem langsamen Auftauchen des neuen Mentals, das sich „durch aufeinanderfolgende Offenbarungen" bildete.

was im göttlichen Bewußtsein vollkommener Friede und sogar Freude ist ... unveränderliche Freude. Das ist außergewöhnlich. Davon hatte ich eine konkrete Erfahrung. Nur läßt es sich schwer in Worte fassen.

*
* *

(Nach Nolinis und Rs Weggehen:)

Jetzt ist es schwierig geworden, denn ich rede über neue Dinge, und die Worte sind alt-alt-alt ... Die Erfahrung ist sehr klar, sehr bewußt, aber wenn man darüber sprechen muß, sagt man Dummheiten.

Nein, etwas kommt trotzdem durch. Selbst, wenn die Worte unzureichend sind, läßt sich trotzdem etwas erfassen.

(Lachend) Man muß allerdings guten Willens sein!

Ja, offensichtlich.

Nein, ich fühle, daß der Körper selbst lernen muß, sich auszudrücken. Er weiß noch nicht, wie er sich ausdrücken soll.
Und dann ... *(Mutter ringt nach Atem)* das Sprechen ist schwierig.

Ich glaube, allmählich wird all das seine Sprache finden, liebe Mutter.

Ach, das muß es wohl.

5. Februar 1972

(Mutter hört sich das Ende der englischen Übersetzung der „Notizen auf dem Weg" an. Danach wirkt sie zermürbt und müde aufgrund der Verwirrung der Übersetzer. Nach deren Weggehen gibt sie uns lediglich den Text einer ihrer letzten Notizen und geht dann in sich.)

In aller Aufrichtigkeit zu wollen, was das Göttliche will, ist die wesentliche Voraussetzung für Friede und Freude im Leben. Fast alle menschlichen Leiden stammen von der Tatsache, daß die Menschen meist überzeugt sind, sie wüßten besser als das

Göttliche, was ihnen nottut und was das Leben ihnen geben sollte. Die meisten Menschen wollen, daß die anderen dem entsprechen, was sie von ihnen erwarten, und daß die Umstände ihren Begierden gehorchen – daher leiden sie und fühlen sich elend.

Nur wenn man sich in aller Aufrichtigkeit dem göttlichen Willen hingibt, hat man den Frieden und die ruhige Freude, die von der Auslöschung der Begierden herrühren.

Das psychische Wesen weiß das sehr wohl. Wenn wir uns mit unserem Psychischen vereinigen, können wir es wissen. Aber die erste Bedingung ist, nicht den eigenen Begierden unterworfen zu sein und sie nicht mit der Wahrheit des Wesens zu verwechseln.

4. Februar 1972

7. Februar 1972

(Eine Notiz Mutters:)

Ganz auf dem Grund unseres Wesens, in der Stille der Kontemplation, überflutet eine strahlende Kraft unser Bewußtsein mit einem weiten leuchtenden Frieden, der alle unsere kleinlichen Reaktionen auflöst und uns auf die Vereinigung mit dem Göttlichen, dem Seinsgrund unserer individuellen Existenz, vorbereitet.

Der Zweck und das Ziel unseres Lebens ist somit nicht Leiden und Kampf sondern eine allmächtige und glückliche Verwirklichung.

Alles übrige ist nur eine schmerzliche Illusion.

8. Februar 1972

(Mutters Botschaft an einige Aurovillianer:)

In spiritueller Hinsicht steht Indien an erster Stelle unter den Ländern der Welt. Seine Mission ist es, die Spiritualität zu repräsentieren. Sri Aurobindo ist auf die Erde gekommen, um der Welt dies zu lehren.

Diese Tatsache ist so offensichtlich, daß ein einfacher unwissender Bauer hier in seinem Herzen dem Göttlichen näher steht als die Intellektuellen Europas.

Alle, die Aurovillianer werden möchten, sollten dies wissen und dementsprechend handeln, sonst sind sie unwürdig, Aurovillianer zu sein.

*
* *

(Eine andere Notiz:)

Am Anfang der menschlichen Schöpfung war das Ego das vereinigende Element, und um das Ego herum sammelten sich die verschiedenen Seinszustände. Aber jetzt, da sich die Geburt der Übermenschheit vorbereitet, muß das Ego verschwinden und seinen Platz dem psychischen Wesen überlassen, das sich langsam durch das göttliche Eingreifen gebildet hat, um das Göttliche im menschlichen Wesen zu manifestieren.

Durch den Einfluß des Psychischen manifestiert sich das Göttliche im Menschen, und so bereitet sich die Ankunft der Übermenschheit vor.

Das Psychische ist unsterblich, und durch es kann die Unsterblichkeit auf der Erde manifestiert werden.

Deshalb kommt es jetzt darauf an, sein Psychisches zu finden, sich mit ihm zu vereinigen und es den Platz des Egos einnehmen zu lassen, welches sich wandeln oder verschwinden muß.

9. Februar 1972

Es ist nichts mehr da, du wirst mager werden wie ein Fisch!

Nein, nein!

(Mutter gibt Blumen, dann ihre letzte Notiz:)

Das erste, was man auf dem Weg lernt, ist, daß die Freude des Gebens sehr viel größer ist als die des Nehmens.
Dann lernt man allmählich, daß Selbstvergessenheit die Quelle eines unwandelbaren Friedens ist. Später findet man in dieser Selbstvergessenheit das Göttliche; und dies ist die Quelle einer wachsenden Glückseligkeit ...

Sri Aurobindo sagte mir eines Tages, wenn die Menschen das wüßten und davon überzeugt wären, würden sie alle dem Yoga folgen wollen.

(Schweigen)

Wir brauchen eine Botschaft für den 21. ... Hast du etwas?

Es gibt mehrere mögliche Texte, aber hast du denn nicht etwas von dir selbst?

Texte von wem?

Von Sri Aurobindo.

Das wäre sehr gut.

Wäre es nicht gut, wenn wir für den 21. auch etwas von dir nähmen?

Nicht unbedingt ... Wenn du glaubst, daß dies gut wäre *(Mutter reicht einen Zettel)*:

Die vollständige Sammlung des ganzen Wesens um das psychische Zentrum herum ist die unerläßliche Bedingung für die Verwirklichung einer vollkommenen Aufrichtigkeit.

Ja, ich habe gemerkt, daß die Leute nur deshalb unaufrichtig sind, weil ein Teil des Wesens eines sagt und ein anderer Wesensteil etwas anderes. Daher rührt die Unaufrichtigkeit. Das kam deutlich: eine Vision – eine innere Vision. Ich versuchte, das aufs Papier zu bringen; ich weiß nicht, ob es klar ist.

Es ist sehr schwer, einen dauerhaften Bewußtseinszustand bei-zubehalten: so daß ständig dasselbe Bewußtsein vorherrscht.

Das geschieht nur, wenn man nicht gesammelt ist, mein Kind. Für mich ist es seit vielen Jahren IMMER dasselbe *(Mutter deutet eine stete Linie an)*. Das kommt vom psychischen Bewußtsein, und es ist BESTÄNDIG.

In letzter Zeit hatte ich für einige Augenblicke die Erfahrung [des nicht vereinten Bewußtseins], aber seit Jahren ist das nicht mehr so – seit mindestens dreißig Jahren[1]. Sobald das psychische Wesen zum Meister wurde und das Wesen leitete, war es VORBEI – endgültig vorbei, und es ist so *(Geste der Stetigkeit)*. Das ist ein sicheres Zeichen. Und immer dasselbe. Immer: „Was Du willst, was Du willst." Und kein „Du" dort oben in weiter Ferne, das man nicht kennt: Er ist überall, Er ist in allem. Er ist ständig da, Er ist tief im Innern des Wesens – und wir klammern uns daran. Das ist die einzige Lösung.

Glaubst du, daß dies verständlich ist?

Ja sicher!

Lies das noch einmal!

(Satprem liest die Botschaft noch einmal)

Ist das verständlich?

Was meinst du?... Denn in letzter Zeit machte ich eine Entdeckung: die Entdeckung, weshalb die Leute unaufrichtig sind (selbst wenn sie sich Mühe geben). Das liegt daran, daß einmal dieser und dann wieder ein anderer Teil in ihnen die Oberhand gewinnt, wobei der eine Teil sehr aufrichtig ist in seiner Forderung, aber nicht in Einklang mit den anderen steht. Für mich ist der Text der Botschaft jedenfalls verständlich.

Das bedeutet also, daß das psychische Bewußtsein in das PHYSISCHE Bewußtsein eintritt.

Ja.

Denn nur dort gibt es Beständigkeit.

Ja ...

Das psychische Bewußtsein muß in das gewöhnliche physische Bewußtsein eintreten.

Ja.

Das ist aber genau der schwierige Punkt.

---

1. Seit sechzig Jahren.

Mein Kind, ich habe dir schon gesagt: bei mir ist das vor mehr als dreißig Jahren geschehen.

Das psychische Bewußtsein ist immer da – es beherrscht und leitet das Wesen. Alle Eindrücke, alles wurde ihm präsentiert *(Geste wie vor einem Lichtstrahl)*, damit es die wahre Orientierung gebe. Und das Physische verhält sich immer so, als ob es ständig auf den Befehl des Göttlichen lauschte.

Das war schon immer so – schon BEVOR ich hierher kam. Ich bin in dieser Verfassung hierher gekommen (vor langer Zeit). Und das hat sich nicht verändert. Erst kürzlich hatte ich die Erfahrung [des nicht vereinigten Bewußtseins], eines Nachts während zwei oder drei Stunden – dies war einfach schrecklich, es erschien mir höllisch. Und es geschah, damit ich die Verfassung der anderen verstehe. Wenn das Psychische nicht mehr vorherrscht …

Und es ist im KÖRPER: der Körper horcht und horcht, unablässig *(Geste nach oben oder nach innen)*. Aber das drückt sich nicht in Worten aus [die Antwort des Göttlichen], sondern durch einen Willen, der sich durchsetzt *(unbeirrbare Geste nach unten)*.

Muß ich etwas hinzufügen, um das genauer zu erklären?

Du sagtest: „Die vollkommene Vereinigung des ganzen Wesens".

Das schließt auch das Physische ein.
Die Leute verstehen niemals. Aber es ist völlig klar.

Oh, ja!

Glaubst du also, daß es gut ist?

Ja, gewiß!

Ich glaube, das ist wichtig, denn es kam genau deshalb als Erfahrung, um mich seine Bedeutung verstehen zu lassen.
Dazu muß geschrieben werden: „Botschaft für den 21."

Ja. Wir brauchen auch eine für den 29.

Was ist am 29.?

Das ist der vierte Jahrestag der Herabkunft des Supramentals von 1956.

Ach! Das war am 29. …

Ja, vor sechzehn Jahren.

(Mutter lächelt und bleibt in sich gekehrt)

Es wäre gut zu sagen:

Erst wenn das Supramental sich im physischen Mental manifestiert, wird seine Gegenwart von Dauer sein.

Hältst du das für gut?

Ja.

Es müßte heißen: „im körperlichen Mental".

*Man könnte hinzufügen „und körperlichen" (im physischen und
körperlichen Mental).*

Aber dann klingt es, als gäbe es zwei – es sind nicht zwei[1].

Also nur „das körperliche Mental".

Ist das gut so?

Ja, wir haben beide Botschaften.

Sie erwarten, daß ich auf den Balkon gehe. Ich gehe nur am 21. auf
den Balkon ... Was hat man dir gesagt? Was erwarten sie?

Sie erwarten, dich so oft wie möglich zu sehen.

(Lachen) Ich weiß nicht. Der 29. ist nur eine Woche später ... Das
bedeutet eine große Anstrengung – keine Anstrengung, aber eine
Schwierigkeit für mich.

*Und wenn die Leute an dir vorbeigehen, wäre das noch schwie-
riger?*

Oh! ... Sie müßten alle zwei Stockwerke hochsteigen. Als es im
Garten stattfand, ging das noch gut, aber zwei Stockwerke ...

*Die Leute können leicht zirkulieren, man hat jetzt Treppen
gebaut. Nein, es geht um dich: ist es nicht anstrengender, dort
zu sitzen, während so viele Leute vorbeiziehen?*

Ja, ich glaube, das wäre zu viel.

Ja, das wäre zu lang.

Denn hier ist es ungünstig: sie verlassen das Zimmer durch die
gleiche Tür, wo sie eintreten. Der Ausgang muß an einer anderen Stelle
sein, damit die Reihe weitergehen kann.

---

1. Vermutlich bedeutet das, für Mutter sind es *nicht mehr* zwei.

Hältst du am 29. eine Meditation ab?

Gut, machen wir also eine Meditation morgens um 10 Uhr.

Und du willst nicht ein zweites Mal auf den Balkon herauskommen? (Lachen)

Das erscheint mir etwas zu viel.

Der Körper ist nicht mehr ganz dies, aber auch nicht das, so ist er in einem Zustand des Ungleichgewichts, und die geringste Kleinigkeit stört das Gleichgewicht, ich kann nicht mehr schlucken oder nicht mehr atmen … Man hat den Eindruck eines Lebens, das sich anschickt, von etwas anderem abzuhängen als von den gewöhnlichen Bedingungen. Die anderen Bedingungen existieren noch nicht, er ist nicht an sie gewöhnt, und somit schafft dieser Übergang vom einen Zustand zum anderen eine ständige Schwierigkeit. Wenn ich sehr ruhig bin, geht es gut, aber bei der geringsten Anstrengung geht es nicht mehr.

(Mutter keucht)

So ist es eben.

(Schweigen)

Ich glaube … Ich habe den Eindruck, wenn alles gut geht, werde ich in einigen Jahren viele Dinge tun können … aber jetzt noch nicht. Ich habe das Gefühl, wenn alles gut geht, werde ich mit hundert Jahren stark sein. Der Körper selbst hat diesen Eindruck, daß er eine neue Kraft und ein neues Leben haben wird, wenn er bis hundert durchhält – mit hundert. Aber … jetzt sind wir gerade mitten in den schwierigen Jahren.

Die Jahre des Übergangs … *(Mutter nimmt ihren Kopf zwischen die Hände)*

(kurzes Schweigen)

Das ist interessant. Wenn ich mich ruhig verhalte, ist es, als ertöne ein großer Gesang – ein fast kollektiver Gesang, könnte ich sagen: OM Namo Bhagavaté … Als ob die ganze Natur: *(Geste eines Emporgehobenwerdens)* OM Namo Bhagavaté …

(Mutter tritt in Kontemplation)

10. Februar 1972

(Notiz Mutters)

Das menschliche Bewußtsein ist so verdorben, daß die Menschen lieber die Miseren des Egos und seiner Unwissenheit beibehalten, als die leuchtende Freude anzustreben, die von einer aufrichtigen Hingabe an das Göttliche stammt. Ihre Blindheit ist so groß, daß sie es ablehnen, die Erfahrung zu versuchen, und lieber den Miseren ihres Ego unterworfen bleiben, als die nötige Anstrengung zu machen, sich zu befreien.

Ihre Blindheit ist so vollkommen, daß sie nicht zögern würden, das Göttliche ihrem Ego unterzuordnen, wenn sie es könnten, um zu vermeiden, sich dem Göttlichen hinzugeben.

11. Februar 1972

(Notiz Mutters)

Höchster Herr, lehre uns zu schweigen, damit wir im Schweigen Deine Kraft empfangen und Deinen Willen verstehen können.

12. Februar 1972

Ich erhielt einen Brief von P.L. [dem Freund im Vatikan]. Er sagt folgendes:

„... Dank Mutters Schutz hatten sich die Dinge um mich herum einigermaßen beruhigt, als plötzlich der Sturm wieder ausbrach. Zu den früheren Intrigen kamen jetzt üble Nachrede und die Drohung des Ausschlusses hinzu (was mir nur recht gewesen wäre, aber sie sollten trotzdem nicht triumphieren). Diese

49

*Drohung soll mich zwingen, den Mund zu halten und meine
Haltung zu ändern. Ich fühle das Bedürfnis, zurückzukommen
und Mutter zu sehen – je eher, desto besser. Aber aus praktischen
Gründen kann ich es nicht tun. Hinzu kommt nämlich, daß
ich beobachtet werde, und ich fürchte, wenn sie jetzt heraus-
finden, daß ich nach Pondicherry gehe, werden sie versuchen,
den Bischof gegen den Ashram aufzuwiegeln. Daß dieser sich im
Moment ruhig verhält, ist der Ihnen bekannten Intervention zu
verdanken, die sehr diskret aber wirksam war. Natürlich wissen
die anderen nichts von meiner Intervention bei T.[1]"*

Ich war sehr beschäftigt mit ihm.
An einem Tag war ich sehr um ihn besorgt.

(Schweigen)

Sollen wir still bleiben?

(Meditation)

16. Februar 1972

Wie geht's?

Weiß nicht.

(Mutter lacht und schaut Satprem weiter an)

Hast du nichts, keine Briefe?

*Ja, ich erhielt einen Brief von A, der mir eine Nachricht meines
Herausgebers B.C. schickt (er hat Das Abenteuer des Bewußtseins herausgegeben). B.C. schrieb, er sei dabei, Das Ideal der
menschlichen Einheit zu lesen, er werde aber auf jeden Fall Die
Synthese des Yoga veröffentlichen. A antwortete ihm, er habe
seinen Brief nach Pondicherry geschickt, um „Anweisungen"
zu erhalten, seiner Meinung nach sei es aber besser, zuerst Das
Ideal zu veröffentlichen, das vielleicht einem größeren westlichen*

---

1. Tisserant, der Kardinal Frankreichs, hatte an die „Mission" in Pondicherry
geschrieben, sie sollten sich ruhig verhalten, was den Ashram angehe.

Publikum zugänglich sei als Die Synthese und sich wohl besser
für die Jahrhundertfeier Sri Aurobindos eigne."

Ich bin gar nicht dieser Meinung. Ich glaube, es ist viel besser, *Die*
Synthese des Yoga zu veröffentlichen als *Das Ideal.*

Zuerst Die Synthese.

Ja. Zwischen den beiden besteht ein Unterschied des Niveaus.

Ja, sicherlich, aber A meint, Das Ideal der Menschlichen Einheit
sei ein Thema, das alle interessiere.

Ja, aber das bringt sie eben nicht aus ihren Ideen heraus! Während
Die Synthese, auch wenn sie nicht viel davon verstehen, ihnen einen
Schlag versetzen und sie aus ihrer Routine herausreißen könnte.

Gut, liebe Mutter, so machen wir es.

Vielleicht werden es nur zwei oder drei Leute verstehen, doch das
ist besser als das andere, wo die Leute sagen: „Oh, das ist sehr gut
…" – aber es rüttelt sie nicht aus ihrer Routine auf.

Bleibt die Frage des Prinzips: Vertrauen wir diese Werke B.C.
an und ermutigen ihn, eine allgemeine Ausgabe der Werke Sri
Aurobindos zu unternehmen? – Schließlich ist er der erste Her-
ausgeber, der sich für Sri Aurobindo zu interessieren scheint.

Ja. Warum nicht? … Um so besser für ihn! *(Mutter lacht)* Alle, auch
A, sehen immer nur die andere Seite, als seien wir die Interessierten
– doch so ist es nicht! SIE sind es, ihnen wird eine Chance gegeben …

Ja, gewiß, das ist ganz meine Meinung.

Es ist nicht unsere Chance.

Ihnen wird eine Gnade erwiesen.

Ja. In fünfzig Jahren wird die Welt, der ganze empfängliche Teil (ich
sage nicht „intellektuell" sondern „empfänglich"), der ganze empfängliche Teil der Welt erfaßt worden sein – nicht „erfaßt": ABSORBIERT von
der Macht von Sri Aurobindos Denken.
    Jene, die es bereits jetzt sind, haben den Vorteil, die ersten zu sein.
Das ist alles.

(Schweigen)

Weißt du, das ist sehr interessant: die Mehrzahl der Menschen leben
in der Vergangenheit; eine beträchtliche Anzahl (und das sind die

51

interessanteren) leben in der Gegenwart; und einige wenige (vielleicht eine winzige Anzahl) leben in der Zukunft.

Wenn ich die Leute und die Dinge betrachte, habe ich immer den Eindruck, rückwärts zu gehen. *(Mutter macht eine Bewegung, sich rückwärts zu wenden)* Und ich weiß ... es ist nicht einmal ein „Wissen", auch nicht ein „Fühlen": ich BIN voraus. In meinem Bewußtsein bin ich im Jahr 2000. Ich weiß, wie es da sein wird, und ... *(Mutter lacht)* das ist sehr interessant.

(langes Schweigen)

Dreiviertel der Menschheit sind zurückgeblieben.

Das kann man wohl sagen! (allgemeines Lachen)

(Schweigen)

Ist das alles?... A muß sich hier wieder auffrischen, er ist dabei zu ...

(Geste eines Sich-im-Kreise-Drehens)

Gut, ich ermutige also den Mann, möglichst viele Werke Sri Aurobindos zu veröffentlichen.

Ja, ja.

Angefangen mit der Synthese.

Die Synthese.
Sie hat mir von allem, was ich gelesen habe, am meisten geholfen. Sie ist das Ergebnis einer sehr hohen und universalen Inspiration, in dem Sinne, daß sie für lange Zeit neu sein wird.

(Schweigen)

Hast du die ganze *Korrespondenz mit Nirod* gelesen?

Ich übersetze sie gerade, so habe ich sie nicht ganz gelesen.

Da sind außerordentliche Dinge darin enthalten. Er scheint ständig zu scherzen ..., aber es ist außerordentlich[1].

Ich habe ... wie viele Jahre? dreißig Jahre, glaube ich, mit Sri Aurobindo gelebt – dreißig Jahre: von 1920 bis 1950. Ich glaubte, ihn gut zu kennen, als ich aber das hörte, merkte ich, daß ... *(Geste, als öffneten sich Horizonte)*.

(Schweigen)

---

1. Mutter hört sich gerade die Briefe aus dem Jahr 1935 an.

Wie wunderbar die Dinge doch angeordnet sind, wenn wir uns wirklich aufrichtig auf das Göttliche verlassen! Besonders dieses Jahr ist wie ein Bad Sri Aurobindos.

(Mutter tritt in Meditation)

Hast du nichts zu fragen, nichts zu sagen?

Hier sind einige Texte von Sri Aurobindo, die du dieses Jahr für die Jahrhundertfeier verwenden könntest.

Mir ist nicht bekannt, daß jemals eine meiner Willensbestrebungen nach einem größeren Ereignis im Verlauf des Weltgeschehens letztlich fehlschlug, auch wenn die Weltenkräfte lange brauchen mögen, ihn zu erfüllen.

Oktober 1932
(On Himself, XXVI.55)

Ich hatte niemals einen starken und ausdauernden Willen für ein Geschehen in der Welt (ich spreche nicht von persönlichen Dingen), das nicht eines Tages eingetreten ist, wenn auch nach Verspätungen, Niederlagen oder sogar Katastrophen.

19.10.1946
(On Himself, XXVI.169)

Das ist interessant.

Willst du eins der beiden für den 15. August nehmen?

Welches ist das stärkere?

Das zweite, glaube ich.

Ich glaube auch, ja.

Das erste ist von 1932 und das zweite von 1946.

Oh! ...

19. Februar 1972

(Mutter schaut Satprem lange an)

Siehst du etwas?

(Mutter geht eine halbe Stunde lang in sich)

Keine Lust zu sprechen, es sei denn, du stellst Fragen ...

Nähere ich mich irgendeinem Ziel?

Oh, es läuft gut, mein Kind. Es ...

(Mutter nimmt Satprems Hände, langes Schweigen)

Letztes Mal hatte ich den Eindruck, als ob der alte Mensch in dir aufgewacht sei, um transformiert zu werden – aber nur du kannst wissen, ob ... Ich hatte so ein Gefühl, denn es war ein ganz anderer Mensch als der, den ich jetzt kenne – nur du kannst mir sagen, ob er sich tatsächlich transformiert hat oder ob er sich aufgelöst hat.

Ich weiß es nicht. Ich glaube, er versucht sich zu transformieren.

Ja, den Eindruck hatte ich. Aber jetzt habe ich das Gefühl, daß diese Trennung nicht mehr besteht. Wenn ich dich sehe ... Ich war dort [in Satprem], ich habe den Eindruck, daß die Trennung nicht mehr besteht – du allein kannst mir sagen, ob sie in anderen Augenblicken zurückkommt.

So, wie du jetzt bei mir bist, geht es sehr gut – es ist *smooth* [es fließt], ich kann es nicht anders ausdrücken, „smooth" ... Ich habe nicht den Eindruck eines Kampfes, von Konflikten, Schwierigkeiten, gar nicht – sehe ich sie lediglich nicht, oder ...

Nein, nein, liebe Mutter, sicher siehst du!

Verstehst du, die Präsenz ist immer da; viele Leute kommen und verhüllen sie und bringen Schwierigkeiten mit sich, aber wenn du da bist *(reglose Geste)*, passiert das nicht: es ist ruhig, es ist ... Verstehst du:
Er ist da. Für mich ist das ein Zeichen, daß es gut läuft.

(Mutter geht in sich)

Alles, was ich sehe, ist sehr gut – sehr nah. Sehr nah.
Verstehst du ... (wie soll ich sagen?...) Wenn niemand da ist, ist da eine leuchtende, ewige Existenz; sobald Leute kommen, treten Probleme und Schwierigkeiten auf. Wenn du aber da bist – selbst, wenn

ich deine Hände wie jetzt halte – ist es die gleiche Ruhe. Ein leuchtender Friede, der auf die Freude zugeht, verstehst du?

Das ist gut, mein Kind, das ist gut. Es geht gut. Ich sage dir: es ist gut.

(Satprem legt seine Stirn auf Mutters Schoß)

Welchen Tag haben wir?

Samstag.

Der 21. ist in zwei Tagen.

Ja, liebe Mutter.

Ich sehe euch vorher nicht mehr.

Nein … Herzlichen Glückwunsch zum Geburtstag, liebe Mutter!

22. Februar 1972

Notiz Mutters

(Tags zuvor war Mutter vierundneunzig Jahre alt geworden)

Am 21. hatte ich den ganzen Tag einen starken Eindruck, es sei der Geburtstag von allen, und ich fühlte mich gedrängt, jedem zu sagen: Herzlichen Glückwunsch zum Geburtstag!

Ich hatte das sehr starke Gefühl, daß sich etwas Neues in der Welt manifestiert und daß alle, die bereit und aufnahmefähig waren, es inkarnieren können.

Ohne Zweifel werden wir in einigen Tagen wissen, was es war.

23. Februar 1972

(Mutter gibt Satprem mehrere Papiere, von denen die meisten als „Notizen" in dieser Agenda veröffentlicht wurden.)

Das ist die Fortsetzung von T.J.s Heft – ich habe es nicht durchgesehen, ich weiß nicht, was sie aufgenommen hat. Du wirst sehen, was da ist.

Normalerweise wird ein Teil davon im nächsten Bulletin veröffentlicht.

Nein: nur das, was etwas taugt. Manche Dinge … Ein oder zwei Dinge sind Eingebungen, aber ich weiß nicht, ob sie sie aufgenommen hat – ich hatte ein oder zwei wichtige Eingebungen. Es schien nichts zu sein, aber es war … Aber ich weiß nicht, ob es da ist.

Möchtest du, daß ich sie dir nochmal vorlese?

Wir haben keine Zeit, mein Kind.
Hast du etwas?

Nichts Besonderes. Wie war der 21.?

(nach einem Schweigen)

Im Hinblick auf die Arbeit war es sehr wichtig, aber physisch … Ich hatte Schwierigkeiten auf dem Balkon. Es gab eine Formation (ich weiß nicht von wem), ich hatte sie schon seit einiger Zeit gesehen (ich habe einen vagen Eindruck, von wem sie kam, aber ich bin mir nicht sicher … das ist mir auch egal), ich hatte den Eindruck, daß ich am 21. sterben würde.

Ach!

Folglich …
Es war eine Formation. Natürlich hatte sie keine Wirkung, außer daß es physisch schwierig war, als ich auf den Balkon hinausging.

Aber du bist lange geblieben.

Ich blieb fünf Minuten.

Das war lange, viel länger als die anderen Male.

Ach?…

Ja.

Das war der Grund: weil ich durchhalten wollte.

Ich glaube, daß ... (das sind große Worte für eine kleine Sache), ich glaube, daß ich einen Sieg errungen habe. Aber es war schwierig.

Danach gab es eine Veränderung.

Im Hinblick auf das Bewußtsein ist es großartig, aber ich bräuchte Stunden, um das zu erzählen.

(Schweigen)

Leider ist das Leben nicht gut organisiert ... Das Zeitgefühl ist anders; in gewissen Augenblicken trete ich in ein bestimmtes Bewußtsein ein, und dann meine ich, es seien lediglich einige Minuten vergangen, während es sehr lang war.

Innen geht es sehr gut – sehr gut, das ist alles, was ich sagen kann ... Der Körper lernt, aber er lernt langsam.

(Schweigen)

Unter dem, was ich dir gegeben habe, müßten ein oder zwei sehr bedeutende Dinge sein. Ich weiß nicht, ob sie da sind.

Wie lautet die letzte?

Das Leben auf der Erde ist im wesentlichen ein Feld für den Fortschritt, und wie kurz ist doch das Leben für all den Fortschritt, den es zu machen gilt!

Seine Zeit mit der Befriedigung der eigenen schäbigen Begierden zu verlieren, ist reine Dummheit. Das wahre Glück ist nur möglich, wenn man das Göttliche gefunden hat.

Es gab noch weitere ...

(Satprem blättert durch die Seiten und findet diesen Abschnitt)

... Fast das ganze Elend der Menschheit rührt daher, daß die Menschen stets davon überzeugt sind, besser als das Göttliche zu wissen, was sie brauchen und was das Leben ihnen geben soll ...

(Mutter geht in sich)

*
* *

(Notiz vom 23. Februar)

Höchster Herr, Vollkommenheit, die wir werden sollen, Vollkommenheit, die wir manifestieren sollen.

Der Körper lebt nur durch Dich, und ich wiederhole:

„Was Du willst
Was Du willst"

Bis zu dem Tag, an dem er es automatisch weiß, weil sein Bewußtsein völlig mit dem Deinen vereinigt sein wird.

26. Februar 1972

*(Mutter überreicht Satprem die Botschaft vom 29. Februar, dem
vierten Jahrestag der „Supramentalen Herabkunft" vom 29.
Februar 1956.)*

Erst wenn das Supramental sich im körperlichen Mental manifestiert, ist seine Gegenwart dauerhaft.

Mutter

Diese Botschaft stammt in Wirklichkeit von Sri Aurobindo – man
ließ sie mich sagen, als sei sie von mir. Sri Aurobindo hatte sie geschrieben. Ich erklärte: Sri Aurobindo sagte „von Dauer".

Aber liebe Mutter, es ist deine Erfahrung, folglich …

Offensichtlich.

(Mutter lacht, Schweigen)

Aber es wäre klüger, erst dann davon zu sprechen, wenn es getan
ist. Wenn es sich etabliert hat, dann … Im Augenblick … *(Geste eines
Schwankens von einer Seite zur anderen).*

*Diese Disziplin des physischen Mentals ist … Ich weiß nicht,
wie sie anzugehen ist, sie ist sehr schwierig, finde ich.*

Sehr schwierig. Sehr schwierig.
Man muß damit beginnen, jederzeit im Schweigen sein zu können:
in jedem beliebigen Augenblick im Schweigen sein. Das ist, glaube ich,
der Ausgangspunkt.

*Willentlich das Schweigen zu erlangen, ist nicht schwierig –
man konzentriert sich eine Sekunde, und es ist ruhig, und so*

lange man sich konzentriert, bleibt es vollkommen ruhig. Aber sobald man mit der Konzentration nachläßt, pfft! ...

(Mutter lacht)

... Es macht sich davon. Es entschlüpft, wohin es will.

Meines hat sich das abgewöhnt. Man muß sich das nur abgewöhnen.

Aber wie soll man das anstellen?

Ich weiß nicht, denn es geschieht spontan. Nur wenn man mit mir spricht oder mich irgend etwas daraus aufrüttelt ... Ganz natürlich sich selbst überlassen ist der Körper so *(unerschütterliche Geste, nach oben gewandt)*. Vielleicht ist dies das Mittel *(gleiche Geste, nach oben gewandt)*: eine Kontemplation des Göttlichen.

(lächelndes Schweigen)

So ist der natürliche Zustand *(gleiche Geste)*. Es ist recht eigenartig, denn das drückt sich aus durch ... das Gefühl des Körpers ist, ganz darin eingewickelt zu sein wie ein Baby in seine Windeln, wirklich so im Göttlichen eingewickelt zu sein *(Geste)*.

(Schweigen)

Vor zwei oder drei Tagen (ich erinnere mich nicht mehr genau) drückte etwas auf mein Herz – es tat weh (das war am 24.). Ich hatte den Eindruck, daß ... der Körper hatte den Eindruck, es sei das Ende. Da fühlte er sich sofort umschlossen ... wie ein Baby in den Armen des Göttlichen. Verstehst du: als sei ich ein Baby in den Armen des Göttlichen. Nach einer Weile (aber das erschien lang), als er allein in der Gegenwart des Göttlichen war, verschwand alles. Er bat nicht einmal darum, daß es fortginge: es verschwand. Es dauerte nur einen kurzen Augenblick und verschwand.

Ich sagte es niemandem. Ich glaubte ... ich glaubte, es sei das Ende. Das geschah nach dem Essen und ...

Ganz das Gefühl eines Babys, umschlossen von den Armen des Göttlichen *(Geste)*. Außerordentlich!

(Schweigen)

Für eine gewisse Zeit war es so: „Was Du willst, was Du willst ..." und dann verstummt auch das ... *(Mutter öffnet die Hände nach oben in einer Geste der Darbietung und unbewegten Kontemplation).*

(Schweigen)

59

Die Art der Konzentration muß sich ändern.

Ja.

Wenn man das physische Mental zu disziplinieren versucht und es so nach rechts und links entweicht, nimmt man mental die Konzentration wieder auf und stellt das Schweigen wieder her usw. Jedesmal versucht man es durch das Mental in den Griff zu bekommen ...

Ja ...

Aber sobald man das Mental eine Sekunde losläßt ... Es erfordert eine „Herabkunft" von etwas. Ein Ergriffen-Werden.

Ich glaube wirklich, man muß das Gefühl der Machtlosigkeit eines Babys erreichen, verstehst du? Aber nicht etwas „Erdachtes", „Gewolltes": völlig spontan. Von da geht man über in einen Zustand ... *(Mutter öffnet die Hände in einem glückseligen Lächeln).*

Solange man sich noch als jemand empfindet, der will, jemand, der tut, ist es hoffnungslos ... *(die gleiche Geste offener Hände in einem glückseligen Lächeln)*

(Mutter tritt in Kontemplation)

Kümmert sich der Herr um uns?

(Lachend) Ich glaube, ja!

(Mutter nimmt Satprems Hände)

Fühlst du Ihn nicht?

Doch, liebe Mutter.

Ah!...

Und du *(zu Sujata, die sich nähert)*, fühlst du Ihn?

Ja, liebe Mutter.

(Schweigen)

(Sujata:) Liebe Mutter, was bedeutet es, wenn der Körper selbst ein großes Bedürfnis empfindet, umhüllt zu sein?

Ja, nicht wahr! So *(Geste).*

Ja, liebe Mutter.

Ja, so ist es.

Umgeben zu sein. Eingehüllt zu sein.

Ja, das stimmt. Das fühlt mein Körper ständig. Er ist ... wie ein Kind, im Zustand eines Babys. Genau so.

Ich glaube, er hat jetzt eine außerordentliche Sensibilität und ein Bedürfnis, vor allen ankommenden Dingen geschützt zu sein[1] – als ob er innen arbeiten müßte ... wie in einem Ei. Auf diese Art. So ist es.

Ja, das muß es sein. Ich glaube, eine ganze Arbeit vollzieht sich innen. Ach, nach der alten Weise wird er immer dümmer, aber eine neue Weise beginnt zu entstehen.

Man möchte so sein *(gleiche Geste eines Umhülltseins)*, lange-lange-lange in der Weise.

(Sujata:) Ja, liebe Mutter.

So ist es.

Als hätte man ständig das Bedürfnis, seinen Kopf an deiner Brust zu haben. Und deine Arme um einen herum.

(Mutter lacht zärtlich) So ist es.
(Zu Satprem:) Fühlst du das auch so?

Oh, ja, liebe Mutter – ja.

Mein Kind ... *(Mutter nimmt wieder Satprems Hände)*
Es kommt, wir müssen geduldig sein.

---

1. Es scheint, daß die „Formation des Todes" um Mutter, von der sie schon einmal anläßlich des 21. Februars sprach, präziser geworden ist. Ich erinnere mich in der Tat, und Sujata ebenfalls, durch eine Bemerkung Mutters im letzten Jahr, am 8. September, schockiert gewesen zu sein: „In manchen Augenblicken befällt ihn eine Angst in Bezug auf den Tod wie nie zuvor im Leben, das ist ihm noch nie geschehen." An diesem Tag vibrierte etwas. Einige Male zuvor hatte Mutter bemerkt, daß es viele Regungen gebe, ihr Körper möge sterben: „Eine beachtliche Anzahl von Wünschen, daß er sterben möge, überall – überall sind sie zu finden!" (Das war am 10. Mai 1969). Aber offenbar näherte oder präzisierte sich diese Bedrohung oder diese Formation des Todes seit diesem Datum. Als sei sie in den physischen Bereich getreten.

März

1. März 1972

(Nach einer langen Kontemplation)

Ich habe den Eindruck, daß ich dir etwas sagen wollte. Auch beim letzten Mal: sobald du weggegangen warst, fiel es mir wieder ein. Und dann verschwindet es wieder. Ich weiß nicht, warum.

4. März 1972

(Mutter ist erkältet. Sie verharrt während einer halben Stunde in Kontemplation.)

Hast du nichts zu sagen?

Und du, wie geht es dir?

Ich habe Fieber.
Gestern war es verrückt, man brachte mir zweihundert Besucher.

Ja, das ist zu viel.

Es ist verrückt.

(Mutter geht wieder in sich)

Gibt es nichts?

Hast du selbst nichts zu sagen?

(Mutter schüttelt den Kopf)

Wie spät ist es?

Zehn vor elf.

Willst du noch zehn Minuten bleiben?

Ja, wenn es dir recht ist, mit Freude!

Ja, das ist mir lieb. Wenn ich so ruhig verharre, geht es gut.

(Mutter geht in sich)

8. März 1972

(Mutter nimmt eine Transformationsblüte)

Für wen?

(sie sucht eine weitere für Satprem und Sujata)

Eine Million Rupien sind in Auroville verbrannt.

Eine Million! [1]

Ja. Eine Werkstatt, in der Maschinen standen, und die Lagerhalle mit den Vorräten daneben, brrff!

Dies kommt wie ein zwingender Befehl: Folgt dem geraden Weg, sonst geht alles schief!

Es ist schrecklich geworden. Noch ein Kind (ein Baby von anderthalb Jahren) ist in Auroville gestorben, weil die Eltern nicht die richtige Haltung hatten. Es ist gerade geschehen. So ist das. Es wird immer schrecklicher. Wie ein Druck – ein ganz schrecklicher Druck –, um den nötigen Fortschritt zu erzielen. Ich fühle es in mir selbst, in meinem Körper. Aber mein Körper hat keine Furcht, er sagt *(Mutter öffnet ihre Hände)*: „Gut, wenn ich abtreten soll, trete ich ab." In jeder Minute heißt es: Die wahre Sache... *(Mutter schlägt ihre Faust nieder)* oder das Ende.

Genau das scheint herabgekommen zu sein – ich hatte dir schon gesagt, daß am 21. etwas herabkam (irgendwo ist das notiert), „... und in einigen Tagen werden wir wissen, was es sein wird"[2]. Hast du es nicht gelesen?

Ja, es war am 21. Februar.

Genau dies ist es. Etwas in der Art von ... „keine halben Maßnahmen, keine Kompromisse, keine Halbheiten, kein ..." – so *(Mutter schlägt ihre Faust nieder)*.

So ist es für den Körper – in jeder Minute die Forderung: das Leben oder der Tod. Keine Halbheiten ... jahrhundertelang fühlte man sich weder völlig schlecht noch völlig gut – das ist vorbei.

Der Körper weiß, daß sich der supramentale Körper nur so bilden kann: man muß GANZ unter dem Einfluß des Göttlichen stehen – keine Kompromisse, keine Halbheiten, kein „das-wird-schon-kommen", nein: so *(Mutter schlägt ihre Faust nieder)*, ein furchtbarer Wille.

Aber ... Nur so kann es schnell vorangehen.

---

1. Beim heutigen Wechselkurs ungefähr zwanzigtausend Euro.
2. Siehe die Notiz vom 22. Februar, S. 55.

(Schweigen)

Dort in der Werkstatt hätte niemand sein sollen, sie war noch nicht in Betrieb; als man es mir sagte, hatte ich jedoch den Eindruck, jemand sei darin verbrannt – ich sprach mit niemandem darüber, denn ... Natürlich ist es nur eine Vision, aber ...

Alle Maschinen, alle Vorräte, alles niedergebrannt.

Eine schlechte Einstellung dort?

Ja. Oh, sie streiten sich überall. Auch sind manche absichtlich ungehorsam und akzeptieren keinerlei Autorität.

(langes Schweigen)

Aber wenn man die praktische Notwendigkeit der Transformation anerkennt – wenn es wirklich verstanden wird und man etwas zu bewirken versucht, merkt man, daß die materielle Substanz einen Schlag abkriegt und sich erinnert: ein oder zwei Tage lang betet sie, sucht sie, aber dann ... läßt es nach.

Ja ...

Eine Unfähigkeit, die Spannung aufrechtzuerhalten.

Dies geschieht nicht aus Unfähigkeit.

Was ist es dann?

Ein Widerwille. Egoismus (das, was wir Egoismus nennen), der Egoismus der Materie.

Der Egoismus der Materie ...

... die sich nicht unterordnen will.

Das weiß ich. Ständig ertappe ich meinen Körper hier und da und dort ... Er will seinen braven kleinen Weg nach gewohnter Weise abschreiten.

Es ist eine Art Erschlaffen der Sehnsucht oder der Spannung.

Ja, das stimmt.

Wie soll man es dann anstellen? Muß man es jedes Mal wieder zurückerlangen oder was?

Ja. Aber dies liegt daran, daß es erst dann stabil sein kann, wenn die Verbindung mit dem Göttlichen WIRKLICH da ist. Wenn man so ist *(Geste mit Fäusten oben wie an ein Seil angeklammert)*, kippt es bei jeder akuten Krise automatisch zur richtigen Seite. Es nimmt den richtigen Weg. Man hat ständig das Gefühl, zwischen Leben und Tod zu schweben, und sobald man die wahre Haltung einnimmt – sobald der BETROFFENE TEIL die wahre Haltung einnimmt –, geht alles gut. Ganz natürlich und leicht geht es gut. Ganz außerordentlich. Aber es ist auch schrecklich, denn es herrscht eine ständige Gefahr. Vielleicht hundertmal am Tag kommt dieses Gefühl (für die Zellen): das Leben oder die Auflösung. Wenn sie sich dann aus Gewohnheit verkrampfen, geht es sehr schlecht. Aber sie lernen zu ... *(Mutter öffnet ihre Hände in einer Geste der Hingabe)*, dann geht es gut.

So wird der Körper gleichsam gezwungen, die Ewigkeit zu erlernen. Das ist wirklich interessant. Und ich sehe: die äußeren Umstände werden SCHRECKLICH (in der gewöhnlichen Sicht).

(Mutter tritt in Kontemplation)

Was hast du zu sagen?

Für mich besteht die Schwierigkeit darin, eine Beständigkeit zu erlangen.

Ja.

Ich finde das sehr schwierig. Man versucht einmal, zehnmal, sich wieder zu fangen, aber man hat den Eindruck, daß dies nicht das richtige Vorgehen ist, daß es etwas anderes sein muß und daß ... wenn nicht wirklich eine höhere Kraft handelt, man nichts tun kann.

Ja, das stimmt. Aber ich habe Erfahrungen – Hunderte von Erfahrungen –, daß es, sobald man die wahre Haltung einnimmt, GETAN ist.

Wir selbst verhindern, daß es getan wird. Als würde unsere Kontrolle die Kraft daran hindern zu handeln (etwas in der Art). Man muß ...

(Mutter öffnet ihre Hände)

(Schweigen)

Ich habe den Eindruck, das Unterbewußte glaubt fest, wenn es seine Kontrolle nicht bewahrt, wird alles schief gehen. Es sagt: „Oh, ich muß wachsam sein, ich muß aufpassen ..."

(Mutter öffnet ihre Hände und geht in sich)

10. März 1972

(Ein Gespräch mit dem Architekten von Auroville. Dieser bittet um Geld „für Brandschutzmaßnahmen" nach dem letzten Unfall.)

Hier gibt es nicht mehr genug Geld, und dort haben sie erst recht nicht genug ... Denn im Denken der Leute kommt es aufs gleiche heraus [der Ashram und Auroville], und so wissen sie nicht mehr, wem sie es geben sollen.

In der Außenwelt wird so viel Geld verschwendet – manche Leute wissen nicht einmal, was sie damit anfangen sollen.

Wieviel wäre denn für die Sicherheit Aurovilles nötig?

(Der Architekt:) Wir müssen das untersuchen, liebe Mutter. Ich glaube, man bräuchte vielleicht ein- oder zweihunderttausend Rupien für ganz Auroville (für Brunnen und Wasserspritzen). Das wären die sofortigen Maßnahmen, aber wir müssen auch an die Zukunft denken: Wie sollen wir Auroville weiterentwickeln, jetzt, wo es angefangen worden ist? Es geht vor allem darum, zu wissen, ob wir nicht versuchen sollten, Geld zu sammeln, Leute in der ganzen Welt um persönliche Spenden zu bitten, so daß jeder einige Rupien, Francs, Dollars beisteuert, damit Auroville durch diese individuellen Beiträge aufgebaut wird. Vielleicht sollte jetzt so eine Aktion in verschiedenen Ländern und in Indien gestartet werden? Denn die finanzielle Situation in Auroville verschlechtert sich – sie ist schlechter, als sie vor einem halben Jahr war, und der Geldbedarf steigt, folglich ... Ich weiß nicht, vielleicht ist die Lösung, einfach zu warten, aber Sie wissen das besser.

(nach einem langen Schweigen)

Was könnte man tun? Hast du eine Idee?

Vor langer Zeit hatte L [ein indischer Industrieller] eine Idee, und ich möchte noch einmal mit ihm darüber sprechen. Sie bestand darin, die Leute individuell, im Sinne einer Beteiligung, für Auroville zu interessieren. Ich kenne die finanzielle Situation in Indien nicht genau ...

Die finanzielle Situation Indiens ist MISERABEL. Denn früher erhielt es viel Geld von Amerika, und das hat fast ganz aufgehört. Sie ist sehr schlecht – Indien ist arm geworden, und das ist ärgerlich. Sonst könn ten wir um Mittel bitten, aber sie stecken wirklich in Schwierigkeiten.

Vielleicht sind andere Länder dazu bereit.

Aber ja!

Deutschland könnte helfen, und vielleicht die USA. Das müßte aber in einer koordinierten Aktion geschehen, nicht aufs Geratewohl.

Ja, ja!

Man müßte es versuchen.

Wenn ich nur einen Plan hätte ... Ich habe mich nie um diese Dinge gekümmert, aber wenn es einen akzeptablen Plan gäbe, könnte ich damit arbeiten. Ich weiß wirklich nicht, was zu tun ist.

Ich werde nachher mit N sprechen und sehen, wie er darüber denkt. Dann kann man Ihnen mögliche Lösungen unterbreiten. Die Dinge so zu lassen, wie sie sind, erscheint mir als eine vielleicht mögliche, aber riskante Lösung.

Riskant.

Ich glaube, wir müssen etwas unternehmen. Aber ich kann nicht sagen, was, denn ich weiß es nicht – praktisch weiß ich nicht, was zu tun ist.

So viele Jahre lang brauchte ich nur einen Druck auszuüben, um Geld zu bekommen, und es kam. Aber das war für den Ashram. Jetzt hat der Ashram nicht einmal das, was er braucht, und ich kann so viel Druck ausüben, wie ich will: nichts kommt. Die Leute wissen nicht mehr, wo sie geben sollen: da ist dies und jenes und dies und das ... sie verstehen nicht mehr!

Gib mir einen Plan, und ich werde damit arbeiten!

Es herrscht eine zu große Zerstreuung, liebe Mutter.

Ja, ja!

Man weiß nicht mehr, woran man ist: da ist die „Sri Aurobindo Society", „Sri Aurobindo's Action", „Sri Aurobindo dies und das ..." Das führt zu einer Zersplitterung.

Aber wenn man ihnen das sagt – und insbesondere, wenn du es N [von der Sri Aurobindo Society] sagst, wird er antworten: „Ja, natürlich, *Sri Aurobindo's Action* [U.s Projekt] muß verschwinden." Und jeder sagt: Ich selbst muß bleiben ... Das ist keine Lösung.

Die Lösung ist, daß alle sich einigen, liebe Mutter: die Einheit.

Ja, ja, genau.

Anstatt sich zusammenzutun (wo jeder seinen Platz in einer harmonischen Einheit hat), zieht jeder in seine Richtung. Im wesentlichen gilt es, einen moralischen Fortschritt zu machen.

Das, worauf du gestoßen bist: Der Mangel an Einheit ist die Ursache aller Schwierigkeiten.

Selbst der Ashram ist davon befallen: jede Abteilung betrachtet sich als eine separate Einheit. Und weil kein Zusammenhalt mehr existiert, läuft es nicht mehr gut.

Ich kann nicht mehr von Ort zu Ort gehen und eine starke Aktion in Gang setzen; ich kann es nicht mehr, ich bin hier gebunden.

Das ist es, du hast die Ursache erfaßt. Wenn du einen Arbeitsplan aufstellen könntest, werden wir sehen. Genau das brauchen wir – wir müssen alle Bemühungen koordinieren und auf eine Einheit hinarbeiten.

Von Anfang an herrschte dieser Mangel an Einheit, und jetzt fehlt mein direkter Einfluß, weil ich hier gebunden bin. Ich kann ihnen noch so oft sagen: „Ihr seid nicht dazu da, euch selbst darzustellen: ihr seid doch alle gleich!" – Aber sie verstehen das einfach nicht! Und *(lachend)* das Ergebnis: N ist krank und U fühlt sich schlecht.

Im Grunde läuft es immer auf dasselbe hinaus: ein GROSSER, ernsthafter und aufrichtiger individueller Fortschritt ist nötig, und dann geht alles gut.

Die Atmosphäre ist gestört, der Zusammenhalt ist verloren gegangen. Wenn du mitarbeiten willst, wäre das großartig. Ich brauche jemanden, der überall hingehen, nach dem Rechten schauen und mit den Leuten sprechen kann – um eine Einheit auf höherer Ebene herzustellen. Das wäre eine wirklich großartige Arbeit.

Und wenn dies einmal getan ist, wäre es leicht. Das Geld fehlt nicht, aber es wird verschwendet und zerstreut.

N denkt immer nur an die *Sri Aurobindo Society*. Er gibt Hunderttausende von Rupien für Landkäufe aus, und so versickert dieses Geld einfach, anstatt für die allgemeine Arbeit eingesetzt zu werden[1]... Ich habe ihm das gesagt, aber er hat nicht verstanden. Das Ergebnis ist, daß er heute krank ist.

So ist das.

Der Erfolg ist gewiß, aber unter der einen Bedingung, daß wir uns vereinen. Wir wollen der Welt die Einheit predigen – anständigerweise sollten wir zumindest selber ein Beispiel dafür geben.

---

1. N wird sich bald als „Eigentümer" Aurovilles ausgeben. Alles von ihm gekaufte Land ließ er auf den Namen seiner „Society" statt auf Aurovilles Namen eintragen.

Statt dessen geben wir ein Beispiel für alles, was man nicht tun soll. Besuchern sagen wir: „Wir streben die Einheit der Menschheit an." – Wir streiten uns und predigen gleichzeitig die Einheit der Menschheit. Das ist einfach lächerlich! Wir können uns nicht einmal auf ein gemeinsames Vorgehen einigen.

Ich sage ihnen das immer wieder, aber sie verstehen nicht. Willst du mir helfen?

Ja, liebe Mutter.

Gut. Willst du, daß wir zusammenarbeiten?

Ja, liebe Mutter.

Gut.

Ich bin bereit, mit N zu sprechen, wenn Sie mich dazu ermächtigen.

Ja, sprich mit N, das wird ihm guttun.

Ich werde sehr brüderlich mit ihm sprechen, sehr aufrichtig, denn ich habe ihm viel zu sagen.

Gut, gut.
Wenn er wütend wird, sag ihm: „Gut, sprechen Sie mit Mutter!" Dann...

Ich werde versuchen, erst mit N zu sprechen, er ist der schwierigste. Nachher werde ich mit U reden.

U ist sehr intelligent und wird sehr gute Antworten parat haben.

(Mutter lacht)

Ich habe schon mit U gesprochen und kenne seine Antworten.

Aber U beginnt sich zu ändern, denn er ist ein äußerst intelligenter Mann, er hat verstanden, daß er sich ändern muß.
Ich bin mit dir.

*
* *

*(Der Architekt geht weg.
Dann tritt R ein, eine amerikanische Schülerin.)*

Ich könnte es so ausdrücken: Fortschritt oder Tod. Es ist unerläßlich, daß alle den nötigen Fortschritt machen, sonst ... *(Geste der Auflösung)*

Dieser Brand war sehr symbolisch – du weißt, daß es einen schrecklichen Brand gab.

(R:) Ja, genau. Ich wollte wissen, was seine symbolische Bedeutung ist.

Verstehst du, wir predigen die Einheit, wir sagen, daß die Menschheit eins sein soll, daß alle Anstrengungen auf einen allgemeinen Fortschritt und auf die Ankunft des Supramentals hinzielen sollen ... und jeder zieht mit aller Kraft in seine Richtung.

Deshalb wollte ich euch sagen: „Tut, was ihr sagt, sonst werdet ihr untergehen!"

Wir haben keinerlei Recht, der Welt die Einheit zu predigen, wenn wir ihr nur das Beispiel einer großen Entzweiung geben ... Das ist so einfach, daß ein Kind es verstehen könnte – und sie verstehen nicht.

Bei mir nimmt die Macht des Bewußtseins ständig zu; die physische Macht ist im Moment – ich sage im Moment – praktisch auf null reduziert. Ich bin gezwungen, hier zu bleiben, ich kann mich um nichts kümmern und muß mich damit begnügen, Leute zu empfangen. Deshalb brauche ich Leute, die die aktive Arbeit verrichten, die ich vorher tat und jetzt nicht mehr tun kann ... *(Mutter ist außer Atem).* Ich kann nicht mehr mit der Kraft sprechen, die ich früher hatte – das Physische ist dabei, eine Transformation durchzumachen. Sri Aurobindo hatte recht, als er sagte (denn einer von uns beiden mußte gehen, und ich bot mich dafür an): „Nein, dein Körper kann durchhalten, er hat die Kraft, sich zu transformieren." – Es ist nicht leicht. Ich kann wirklich sagen, daß es nicht leicht ist. Und mein Körper ist guten Willens, er ist wirklich guten Willens. Im Moment ist er dabei ..., nun, er ist nicht mehr hier und noch nicht dort. Der Übergang ist nicht leicht. Ich sitze hier fest wie eine alte Frau und kann die Arbeit nicht mehr tun.

Wenn ich durchhalte, wird es mit hundert Jahren gut sein. Das weiß ich, ich bin absolut überzeugt, daß ich neue Energien bekommen werde. Aber ich muß durchhalten ...

(Schweigen)

Jetzt fehlt es an Geld. Das Geld fehlt, weil es verstreut ist. Die Leute wissen nicht, wofür sie es geben sollen, so geben sie nichts mehr: „Soll ich es hierhin oder dorthin geben?" Also geben sie nichts mehr.

(Schweigen)

Ich kann sehen, ich habe wirklich Gelegenheit genug, das zu sehen: Wenn ich wegginge, hätte ich niemanden hier, es wäre unser Untergang.

(R.:) Oh, der totale Zusammenbruch – nichts!

Wenn die Arbeit getan werden soll und wenn Auroville gebaut werden soll, muß ich demnach nicht nur in meinem Körper bleiben, sondern der Körper muß auch kräftig werden.

Ich weiß das. Alles hängt vom göttlichen Willen ab – Er sagt es mir aber nicht! Ich habe den Eindruck, wenn ich Ihn frage … (ein- oder zweimal stellte ich in schwierigen Augenblicken die Frage hinsichtlich des Körpers), und dann *(lachend)* scheine ich ein Lächeln zu sehen, weißt du, ein Lächeln, so groß wie die ganze Welt, aber keine Antwort.

Ich kann das Lächeln immer noch sehen: „Versuch nicht, es zu wissen, die Zeit ist noch nicht gekommen!"

(die Uhr schlägt)

Wenn es uns bloß gelänge, immer im wahren Bewußtsein zu bleiben, dann wäre es … ein Lächeln. Aber wir neigen stets zum Tragischen. Das ist unsere Schwäche.

Nur unsere Begrenztheit schafft das Drama. Wir sind zu klein – zu klein und zu kurzsichtig. Aber … das Bewußtsein weiß – es weiß.

11. März 1972

Ich habe einen Brief von P.L. erhalten. Er sagt folgendes:

„… Kardinal Tisserant verstarb am 21. Februar, wie Sie vielleicht gehört haben. Da er in Wirklichkeit der wahre Vize-Papst war, können Sie sich den Pomp der Begräbniszeremonien vorstellen: die Vertreter der französischen Regierung, der französischen Akademie, der italienischen Regierung usw. Eine ganze Woche lang Zeremonien. Als sein Sekretär kümmerte ich mich um alles. Ich bin sehr müde … Monsignore R war über sein Hinscheiden sehr betrübt. Ich glaube, er wird in einigen Wochen oder spätestens in einem Monat bei Ihnen sein: er ist fest entschlossen, allem hier den Rücken zu kehren. Seit seiner Begegnung mit Mutter[1] hat sich viel ereignet … Beim Ordnen fand ich das

---

1. Siehe das Gespräch vom 29. Januar 1972.

beiliegende Dokument, das Sie interessieren mag – ich hoffe, bei Ihnen herrscht immer noch Ruhe von Seiten des Bistums ..."

Das Dokument ist eine Fotokopie von Kardinal Tisserants Brief an den Erzbischof von Pondicherry:

Albano,
Regina Apostolorum, 13. Januar 1972

An seine Exzellenz Monsignore A.R.
Erzbischof von Pondicherry

Verehrter Herr,

Wie Ihre Exzellenz wohl weiß, leite ich seit fast fünfundzwanzig Jahren die Heilige Kongregation der fernöstlichen Kirche, und eine meiner teuersten Erinnerungen ist die Reise, die ich 1953 in Ihr geliebtes Land unternahm. Ich hatte immer ein großes Interesse für diese große Nation, aber um so mehr, nachdem ich sie besuchte. Mit ganz besonderer Freude begleitete ich Seine Heiligkeit Papst Paul VI. zum Internationalen Eucharistischen Kongreß in Bombay.
Bei dieser Gelegenheit drückte der Heilige Vater den Wunsch aus, mit den Repräsentanten der bedeutendsten religiösen Bewegungen Ihres Landes in Kontakt zu treten, und ich weiß, daß ihm eine Biographie Sri Aurobindos überreicht wurde.
Gerade in Bezug auf den Sri Aurobindo Ashram erlaube ich mir, Ihrer Exzellenz zu schreiben. Ich bin mir sicher, daß Sie des Ansehens gewahr sind, das er über die Grenzen Indiens hinaus erworben hat. Ich verfolge seine Arbeit und Errungenschaften seit Jahren. Kürzlich wurde mir berichtet, daß die Verantwortlichen des Ashrams im Zusammenhang mit der vorgeschlagenen Gründung einer Universität in Schwierigkeiten gerieten – ein Projekt, das ausdrücklich von der indischen Regierung unterstützt wird. Einige katholische Studenten und Priester setzten dem Projekt starken Widerstand entgegen.
Deshalb ersuche ich Ihre Exzellenz freundlichst, Ihren Einfluß geltend zu machen, um Zwischenfälle zu vermeiden, welche die von seiner Heiligkeit Papst Paul VI. im Einklang mit den Beschlüssen des Zweiten Ökumenischen Konzils so sehr angestrebte Harmonie ernsthaft beeinträchtigen würden.
In Dankbarkeit, mein verehrter Herr, verbleibe ich hochachtungsvoll, Ihr ergebener,

Eugène Kardinal Tisserant

Das ist interessant. Wer wird sein Nachfolger?

Ich weiß es nicht, er ist noch nicht ernannt worden.

Seitdem ist es hier jedenfalls ruhig.

*(Mutter geht in sich
Champaklal reißt Mutter plötzlich aus ihrer Kontemplation
heraus)*

Ich war in Italien.
Geschichten von Kardinälen ...

15. März 1972

*(In Bezug auf das Gespräch vom 8. März: „Keine Kompromisse,
keine Halbheiten, kein „Daswirdschonkommen" ... als hätte man
ständig den Eindruck, zwischen Leben und Tod zu schweben ...".
Satprem hatte Mutter einige Ausschnitte dieses Gesprächs für das
nächste Bulletin vorgelesen.)*

Das ist sehr wahr. Und es setzt sich immer stärker fort. So ist es.
Ständig, ständig auf diese Weise ...
Das Essen ist zu einem Problem geworden. In gewissen Augenblik-
ken jedoch, wenn die Haltung gut ist, geht es so leicht!
Das hast du gut formuliert.

*Aber du hast das selbst gesagt, liebe Mutter – das stammt doch
nicht von mir!*

*(Mutter geht in sich, versucht etwas zu sagen und geht dann
wieder in sich)*

17. März 1972

(Notiz Mutters)

Um sich auf die Unsterblichkeit vorzubereiten,
muß das Bewußtsein des Körpers sich zuerst
mit dem Ewigen Bewußtsein identifizieren.

18. März 1972

*(Gleich nach Satprems Ankunft mustert ihn Mutter
und sagt mit kategorischem Ton:)*

Es geht besser, nicht wahr?

Meinst du mich oder …

Ja, dich.

Ich glaub schon, ich hoffe es.

Ja, aber ich sage dir: „Es geht besser" – ich weiß es! *(Mutter lacht)*
Es geht gut.

Es war recht schwierig.

*(Mutter unterzeichnet den Vertrag für die Veröffentlichung der
Synthese des Yoga in Frankreich – Schweigen)*

*Glaubst du denn, es geht auch in allgemeiner Hinsicht besser
oder …*

Ja.

Oder ist es etwas Individuelles?

Es geht besser.
Eine Freude beginnt im Körper aufzukommen … Es geht gut.
Ich sagte dir, daß alles so war *(Geste wie am Rande eines Abgrundes)*,
aber jetzt hat es sehr spürbar eine gute Richtung eingeschlagen. Von
Zeit zu Zeit *(Geste einer Neigung)*, aber … merklich zur richtigen Seite.
Es geht viel besser.

77

(Schweigen)

Und deine Atmosphäre ist VIEL klarer, sehr viel klarer. Es gibt weniger... *(Konflikte andeutende Geste)*

Hast du dies gesehen?

(Mutter zeigt ein Schreiben über die Einschränkung der Aufnahme in den Ashram)

Wirst du nicht von Leuten angesprochen, die in den Ashram kommen wollen?

Ich ermutige sie nie ...

Sollen wir etwas ruhig bleiben?

(lange Meditation)

Hast du nichts zu sagen?

Ich möchte, daß alles schmilzt.

(Mutter lacht und nimmt Satprems Hände)

Es ist sehr klar. Sehr klar.

(Mutter geht wieder in sich, während sie Satprems Hände hält)

19. März 1972

(Notiz Mutters)

Diese Wahrheit, die der Mensch vergeblich zu erkennen suchte, wird der neuen Spezies, der Spezies von morgen, dem Übermenschen, vorbehalten sein.
Der Wahrheit entsprechend zu leben, wird ihr vorbehalten sein. Laßt uns die Ankunft des Neuen Wesens nach bestem Vermögen vorbereiten. Das Mental muß sich ruhig verhalten und durch das Wahrheitsbewußtsein ersetzt werden – das Bewußtsein der Einzelheiten und das Bewußtsein des Ganzen müssen in Einklang gebracht werden.

22. März 1972

(Seit drei Tagen ist Mutter „krank": heftiges Erbrechen usw.
Sie spricht mit stockender Stimme.)

Dieses Mal ist es ernst.
Ich konnte nicht essen – ich kann nicht essen *(Geste des Erbrechens).*
Der Körper ist auf ein Minimum reduziert.
Wir werden sehen. Wenn er durchhält, ist es gut.

Vor drei Nächten sah ich eine ungeheure Flutwelle – wie eine
Flutwelle, die alles verschlang.

Ach!

Wenn ich so etwas sehe, ereignet sich meistens am nächsten Tag
eine Katastrophe. Aber am nächsten Tag gab es keine Katastro-
phe – man könnte meinen, es habe dich getroffen. Ich weiß nicht
… eine gewaltige Flutwelle.

(nach einem Schweigen)

Ich schlafe nicht mehr, aber ich trete in eine tiefe Ruhe ein, und da
existiert nur noch das Bewußtsein des Körpers. Der Körper sah letzte
Nacht zweimal allerlei Bilder und Aktivitäten, die ihm die allgemeine
Verständnislosigkeit zeigten.
Er fand sich in Situationen … einmal war es hier und einmal in
Japan. Ich sah, daß noch Eindrücke im Körper bestehen, Eindrücke in
einem … Es war nicht im Ashram, aber einmal war es in Japan – wie
ich in Japan war (aber keine Erinnerungen: es sind ganz neue Aktivitäten, ganz neue Dinge). Sie zeigten, daß ich dort von verständnislosen
Leuten umgeben war. Und auch hier waren es Leute (nicht im Ashram,
es waren ganz symbolische Dinge und Leute, die nicht mehr in ihrem
Körper sind); ich war ebenfalls umgeben von Leuten und Dingen, die
nichts verstanden. Ich sah, daß diese Eindrücke noch im Körper sind
und die Sache erschweren.
Es waren nicht die jetzigen physischen Dinge sondern eine Wieder-
gabe der Haltung der Leute und ihrer Denkweise.

(Schweigen)

Mir ist seit langem bewußt, daß … Ich bin mir nicht sicher, ob
einige Leute nicht „Schwarze Magie" gegen mich einsetzen.

Ach, Mutter, in dieser selben Nacht, wo ich die Flutwelle sah,
sah ich plötzlich ein Bild: Du lagst auf einem Bett, und ich hielt

*deine Füße umklammert, und an einer Seite sah ich ein großes
schwarzes Wesen, ganz schwarz, vielleicht drei Meter groß, und
ganz ... es hatte keine schwarze Haut, aber schwarze Kleider.
Und es stand aufrecht auf einer Art schwarzem Teppich.*

Ja, das ist es. Diesen Eindruck habe ich.

Ich sage es nicht (es klingt lächerlich), aber ich habe den Eindruck,
daß Leute Magie gegen mich ausübten. Das einzige, was ich tue, ist
natürlich, mich in das Göttliche einzuhüllen. Aber ... es verursacht
trotzdem große Schwierigkeiten.

Ich wollte dich sehen, denn ich wollte dir das sagen. Jetzt ist es
schwer zu sprechen ... Willst du ruhig bleiben?

(Meditation)

24. März 1972

(Gespräch mit Sujata)

Frühmorgens habe ich mich zum ersten Mal selber gesehen: meinen
Körper. Ich weiß nicht, ob es der supramentale Körper ist oder ... (wie
soll ich sagen?) ein Übergangskörper, aber ich hatte einen ganz neuen
Körper, und er war geschlechtslos: weder Frau noch Mann.

Er war ganz weiß. Aber das liegt vielleicht daran, daß ich eine weiße
Haut habe – ich weiß es nicht.

Er war sehr schlank *(Geste),* das war hübsch. Eine wirklich harmonische Form.

Es war das erste Mal.

Ich wußte überhaupt nichts, ich hatte nicht die geringste Ahnung,
wie er sein würde oder sonst irgend etwas, und ich sah – ich WAR so, ich
war so geworden. Da dachte ich, ich müßte es Satprem sagen, damit er
es aufschreibt.

Ich weiß nicht, ob ich mich erinnern werde, deshalb sage ich es dir
jetzt. Heute ist Freitag, und ich sehe ihn erst morgen. So bin ich sicher,
es nicht zu vergessen. Du wirst es ihm sagen.

Ja, liebe Mutter.

Es war eine schwere Zeit.

Besonders, was das Essen angeht, wird es einen großen Unterschied geben. Ich BEGINNE zu verstehen, wie es sein wird, aber ich weiß noch nicht genug, um darüber sprechen zu können – ich hatte noch keine Erfahrung, so weiß ich es nicht ... Wahrscheinlich werden wir Dinge einnehmen, die nicht verdaut werden müssen – das gibt es schon. Keine feste Nahrung. Man könnte sich zum Beispiel Dinge wie Traubenzucker vorstellen. Aber darüber bin ich mir nicht sicher, denn die Erfahrung ist noch im Gange. Wenn ich eine klare Vorstellung davon habe, werde ich es tun.

Jedenfalls wollte ich dir das sagen.[1]

Geht es gut?... Ihm geht es auch gut?

Ja, liebe Mutter.

Bis morgen!

25. März 1972

Hast du die letzten Antworten an T.J. erhalten [die „Notizen"]? Ich glaube es sind ein oder zwei, ich erinnere mich nicht mehr.

Die letzte ist diese hier:

Diese Wahrheit, die der Mensch vergeblich zu erkennen suchte, wird der neuen Spezies – dem Übermenschen – vorbehalten sein...

Ist das alles?... Wenn etwas davon verwendet werden kann ...

Ja, bestimmt können einige Dinge als Zitate verwendet werden.[2]

(Schweigen)

---

1. Die Tonbandaufnahme dieses Gesprächs wurde von Mutters neuer Assistentin unter Verschluß genommen. Sonderbare Geschehnisse begannen ihren Lauf zu nehmen.
2. Diese „Notiz" wird die letzte sein, die Satprem erhielt. Die Person, der Mutter diese Antworten schickte, wird sie ihm nicht mehr übermitteln. Eine seltsame Woge schien jene zu erfassen, die mit Mutters Arbeit verbunden waren; ohne gegenseitige Absprache schienen alle die Arbeit behindern zu wollen. Wir werden es später sehen. Vielleicht war dies der Beginn der Flutwelle, die Satprem gesehen hatte.

Sujata erzählte mir deine Erfahrung von gestern, diese Vision deines Körpers: des nächsten Körpers.

Ja, aber ich WAR so. Ich war es selbst; ich sah mich nicht in einem Spiegel: ich sah mich so *(Mutter beugt ihren Kopf, um ihren Körper zu betrachten)*, ich war ... ich war so.

Dies war das erste Mal, gegen vier Uhr morgens, glaube ich. Es erschien wirklich völlig natürlich – ich schaute nicht etwa in einen Spiegel. Ich erinnere mich nur an das, was ich sah *(Geste von der Brust bis zur Taille)*. Ich war in ein Tuch gehüllt und sah nur ... Vor allem der Rumpf war ganz anders, von der Brust bis zur Taille: weder Mann noch Frau.

Es war hübsch, ich hatte eine sehr schlanke Gestalt, aber auch nicht mager. Die Haut war sehr weiß – wie meine jetzige Haut. Eine sehr hübsche Form. Keine Geschlechtsmerkmale, man konnte nicht sagen, ob es sich um einen männlichen oder weiblichen Körper handelte. Die Geschlechtsorgane waren verschwunden.

Auch hier *(Mutter deutet auf die Brust)*, all das: nichts. Ich kann das nicht beschreiben. Es erinnerte an den menschlichen Brustkorb, hatte aber keine Formen, nicht einmal so wie bei Männern. Eine sehr weiße Haut, sehr glatt. Fast kein Bauch. Kein Magen. All das war sehr schlank.

Ich schenkte dem keine besondere Aufmerksamkeit, denn ich war einfach so: es erschien völlig natürlich. Dies war das erste Mal – in der Nacht von vorgestern auf gestern. Letzte Nacht sah ich nichts. Es war also bis jetzt das einzige Mal.

Ist es denn so im Subtilphysischen?

Im Subtilphysischen muß es bereits so sein.

Wie kann das denn ins Physische übergehen?

Das weiß ich eben nicht ... Ich weiß es nicht. Ich weiß es nicht.

Es war auch offensichtlich, daß es keine komplizierte Verdauung und Ausscheidung wie jetzt mehr gab. Es funktionierte ganz anders.

Aber wie?... Offensichtlich gibt es schon jetzt eine ganz andere Nahrung, und es wird mehr und mehr in die Richtung gehen – wie Glukose zum Beispiel. Dinge, die keine komplizierte Verdauung erfordern. Aber wie wird der Körper selbst sich verändern? ... Ich weiß es nicht. Ich weiß es nicht.

Ich schaute nicht genau hin, um es herauszufinden, denn es erschien völlig natürlich, und so kann ich keine detaillierte Beschreibung geben. Klar ist nur, daß es weder der Körper einer Frau noch der eines

Mannes war. Die Silhouette glich in etwa der eines Menschen, eines sehr jungen Wesens. Es erinnerte an die menschliche Gestalt *(Mutter zeichnet Umrisse in die Luft)*: ich hatte Schultern und eine Taille. Wie eine Andeutung der Form.

Ich sehe es noch vor mir, aber ... Ich sah es, wie man sich selbst sieht, ich betrachtete mich nicht einmal in einem Spiegel. Ich hüllte mich in eine Art Tuch, um mich zu bedecken.

Das war meine natürliche Seinsart (es erschien mir gar nicht erstaunlich).

So muß es im Subtilphysischen sein.

Der Übergang vom einen zum anderen erscheint mysteriös.

Ja, wie kann das vor sich gehen?

Es ist dasselbe Geheimnis wie der Übergang vom Schimpansen zum Menschen.

Oh, nein, es ist viel unglaublicher, denn zwischen dem Schimpansen und dem Menschen besteht letztlich kein großer Unterschied.

Der Erscheinung nach gab es auch da keinen großen Unterschied *(Mutter zeichnet Umrisse in die Luft)*; da waren Schultern, Arme, ein Körper, eine Taille, Beine. Dies war gleich. Nur ...

Ja, aber ich will sagen, daß die Funktionsweise bei einem Schimpansen und einem Menschen gleich ist.

Sie ist gleich.

Genau! Sie verdauen, sie atmen, sie ... Während da ...

Nein, auch hier schien es eine Atmung zu geben – im Gegenteil: breite Schultern *(Geste)*. Das war wichtig. Nur war die Brust weder weiblich noch männlich: nur eine vage Ähnlichkeit. Und all das – Magen, Bauch, all das – nur eine Andeutung, eine sehr schlanke und sehr harmonische Form, und sie erfüllte gewiß nicht denselben Zweck wie unser Körper.

Die beiden großen Unterschiede sind die Fortpflanzung, die dort überhaupt nicht mehr existierte, und die Ernährung. Die heutige Ernährung ist offensichtlich nicht mehr dieselbe wie die des Schimpansen und auch nicht wie die der ersten Menschen. Sie ist bereits völlig anders. Der nächste Schritt besteht darin, eine Ernährung zu finden, die nicht diese ganze Verdauung benötigt ... Nicht eigentlich flüssig, aber auch nicht mehr fest. Dann der Mund – ich weiß nicht – gibt es Zähne? Offensichtlich braucht man nicht mehr zu kauen, so sind die Zähne nicht mehr ... Aber etwas muß sie ersetzen ... Ich weiß überhaupt nicht, wie das Gesicht war. Aber es schien nicht sehr anders als das jetzige zu sein.

Was sich sehr ändern wird und was eine große Bedeutung angenommen hatte, das war die Atmung. Davon hing dieses Wesen sehr ab.

Ja, wahrscheinlich nimmt es die Energien direkt auf.

Ja. Aber vermutlich wird es Zwischenstadien geben, Wesen, die nicht lange bestehen werden, so wie es Evolutionsstadien zwischen dem Schimpansen und dem Menschen gab.

Aber ich weiß es nicht, etwas muß passieren, das bis jetzt noch nie passiert ist.

Ja.

(Schweigen)

Manchmal habe ich den Eindruck, daß der Augenblick der Verwirklichung nahe ist.

Ja, aber wie?

Ja, das wissen wir nicht.

Wird dies *(Mutter zeigt auf ihren Körper)* sich ändern? Entweder muß er sich ändern, sonst wird er dem gewöhnlichen Ablauf folgen, sich zersetzen und wieder geboren werden ... Ich weiß es nicht. Offensichtlich kann das Leben beträchtlich verlängert werden, dafür gab es Beispiele, aber ... Ich weiß nicht.
Ich weiß nicht.

Mehrmals hatte ich den Eindruck, daß es eher die Konkretisierung des anderen Körpers sein wird als eine Transformation des jetzigen.

Ach!... Aber wie?

Diesen Übergang kennen wir auch nicht. Aber anstatt daß dieser Körper sich in einen anderen verwandelt, wird der andere diesen hier ersetzen.

Ja, aber wie?

Das weiß man nicht.

(nach einem Schweigen)

84

Ja, wenn das Wesen, das ich vorletzte Nacht war, sich materialisierte, wäre das offensichtlich … Aber wie?

(Schweigen)

Willst du meditieren?

(Mutter tritt in Kontemplation)

Wir wissen nichts!
Seltsam, wie wir NICHTS wissen.

(Satprem schickt sich an zu gehen, Sujata nähert sich)

(Sujata:) Mutter, weißt du, in seinem Gedicht „Die Transformation" beginnt Sri Aurobindo folgendermaßen:

My breath runs in a subtle rhythmic stream
It fills my members with a might divine[1] …

Ja, die Atmung ist wichtig.
„A might" [eine Macht]?

„Might", ja, Mutter.

(Mutter streichelt Sujatas Wange)

29. März 1972

Ich erhielt einen Brief von Y.L. Weißt du, letztes Jahr kam sie und brachte dir Malrauxs Frage über Bangladesch – Malraux wollte sich für Bangladesch einsetzen. Du ließest ihm antworten, daß er die Antwort bekommen würde, wenn er nach Indien käme …

(Mutter nickt zustimmend)

---

1. Mein Atem strömt in einem subtilen rhythmischen Fluß,
er füllt die Glieder mit göttlicher Macht… (*Collected Poems* V.161)

Er ist nie nach Indien gekommen. Nachdem er Indira in Paris getroffen hatte, gab er seinen Plan auf.

Ach!

Ja, da Indien beschloß, offiziell in Bangladesch einzugreifen, fand er, daß es keinen Grund mehr gab, hinzugehen und sich auf der offiziellen Seite töten zu lassen. Statt dessen ging er in die Vereinigten Staaten und besuchte Nixon.

(Mutter runzelt die Stirn)

Kurzum, Y.L. hat es sich in den Kopf gesetzt, Malraux an der Jahrhundertfeier Sri Aurobindos teilnehmen zu lassen – du weißt, daß ich seit Jahren versuche, Malraux für Sri Aurobindos Ideen zu begeistern. Vor zehn oder fünfzehn Jahren hatte ich ihm zum ersten Mal geschrieben. Hier nun, was Y.L. mir schreibt:

„… Wieder Malraux, und immer Malraux! In Ihrem letzten Brief Ende Dezember schrieben Sie: „Er könnte der Bote der neuen Welt sein." Gerufen von Nixon machte er sich auf den Weg. Nun bleibt der Rückweg über Indien und Bangladesch. Heute morgen erhielt ich eine Kopie Ihrer Radio-Ansprache aus Delhi. Ich schickte sie sofort an Malraux weiter …"

Ja, das ist mein Artikel über „Sri Aurobindo und die Zukunft der Erde". Dann erhielt ich einige Tage später einen zweiten Brief von Y.L., wo sie sagt:

„Heute morgen die Antwort, die ich Sie bitte, Mutter vorzulesen. Ich überlasse es Ihrem Urteil, zu entscheiden, was jetzt zu tun ist. Ich habe A [Leiter des Sri-Aurobindo-Studienzentrums in Paris] nicht informiert. Ihr Artikel über »Sri Aurobindo und die Zukunft der Erde« hat seine Unterstützung gewonnen…"

Ja, Malraux hat eingewilligt, Mitglied des Komitees der Jahrhundertfeier zu sein. Seine Sekretärin schickte folgende Antwort an Y.L.:

Verrièresle-Buisson
13. März 1972

… Monsieur Malraux befindet sich auf Reisen im Ausland und wird zweifellos nicht vor dem 15. April zurück sein, aber er beauftragte mich, Mutter ausrichten zu lassen, daß sie im Rahmen des Komitees über ihn verfügen könne und daß es ihm eine Ehre sei.

Gezeichnet: S.R.

Ach! Das ist gut.

Wir müssen mit A sprechen.

Das ist gut. Das ist gut[1].

*
* *

(Nach dem Gespräch über Malraux nahm die Unterredung eine ganz andere Wendung:)

Ich hatte den Eindruck, daß ich dir etwas geben wollte ...

Hat man dir eine Kassettenaufnahme gegeben?... Ich hatte etwas zu R und Sujata gesagt.

Ist es gut?

Ja, ja, liebe Mutter, es war sehr gut. Wir könnten sie veröffentlichen. Es ging um die Vision, die du von deinem eigenen Übergangskörper hattest.

Ich wollte dich nur danach fragen[2].

Ja, liebe Mutter, es ist sehr interessant ... Hast du seit dieser Vision deines neuen Körpers nichts weiteres gesehen?

Nein. Das war etwas völlig Neues für mich – es war das erste und vielleicht auch letzte Mal.

(Schweigen)

Mein Körper bat um ... Er ist in einem Zustand ständiger Aspiration, und er bat um ... Er fühlt (ich kann es nicht erklären), er fühlt die volle Gegenwart des Göttlichen – in allen Dingen, überall, ständig, als sei er gleichzeitig eingehüllt und durchdrungen –, und er bat um etwas noch Konkreteres. Da antwortete mir etwas wie ein Bewußtsein, daß man ihm keine vollkommenere Wahrnehmung gebe, weil er immer noch den Wunsch habe, ... (wie soll ich sagen?) sich im Göttlichen aufzulösen, und daß die Zellen ... *(Geste eines Berstens)*, daß der Körper nicht in seiner Form bleiben könnte.

Ach!

---

1. Leider kam die Angelegenheit damit zum Erliegen. Die Engstirnigkeit des „Studienzentrums" in Paris wird Malraux für immer entmutigen. Die Brücke, die Y.L. und Satprem seit 1955 mit so viel Mühe aufgebaut hatten, und Satprems erster Brief an Malraux werden auf einen Schlag zunichte gemacht. Seltsam, wie Mutter von allen Seiten von allgemeiner Verständnislosigkeit umgeben war, was die tiefe Bedeutung dieser Geschichte betraf, als handelte es sich dabei um die Angelegenheiten einer Kirche oder sogar des „Ashrams".
2. Tatsächlich erhielt Satprem nur Sujatas Aufnahme, nicht die andere.

Etwas in der Art, verstehst du?

Ich fühlte, daß dies wahr ist. Ich fühlte es.

Die Schwierigkeiten beim Essen sind immer noch sehr groß – Freude am Essen habe ich seit sehr langer Zeit nicht mehr, aber jetzt ist es wirklich zu einem Problem geworden; und das zellulare Bewußtsein der göttlichen Gegenwart verstärkt diese Dinge noch [die Weigerung zu essen], denn alle äußeren Mittel – das Essen und all diese Dinge – erscheinen einem derart lästig! Sicherlich geht die nächste Schöpfung zu etwas anderem über, zu einem anderen Mittel, um sich am Leben zu erhalten, und wir wissen noch nicht was. Ich habe den Eindruck, daß es eine Nahrung gibt – eine Übergangsnahrung, die nicht mehr so wie die alte Nahrung ist, aber auch noch nicht ... [die direkte Aufnahme der Energien]. Etwas, das ein Minimum an materieller Basis aufweist. Wir kennen es nicht, wir wissen es nicht, niemand weiß es, wir haben keine Erfahrung; es muß gefunden werden – aber wie?

Niemand weiß es, niemand könnte sagen: Tue dies oder jenes! Ich weiß es nicht.

Das einzige, was man bisher kennt, ist etwas wie Glukose.

Ja.

Sie wird denen gegeben, die sich nicht normal ernähren können.

Ja, das sagte mir der Arzt; er riet mir, Glukose zu nehmen. Ich nehme sie, aber inwiefern reicht das aus?

(Schweigen)

Wie gelangt die Glukose ins Blut?

Ich glaube, sie wird direkt assimiliert.

Aber was bedeutet „direkt"? Man muß sie schlucken.

Ja, man muß sie schlucken.

Und wie ...

Sie wandert in den Magen, und durch die Darmwände gelangt sie ins Blut[1].

Ach, so ist das. Es geht nicht durch die Nieren?

Automatisch, ja. Wenn es einmal ins Blut gelangt ist, wird es durch die Nieren ausgeschieden.

---

1. Satprem verfügte über keinerlei genauen medizinischen Kenntnisse.

Ach!

Ja, immer.

Wandelt sich die Glukose selbst in Blut um?

Nein, ich glaube, die Darmwände absorbieren sie, und dadurch vollzieht sich die nötige chemische Verwandlung ...

Ach, so ist das!

Ich glaube schon.

Und wir kennen nur die Glukose, die sich so verhält?

Ja, in dieser flüssigen Form. Glukose oder sehr reine Fruchtsäfte – aber das ist fast dasselbe.

Ich nehme fast nur noch das zu mir: Glukose und Fruchtsäfte.

Einige Yogis hatten doch die Fähigkeit, Energien direkt zu absorbieren, ohne zu essen. In der Vergangenheit gab es viele solche Geschichten.

Ich weiß nicht, ob das wahr ist.

Du hast Zweifel? ... Es wird jedenfalls oft zitiert.

Alles, was Sri Aurobindo mir sagte, ist, daß wir immer viel zu viel essen. Das ist seine Erfahrung. Er blieb vierzig Tage ohne Nahrung. Ich selbst fastete ... (ich erinnere mich nicht mehr, wie lange), ich hatte die Erfahrung, mich direkt zu ernähren[1], es kam so hindurch (*Geste durch die Poren der Haut*).

Könntest du nicht auf etwas in der Art zurückgreifen? – Durch die Atmung.

Damals magerte ich schrecklich ab – das zeigt, daß ich nicht wirklich ernährt wurde, daß der Körper sich selbst aufzehrte.
Aber jetzt bin ich nicht abgemagert, oder? ... Ich weiß es nicht, ich sehe mich nicht.

Seit wann?

Seitdem ich angeblich krank bin.

Nein, nicht besonders.

---

1. Mutter hatte einmal gesagt, daß sogar der Blumenduft nährend sei. Siehe *Agenda* Bd. 4 vom 27. November 1965.

Seitdem nicht?

Nein, ich finde nicht.

Ich blieb einige Tage ohne Nahrung – fast ohne zu essen.

Nein, ich sehe keine Veränderung. Aber es ist wirklich wenig von deinem Körper übriggeblieben! (Lachen)

Ich bin sehr mager. Ich sehe nicht mehr, weißt du.
Aber ich scheine nicht magerer als gewöhnlich?

Nein, du erweckst nicht diesen Anschein. Noch magerer kannst du auch kaum werden!

Wenn es eine neue Entwicklung gibt, werde ich es dir sagen ... Heute ist Mittwoch? Wenn es etwas gibt, kann Sujata vorbeikommen, einfach so, und ich werde ihr sagen, ob es etwas Neues gibt.

Ja, Sujata macht sich gerade Gedanken hinsichtlich ihrer Besuche bei dir: sie fürchtet, dir ihre Anwesenheit aufzudrängen oder dich zu stören.

Nein, sie stört mich gewiß nicht! Ich werde ihr eine Blume geben, und dann kann sie wieder gehen, außer wenn ich ihr etwas zu sagen habe. So ist es besser; auf die Weise wird sie täglich wissen, ob ich dir etwas zu sagen habe.

Ja, liebe Mutter, jeden Tag – nein, sie hatte den Eindruck, daß sie ... sich dir aufdrängt.

Nein, ganz und gar nicht! Das ist es nicht. Ich war so sehr von Leuten überrannt, daß ich aufhören mußte – es waren vor allem die Geburtstage, Dinge dieser Art. Aber sie kann kommen und mir ihre Blumen bringen, und wenn ich ihr dann etwas zu sagen habe, werde ich es ihr sagen, sonst wird sie gleich wieder gehen. Geht das so?

(Sujata flüstert zu Satprem: „Ich denke vor allem an Mutter.")

Sujata sagt, daß es für sie so gut ist – es geht um dich.

Für mich ist es gut. Das ermüdet mich nicht.

Sie ist etwas ... Ich weiß nicht, das Herz ist ihr schwer.

Warum?

Eben deshalb.

Aber nein, mein Kind, ganz und gar nicht!

(Sujata nähert sich)

Weißt du ... Siehst du, das Bewußtsein ist sehr klar, viel klarer, als es jemals war, aber ich kann nicht sprechen – etwas muß gefunden werden. Ich kann es dir nicht sagen, aber ich freue mich immer, dich zu sehen. In den letzten Tagen habe ich nichts gesagt, denn „sagen" bedeutet erklären ... Aber ich bin immer froh, ich denke sehr oft an dich – verstehst du?... Verstehst du?

Du scheinst mich nicht zu verstehen.

(Sujata:) Doch, liebe Mutter.

Was hast du denn, mein Kind? Hat man dir weh getan, hat dich jemand verletzt?

Sehr verletzt, liebe Mutter.

Warum, mein Kind? Hat jemand etwas zu dir gesagt?

Man sagte mir ganz einfach, daß du mich zu oft siehst ... und daß du mich nicht sehen wolltest[1].

Aber das ist nicht wahr! So etwas habe ich nie gesagt.

Nein, liebe Mutter, jedesmal sehe ich ganz einfach, daß Sujatas Name von der Liste [der Besucher] entfernt wurde, dem entnehme ich, daß du keine Zeit oder keine Lust hast, Sujata zu sehen. So zieht sich Sujata eben zurück.

Wer hat das gesagt?

Niemand: ich selbst sage das, ich sehe, daß es sich so verhält.

Aber das ist nicht wahr!

Doch, liebe Mutter, jedesmal geschieht es so.

Das ist nicht wahr. Es ist nicht wahr, daß ich froh bin, dich nicht zu sehen – das ist nicht wahr. Ich verstehe das nicht. Ich habe nichts in dieser Hinsicht getan.

---

1. Dies waren genau die Worte der Assistentin, von der noch die Rede sein wird. Oft fragte Mutter: „Wo ist Sujata? Wo ist Sujata?" und unweigerlich antwortete man ihr: „Sie ist nicht da." Tatsächlich verstehen wir jetzt, daß Mutter sich nach Vasudhas Weggang Sujata als Assistentin gewünscht hätte, aber daß sie niemals darum bat, weil sie um die Wichtigkeit der Arbeit wußte, die Sujata für Satprem ausführte. Wäre dies so gelaufen, hätte sich der ganze Ablauf der Geschehnisse verändert.

Jedenfalls ist es praktisch so. Sobald etwas ist, wird Sujatas
Name gelöscht. Ich folgere daraus, daß du keine Zeit oder keine
Lust hast oder sie nicht magst …

Aber das ist nicht wahr! Das ist nicht wahr, mein Kind! In den
letzten Tagen habe ich alles eingestellt – ich war dazu verpflichtet –,
aber sehr oft dachte ich, wie gut es wäre, wenn du kämest. Nur … du
siehst, wie schwer mir das Sprechen fällt.

Hör zu, ich sage dir – willst du tun, was ich dir sage? Komme jeden
Tag zu mir wie früher. Wenn ich dir nichts zu sagen habe, gebe ich dir
Blumen; wenn ich etwas habe, das ich Satprem geben möchte, werde
ich es dir sagen. Aber komm einfach, komm!

Die Zeit ist ungefähr die gleiche. Nach wem bist du früher immer
gekommen?

Ich kam nach R.

Gut, komm nach R! Wir werden es so einrichten: du kommst täglich
nach R. Es gäbe sogar etwas Praktisches: manchmal sehe ich meine
Schränke durch und habe Sachen, die ich dir geben und erklären
möchte; und ich dachte: ich muß dich täglich sehen. Wenn das geht,
dann komm jeden Tag nach R; wenn ich dir etwas zu sagen habe,
werde ich es dir sagen; wenn ich dir nichts zu sagen habe, gebe ich dir
Blumen, aber denke niemals, daß ich dich nicht sehen möchte, das ist
nicht wahr – das ist eine GROBE Lüge, das ist nicht wahr.

Weißt du, einer Sache mußt du dir gewiß sein: ich sage genau, was
ist. Ich mag es schlecht sagen, aber ich sage exakt, was wahr ist. Ich
spreche nicht mehr gut, es bereitet mir Schwierigkeiten, aber das
Bewußtsein ist klar; ich sage dir hiermit: ich will dich täglich sehen.
Hast du verstanden?

Ja, liebe Mutter.

Gut.

(Sujata nimmt ihren Platz wieder ein, Satprem nähert sich)

Es ist so, daß ich Schwierigkeiten beim Sprechen habe: ganz
schnell… *(Mutter ringt nach Atem).* Offensichtlich geht dort etwas vor
sich *(Mutter berührt ihre Brust).*

Aber das Bewußtsein ist klarer und stärker, als es JEMALS war. Und
ich bemerke, daß die Leute glauben, ich sei „verkalkt", weil ich nicht
mehr sprechen kann. Dabei ist das Bewußtsein klarer und stärker.

Man spürt deutlich, daß es stärker ist.

(nach einem Schweigen)

Die größte Schwierigkeit ist das: Wenn mir jemand sagen könnte, was ich zu mir nehmen muß ... Aber am leichtesten kann ich Glukose trinken – also werde ich mich daran halten, das ist alles.

Ich glaube, es ist das einzige materielle, physische Mittel, denn manche Leute waren monatelang im Krankenhaus und nahmen nur das (meist intravenös). Du kannst dich unbegrenzt so ernähren, liebe Mutter.

Das ist gut, das ist gut[1].
Dann bis Samstag! Und wenn ich etwas habe, sage ich es Sujata.

30. März 1972

(Gespräch mit R, einer amerikanischen Schülerin, dann mit Sujata)

(Mutter spricht englisch)

Da wir alle Konventionen beiseite gelassen haben, denken alle sofort: „Ach, ein netter Ort, um seine Begierden zu befriedigen!" Und fast alle kommen mit dieser Absicht.

Und weil ich für diejenigen, die ich vom Ashram wegschicken mußte, ein Entbindungsheim eingerichtet habe, damit sie einen Platz hatten, um ihre Kinder zu bekommen, denken die Leute, das Mütterheim sei für alle unehelichen Kinder eingerichtet worden.

---

1. Man wird Mutter niemals ihre Erfahrung machen lassen. In einer Ansprache vor allen Schülern erklärte Mutters „Wächter", Pranab, unschuldig einige Tage nach Mutters Weggang: „Auf Geheiß von Dr. Sanyal mußten wir ihr täglich 20 bis 25 Unzen [550 bis 700 g.] Nahrung geben. Diese bestand aus etwas Gemüsesuppe, Milch mit Eiweiß, Mandelteig, Pilzen oder Artischocken, solche Dinge, und zum Schluß ein Fruchtsaft ... Alle, die unten im Hof [vor Mutters Zimmer] waren, konnten hören, wie wir mit ihr kämpfen mußten, damit sie etwas aß." Dieser Kampf ums Essen (um nur dies zu erwähnen) rief einen akuten Konflikt in Mutters Körper hervor, und sie war wie zweigeteilt zwischen den Aufforderungen der Helfer: „Wenn du nicht ißt, wirst du sterben", und dem Druck der Erfahrung.

Ich schere mich nicht um die Ehe, mir liegt nichts an Gesetzen, ich hänge nicht an Konventionen. Aber ich suche ein göttlicheres Leben, kein animalisches.

Sie benützen die Freiheit als Freibrief für die Befriedigung ihrer Begierden, und sie schwelgen in all diesen Dingen, die wir unser ganzes Leben lang zu meistern versuchten – eine große Zerstreuung. Ich bin völlig angewidert.

Wir sind hier, um unsere Begierden aufzugeben, um uns einem göttlichen Leben zuzuwenden und uns des Göttlichen bewußt zu werden[1]. Der Weg besteht darin, das Göttliche in unserem Leben zu verwirklichen und zu manifestieren – nicht Tiere zu werden und wie Katzen und Hunde zu leben.

(Sujata kommt herein)

Wie gern würde ich ihnen allen ins Gesicht sagen, daß sie sich täuschen, daß es nicht so ist. Aber ich glaube, es ist an der Zeit, das zu schreiben.

Denn sie meinen alle, da ich gegen die Konventionen bin, könnten sie wie die Tiere leben.

Weißt du, deine Kraft ist äußerst aktiv im Moment.

Ja, ich weiß. Ich weiß: Wenn ich in diesem Zustand bin, sehe ich ständig die Kraft – und es ist nicht „meine" Kraft: es ist die göttliche Kraft. Ich selbst versuche so zu sein *(Geste wie ein Kanal)*. Der Körper versucht einfach … einfach ein Übertragungskanal zu sein, so transparent wie möglich, so unpersönlich wie möglich, damit das Göttliche tun kann, was ihm beliebt.

(Schweigen)

Es ist sehr transparent geworden. Denn sobald man dir etwas vorlegt, ist die Handlung sofort vollzogen.

(Schweigen)

Gestern vor achtundfünfzig Jahren war ich zum ersten Mal hier. Seit achtundfünfzig Jahren arbeite ich daran, daß der Körper so

---

1. Später fügte Mutter hinzu: „Das von uns angestrebte Göttliche liegt nicht in weiter Ferne, außerhalb unserer Reichweite: Er liegt tief im Herzen seiner Schöpfung, und Er erwartet von uns, Ihn zu finden und durch eine persönliche Transformation fähig zu werden, Ihn zu erkennen, uns mit Ihm zu vereinen und Ihn schließlich bewußt zu manifestieren. Dem müssen wir uns widmen, dies ist unser wirklicher Daseinszweck. Unser erster Schritt zu dieser höchsten Verwirklichung ist die Manifestation des supramentalen Bewußtseins."

transparent wie möglich und so immateriell wie möglich sei, das heißt, daß er der herabkommenden Kraft kein Hindernis in den Weg stellt.

Jetzt strebt dies der Körper selbst mit allen seinen Zellen an. Das ist sein einziger Daseinsgrund.

Immerfort versuchen, auf der Erde ein Element zu verwirklichen, das rein transparent und durchscheinend ist und die Kraft wirken läßt, ohne sie zu entstellen.

(Schweigen)

Auf Wiedersehen! Du wirst es Satprem sagen. Satprem wird sehen, was er mit all dem anfangen kann.

95

April

2. April 1972

(Eine Vision Sujatas in der Nacht vom 1. zum 2. April)

1000 Jahre

Satprem und ich betreten den Innenhof eines Gebäudes. Wir sehen Leute mit traurigem Gesichtsausdruck und gesenktem Kopf, feierlich, schweigend. Mutter ist tot. Alle denken, daß Mutter tot ist. Hier und da stehen Individuen oder Gruppen von drei bis vier Menschen. Aber die meisten gehen hinaus durch eine Seitentür zu unserer Linken. Eine andere Tür befindet sich am oberen Ende einer Treppe, die vom unteren Hof hochführt und auf einer Art Brücke oder Durchgang endet. Ein oder zwei Personen kommen aus dieser Tür heraus. Sich nach rechts wendend, führt dieser Durchgang direkt in Mutters Zimmer.

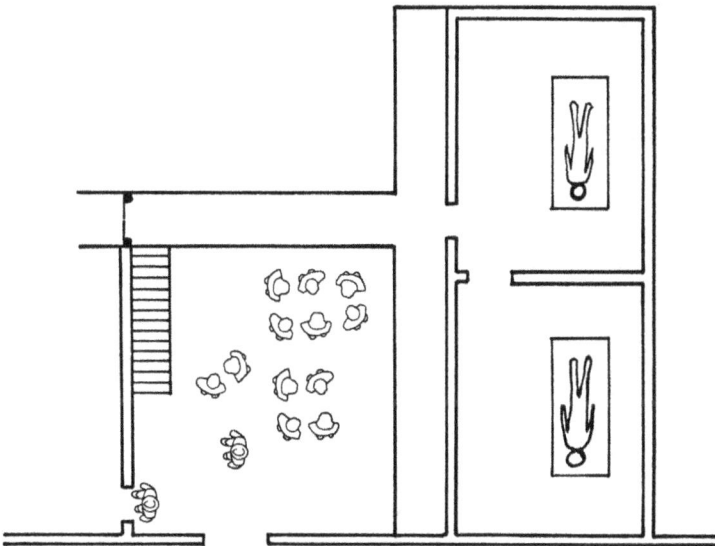

Wir betreten Mutters Zimmer. Mutter liegt auf einem Bett. Sie ist in weißen Satin oder Seide gekleidet (auch die Liege ist weiß). Vier oder fünf Leute befinden sich im Raum, alle sind untröstlich. Langsam gehen sie hinaus. Ein oder zwei gehen in das nächste Zimmer. Schließlich bleiben nur noch Satprem und ich da. Er ist in der Nähe von Mutters Bett. Mutter setzt sich

auf und beginnt zu Satprem zu sprechen. Sie erklärt ihm die Transformation des Körpers. Sie spricht lange.

Ich stehe etwas abseits, dahinter.

Plötzlich gibt mir Sri Aurobindo ein Zeichen aus dem nächsten Zimmer, welches das seine ist. Er liegt auch auf einem Bett. Ich nähere mich ihm. Er legt zwei Finger (den Zeige- und Mittelfinger) auf meine rechte Handfläche und sagt: „Du mußt den Glauben und die Aspiration für eintausend Jahre aufrechterhalten."

Satprem und ich verlassen Mutters Zimmer und nehmen den Durchgang nach links zum Ausgang, um der Welt zu verkünden, DASS MUTTER LEBT.

Mein Traum endet, bevor wir die Türschwelle überqueren.

2. April 1972

(Gespräch mit dem Architekten Aurovilles, sowie N und U – N ist der Sekretär der „Sri Aurobindo Society" und U, sein Rivale, der Sekretär von „Sri Aurobindo's Action". Der Architekt gibt Mutter eine Blume.)

Welche Blume ist das?

Ich glaube, es ist „Supramentale Klarheit" oder Schwingung.

Ich möchte euch allen etwas sagen: Wir predigen die Einheit der Menschen, und gleichzeitig zanken wir uns alle – schreckliche Streitigkeiten, Ressentiments und alle Arten von Irritationen, die wir bei anderen verurteilen. Wir geben ein nettes Beispiel ab, und die Leute lachen.

Das wurde mir von verschiedenen Seiten zugetragen. „Fangt bei euch selbst an!" sagen sie, und sie haben recht.

Jeder von euch hat die besten Rechtfertigungen, und alle scheinen zu lügen. Das Ego ist der verschlagenste Strolch, den ich jemals getroffen habe. Es erscheint unter solch einnehmenden Masken, und jeder sagt: „Ich würde ja gern, kann aber nicht." Und ich sage euch, das wird mir von nah und fern zugetragen, von Indien und anderen Ländern: „Beginnt mit euch selbst!" Wir machen uns wirklich lächerlich. Und so gute Gründe bringen wir vor! Alle haben gute Gründe. Aber es liegt jenseits aller Vernunft – es hat nichts mit Vernunft zu tun, rein gar nichts – wir wollen ... eine neue Schöpfung.

Hätte das Göttliche nur eine Stunde lang dieselben Gefühle wie die Menschen, so gäbe es keine Welt mehr. Das kann ich euch versichern. Ich habe es deutlich gesehen – glaubt mir, wenn ihr wollt –, ich habe die Welt mit den Augen des Göttlichen gesehen. Das ist etwas so Schreckliches, wißt ihr, so gegensätzlich zu dem, was es sein sollte, daß, wenn das Göttliche sagte: „Nur Er", brrt! alles verschwinden würde, es gäbe keine Welt und keine Menschen mehr, nur Das würde bestehen. Die Egos würden pulverisiert.

Es ist schwierig, es ist das Schwierigste – doch wir sind ja hier, um schwierige Dinge zu tun. Wir sind in einer Übergangsperiode. Ich kann euch nicht sagen: seid so oder seid so, denn es gibt noch kein Beispiel. Es geschieht gerade, und wir sind noch in der Übergangszeit. Es ist sehr, sehr schwierig – aber sehr interessant.

Jahrhunderte über Jahrhunderte hat die Menschheit auf diesen Augenblick gewartet. Er ist gekommen, aber es ist schwierig.

Ich behaupte nicht, wir seien hier auf der Erde, um uns auszuruhen und uns zu amüsieren – jetzt ist nicht die Zeit dazu. Wir sind hier, um den Weg für die neue Schöpfung vorzubereiten.

Mein Körper hat einige Schwierigkeiten, deshalb kann ich leider nicht aktiv sein. Das liegt nicht daran, daß ich alt bin – ich bin nicht alt. Ich bin jünger als die meisten von euch. Wenn ich hier untätig bin, so ist der Grund der, daß mein Körper sich endgültig der Vorbereitung der Transformation hingegeben hat. Das Bewußtsein ist klar, und wir sind hier, um zu arbeiten – Ausruhen und sich Erfreuen wird nachher kommen. Laßt uns unser Werk hier tun!

Ich habe euch gerufen, um euch das zu sagen. Nehmt, was ihr könnt, tut, was ihr könnt, meine Hilfe wird mit euch sein. Allen aufrichtigen Anstrengungen wird ein Maximum an Hilfe zukommen.

Der Augenblick ist gekommen, heldenhaft zu sein.

Das Heldentum ist nicht so, wie man sagt, sondern es besteht darin, voll geeinigt zu sein – und die göttliche Hilfe wird immer mit denen sein, die den Entschluß gefaßt haben, in aller Aufrichtigkeit heldenhaft zu sein.

Ihr seid in diesem Augenblick hier, das heißt auf der Erde, weil ihr es vorher gewählt habt – ihr erinnert euch nicht mehr, aber ich weiß es; deshalb seid ihr hier. Also muß man der Aufgabe gewachsen sein. Man muß eine Anstrengung machen, man muß alle Kleinlichkeiten und alle Begrenzungen überwinden, und besonders dem Ego sagen: deine Zeit ist vorbei. Wir brauchen ein Menschengeschlecht, das kein Ego besitzt, das ein göttliches Bewußtsein anstelle des Egos hat. Genau das wollen wir: das göttliche Bewußtsein, durch das die Spezies sich entwickeln und der Übermensch[1] geboren werden kann.

Wenn ihr glaubt, ich sitze hier, weil ich nicht anders kann, so irrt ihr. Ich bin nicht hier gebunden. Ich bin hier, weil sich mein Körper den ersten Versuchen der Transformation hingegeben hat. Sri Aurobindo sagte mir: „Ich kenne nur dich, der das tun könnte." Ich antwortete: „Gut, ich tue es." Es ist nicht ... ich wünsche es niemandem, dies für mich zu tun, denn es ist nicht gerade angenehm, aber ich tue es gern, denn von den Ergebnissen werden alle profitieren. Ich verlange nur eins: nicht auf das Ego zu hören. Das ist alles. Die Zeit des Egos ist vorbei. Die Menschheit und ihr Ego wollen wir überschreiten, sie hinter uns lassen, wir wollen ein Menschengeschlecht ohne Ego, das anstelle des Egos ein göttliches Bewußtsein hat. Das ist alles.

Habt ihr etwas zu sagen?

(Schweigen)

Wenn in euren Herzen ein aufrichtiges Ja ist, habt ihr mich vollkommen befriedigt. Ich brauche keine Worte: ich brauche die aufrichtige Zustimmung eurer Herzen. Das ist alles.

(Schweigen)

(Zum Architekten:) Bist du mir gefolgt?

Ja, liebe Mutter.

Stimmst du zu?

Vollkommen einverstanden.

(die beiden anderen schweigen, Mutter wendet sich an sie)

(Zu N und U:) Ihr beide müßt euch einigen. Dazu seid ihr hier. Dafür seid ihr zu diesem Zeitpunkt an diesen Ort gekommen. Wir müssen der Welt ein Beispiel für das geben, was sein muß – keine kleinlichen, egoistischen Beweggründe sondern eine Aspiration zur Manifestation der Wahrheit.

(Schweigen)

Ich kann euch versichern, daß jede aufrichtige Anstrengung voll vom Göttlichen unterstützt wird. Dessen bin ich mir sicher.

(Schweigen)

---

1. Später verbesserte Mutter „Übermensch" und sagte „das supramentale Wesen".

Das ist alles, was ich zu sagen habe.

3. April 1972

(Gespräch mit einer amerikanischen Schülerin)

Die Dinge gehen schnell voran.

Der Körper muß lernen, nicht an sich selbst zu denken. Das ist der einzige Weg. Sobald er an sich selbst denkt, wird sein Zustand schrecklich.

Aber ich kann ehrlich und aufrichtig sagen, daß er nicht mehr denkt. Er ist hier für eine gewisse Arbeit; die Arbeit muß ausgeführt werden, und das ist alles. Komme, was da wolle – was kann ihm das schon anhaben!... Er sagt: „Alles ist zum Besten." Er kann nicht für immer in dieser gefährlichen Verfassung bleiben; entweder muß er transformiert werden oder seine Form aufgeben und verschwinden. Das soll nicht seine Sorge sein – er muß die Entscheidung dem Herrn überlassen – ehrlich und aufrichtig.

Wenn er sich so weit hingeben kann, daß er wirklich ein transparentes Instrument wird, dann ist alles gut.

Das geht ihn nichts an – er ist unfähig zu wissen, was zu tun ist. Und er wird ABSICHTLICH zunehmend unfähig, das zu wissen, dessen bin ich mir sicher. Folglich ... Möge dein Wille geschehen, Herr, das allein ist wichtig.

*
* *

(Sujata kommt herein. Was war zwischen dem 2. und 3. April geschehen, daß Mutter plötzlich auf folgende Weise sprach?)

Guten Tag, liebe Mutter!

Guten Tag, mein Kind!
Geht es dir gut? Wirklich?

Ja, liebe Mutter.

(Schweigen)

Dir sage ich es ... Aber es war schon mit Satprem abgesprochen: Wenn die Stunde der Transformation gekommen ist, wenn mein Körper kalt wird, darf man sich nicht beeilen, ihn ins Grab zu legen. Denn es kann sein ... dies kann ein vorübergehender Zustand sein. Verstehst du? Es kann vorübergehend sein. Daß man Vorkehrungen trifft, ihn zu bewahren, bis Anzeichen des Verfalls auftreten. Dir sage ich das – das muß klar sein, denn es wäre zu dumm, ihn in ein Grab zu legen und dadurch alles zunichte zu machen.

Verstehst du, was ich sagen will?

Ja, liebe Mutter, deine Anweisungen wurden notiert.

Ihr müßt einfach absolut sicher sein, daß ich den Körper verlassen habe.

Ich weiß nicht ... Ich weiß, daß eine Anstrengung unternommen wird, ihn zu transformieren – er weiß es und ist voll guten Willens –, aber ich weiß nicht, ob er dazu fähig sein wird ... Verstehst du? Er könnte für eine gewisse Zeit den Eindruck erwecken, es sei zu Ende, doch das wäre nur ein Übergang. Es könnte wieder anfangen – es könnte wieder anfangen. Denn ich wäre ... Möglicherweise kann ich in dem Moment nicht sprechen und es sagen.

So sage ich es dir – Satprem weiß es. Eine andere Person muß es auch wissen.

Ich glaube, Pranab weiß es auch.

Ich weiß nicht, ich habe ihm nie etwas gesagt.

Wir haben es aufgeschrieben, und deine Anweisungen sind hier in der Schublade. Wir haben sie als „Anweisungen"[1] aufbewahrt.

Ich weiß es nicht, ich habe ihm niemals etwas gesagt.
(Mutters Assistentin auf bengalisch zu Sujata:) Er weiß es.

Es klingt dumm, eine große Geschichte daraus zu machen. Es ist besser, nichts zu sagen. Es genügt, wenn einige es wissen.

Es beschäftigt mich nicht, nur ... Der Körper ist wirklich guten Willens, er will sein Bestes versuchen ... Wird er es vermögen? ... Im Grunde, wenn der Herr beschlossen hat, daß er sich transformieren wird, wird er sich transformieren, das ist alles!

(Lachend) Im Augenblick fühlt er sich jedenfalls sehr lebendig. Das ist alles, was er sagen kann.

---

1. Das war am 14. Januar 1967, als Mutter zum ersten Mal von der Möglichkeit dieser kataleptischen Trance gesprochen hatte – vor fünf Jahren.

Hier sorgen gute Kinder für mich.[1]

4. April 1972

(Gespräch mit Sh., dem dritten Mitglied des rivalisierenden Trios. Er berichtet Mutter, daß gewisse Aurovillianer „amerikanische Spione" seien.)

Einige behaupten, diese Leute seien Spione, die von der amerikanischen Regierung dort plaziert wurden, andere (einige Amerikaner) sagen mir, die Amerikaner würden niemals so unfähige Spione nehmen. Ich persönlich sehe also nicht ... Um die Wahrheit zu sagen, schätze ich sie nicht besonders, aber ich habe keine wirklich echten Einwände gegen sie. Das ist alles. All diese Dinge ...

Ich versuchte mein Bestes, sie zum Weggehen zu bewegen, d.h. zu erreichen, daß sie von selbst gehen WOLLEN. Aber es geschah nicht, sie wollten wirklich bleiben. Wenn wir eindeutige Beweise hätten, daß sie tatsächlich Spione sind, dann wäre es sehr leicht. Ich würde sie fortschicken. Aber sie sind seit vielen Jahren hier. So etwas muß bewiesen sein, das darf nicht bloß ein Gefühl oder eine Idee sein – es muß einen konkreten Beweis geben.

Ich möchte, daß der göttliche Wille sich sehr klar und eindeutig manifestiert. Denn die menschlichen Einschätzungen taugen nichts. Er allein kennt die Wahrheit, und Er selbst muß entscheiden. Ich weiß nicht, ob ihr versteht und folgt. Was ich sage, mag nicht klar sein. Aber um die Wahrheit zu sagen: ich habe keinerlei Respekt für menschliche Einschätzungen und Ansichten, und ich bin absolut überzeugt, daß nur das Göttliche die Wahrheit sehen kann. Ich kann also nur möglichst deutlich Seinen Weg darlegen und zeigen, damit wir allein das tun, was Er sagt, was Er sieht. Wir sind nicht fähig zu sehen. Wir werden dem Göttlichen folgen.

(Schweigen)

Möge Dein Wille geschehen – WIE AUCH IMMER er sei. Das ist meine Einstellung.

---

1. Dieser letzte Satz wurde absichtlich für jene gesagt, die mithörten.

(Aurovilles Architekt kommt herein)

(Der Architekt:) Eine Folge von Ereignissen zwingt mich, Ihnen eine Frage zu stellen. Ich las diese Frage Sh. vor, denn wir sprachen lange miteinander, da wir fühlen, daß gewisse Entscheidungen getroffen werden müssen, um zu versuchen, die Situation in Auroville zu verbessern. Aber wir stoßen immer wieder auf dasselbe Problem, das ich in diesem Brief zusammengefaßt habe:

„Auroville ist belastet von einer kleinen Gruppe von Leuten, die sein Leben und seinen Geist verderben und seinen Fortschritt hindern. Sie vereiteln jede Anstrengung, Sicherheits- und Hygienemaßnahmen und Arbeitsgrundlagen einzuführen. Sie verhalten sich gegensätzlich zu Aurovilles Ideal. Eine Lösung wäre, manche dieser Leute wieder nach Hause zu schicken und für eine gewisse Zeit Neuankömmlinge auf jene zu beschränken, die für den Aufbau Aurovilles direkt von Nutzen sind.
Wir sehen, daß diese Möglichkeit in der Praxis nicht deine Unterstützung fand. Ist die Gegenwart dieser Elemente – die nach unserer Ansicht unerwünscht sind – nötig für Auroville aus Gründen, die allein dem göttlichen Bewußtsein bekannt sind? Wird von uns verlangt, daß wir Auroville inmitten dieser Schwierigkeiten, die sie repräsentieren, aufbauen? Und sind sie für Aurovilles Entwicklung nützlich?"

Im allgemeinen und von einem absoluten Standpunkt aus gesehen sind Schwierigkeiten IMMER ein Segen. Und nur ... (wie soll ich sagen?) nur die menschliche Schwäche bewirkt, daß sie nicht helfen. Schwierigkeiten sind IMMER eine Gnade. Diesmal bin ich schon lange auf der Erde, und immer – ohne Ausnahme – sah ich zum Schluß, daß Schwierigkeiten nichts als Gnade sind. Und ich kann nichts anderes fühlen oder hören, denn während meines ganzen Lebens war es so. Anzufangen zu schimpfen und sich zu sagen: „Warum? ... Ich bin doch voll guten Willens, und trotzdem stellen die Dinge sich gegen mich ..." Und nachher hätte ich mir ganz einfach eine Ohrfeige geben können mit den Worten: „Dummkopf, dies ist so, um den Charakter und die Arbeit zu vervollkommnen!"

(Schweigen)

Manche Leute wurden vom Ashram nach Auroville abgeschoben. Zugegebenerweise sind sie problematisch und erschweren die Dinge. Mir wäre lieber, wenn sie ganz natürlich dazu bewegt würden, Auroville zu verlassen ... woanders hin. Das wäre zwar auch nicht sehr nett für die Welt – aber das macht nichts, im freien Leben können sie vielleicht besser absorbiert werden. Als äußere Maßnahme müßte man mit jedem Individuum sprechen.

Jetzt fahre fort mit dem, was du zu sagen hast.

(Der Architekt:) Nein, liebe Mutter, ich wollte einfach wissen, ob wir die Anwesenheit dieser scheinbar unerwünschten Leute als eine Notwendigkeit für den Fortschritt Aurovilles akzeptieren sollen. In diesem Fall müßten wir uns dementsprechend verhalten und den Schwierigkeiten, die sie darstellen, ins Gesicht blicken; oder ist es besser, durchgreifende Maßnahmen zu treffen, um die Probleme der Sicherheit und der Hygiene zu lösen.

Welche Probleme der Hygiene? Was für Probleme der Sicherheit?

Es ist zum Beispiel völlig nutzlos, ihnen Feuerlöscher, Schläuche und Wasser zu geben, wenn sie sich nicht bemühen, zu lernen, wie man die Feuerlöscher benützt und die Schläuche in sauberem Zustand hält, um sie benutzen zu können.

Ja, das ist klar.

Mit der Hygiene verhält es sich genau so.

Gibt es niemanden, dem wir das anvertrauen können?

Wir müssen mit dem zurechtkommen, was wir haben.

Ja. Wir sollten etwas mit den Leuten arrangieren, denen wir vertrauen können, und wenn die anderen nicht zufrieden sind, gehen sie von selbst. Verstehst du? Anstatt eine aktive Haltung einzunehmen: „Macht, daß ihr wegkommt!" (was aus vielen Gründen sehr schwierig ist), unterstellen wir sie einer Autorität, die sie nicht akzeptieren, und so werden sie gezwungen sein, zu gehen. Anfänglich werden sie protestieren, dann müssen wir ihnen sagen: „Nein, das ist so."

Wir brauchen fähige Leute mit der nötigen Charakterstärke. Wenn wir die gefunden haben, dann können wir ihnen die Autorität übertragen, und wenn die anderen nicht zufrieden sind, können sie gehen. So ist das. Diejenigen, die da sind, können wir nicht wegschicken, solange wir nicht eine oder mehrere Personen haben, die aktiv diese Position einnehmen können.

Ja, klar. Dann ist da noch das Problem der Aufnahme in Auroville.

Ach! In welcher Hinsicht?

Gewisse Elemente erscheinen uns zum Beispiel von vornherein absolut unerwünscht. Manchmal werden diese Elemente angenommen. Gibt es dafür einen Grund?

Auf Probe. Niemals anders als versuchsweise.

Aber liebe Mutter, wenn sie auf Probe angenommen werden, können wir sie nachher nicht mehr wegschicken.

Ach, wenn sie die Bedingungen nicht erfüllen, können sie weggeschickt werden. Ich spreche von denen (was ich gerade Sh. sagte), die ich aus dem Ashram ausweisen mußte, denn sie waren im Ashram vollkommen unerwünscht[1]. Sie gingen dann nach Auroville; diese müssen von selber gehen oder fühlen ... eben fühlen, daß es für sie hier keinen Platz gibt. Aber die Neuankömmlinge, diejenigen, die versuchsweise angenommen wurden und unerwünscht sind, können fortgehen. Ich gebe euch volle Autorität, sie wegzuschicken.

Manche Leute kommen zu mir: ich kenne ihre Namen nicht, ich weiß nicht, was sie tun, ich weiß überhaupt nichts; einer von euch muß mir die neuen Anträge übergeben (jemand, der die Situation und die Leute kennt). Leider schreiben mir haufenweise Leute, und ich erinnere mich nie an die Namen der Leute, ich weiß es nur, wenn mir gesagt wird, wer sie sind, was sie tun und all das. Wenn ihr Erfahrung mit den Leuten habt, könnt ihr mir sagen: „Der da ist so und so." Ich verlasse mich auf euer Urteil, und wenn ihr mir sagt: „Dieser Mensch ist unerwünscht", dann muß er eben weggehen. Nur muß ich vorgewarnt werden, denn die Leute haben die Angewohnheit, von einer Person zur anderen zu gehen und mir die Anträge zukommen zu lassen. Ich erinnere mich nicht, ich weiß nichts. Verstehst du die Situation? Ich gebe eine allgemeine Antwort, und für sie ist das ... Weil ich glaube, daß man von jemand anderem spricht. Ich erinnere mich nicht mehr, ich vergesse die Namen – eine Minute später habe ich das vergessen. Mein Kopf ist voll von ... etwas viel Weiterem. Eine oder zwei Personen (zwei ist besser) müssen mich über die Neuaufnahmen in Auroville informieren. Ich bin völlig einverstanden, diejenigen wegzuschicken, die ihr für unerwünscht haltet.

Versteht ihr?

---

1. Unter ihnen Ns Neffe. Dieser Unerwünschte wird so weit gehen, eine lügnerische Klage beim höchsten Gerichtshof einzureichen, um die widerspenstigen Aurovillianer zu vertreiben und seinen Onkel als legalen Eigentümer Aurovilles einzusetzen.

Ja, liebe Mutter. Aber jetzt läuft es so, daß alle Anträge von Sh. weitergereicht werden. Niemand anderer unterbreitet die neu eingereichten Anträge. So sollte es möglichst einfach sein.

Ist das sicher?

Neulich (ich nehme ein Beispiel, denn für mich war das ein Problem) wurde ein drogensüchtiges Mädchen von Auroville weggeschickt, und sie bat Sh., zurückkommen zu dürfen. Und wir haben ...

Ein Mädchen?

Ja. Daraufhin fanden Sh. und ich, dies sei nicht wünschenswert, doch Sie haben gesagt: „Wir müssen ihr noch eine Chance geben."

Ja – ja, für einen Monat[1]?

(Sh.:) Jetzt sind diese Leute seit einer Woche auf Probe da.

Man muß mindestens einen Monat abwarten. Aber wenn sie die geringste Unaufrichtigkeit zeigen, versteht ihr, wenn sie sagen: „Ich tue dies nicht, ich tue das; ich will das nicht und ...", braucht ihr ihnen nur zu sagen „Geht weg!" Ihr braucht mich nicht einmal zu fragen. Aber gebt mir Bericht: diese Person wurde als ungeeignet befunden. Ich gebe euch die Autorität, das zu tun. Ich würde nicht protestieren. Ihr müßt mich nur davon unterrichten, denn viele Leuten kommen ... sie sind sehr listig: sie versuchen, andere Leute zu finden, um mir ihren Antrag zu überbringen.

(Der Architekt:) Wir stellten uns die Frage, ob Sie meinen, daß selbst diese Leute einen Nutzen haben, indem sie Auroville mit besonderen Schwierigkeiten konfrontieren.

Nein, ganz und gar nicht. Ich bin nicht dafür, absichtlich die Schwierigkeiten zu vergrößern. Ich weiß, daß sie kommen, um ... Aber man darf sie nicht auf sich ziehen – im Gegenteil. Man muß die Dinge so leicht wie möglich gestalten. Nur darf man sich nicht von Schwierigkeiten einschüchtern lassen. Ich sage auf keinen Fall, man solle die Schwierigkeiten akzeptieren – zieht sie nicht auf euch, ganz und gar nicht! Das Leben ist schon schwierig genug, so wie es ist. Aber wenn eine Schwierigkeit auftritt, muß man ihr mutig ins Gesicht blicken.

---

1. Mutter hat kein so schlechtes Gedächtnis!

Wir müssen Ordnung, Harmonie und Schönheit anstreben ... und eine kollektive Aspiration – alles Dinge, die im Augenblick noch nicht da sind. Als Organisatoren müssen wir den anderen ein gutes Beispiel für das geben, was wir von ihnen verlangen. Wir müssen jenseits aller persönlichen Reaktionen stehen, einzig mit dem göttlichen Willen verbunden, als gefügiges Instrument des göttlichen Willens – unpersönlich, ohne persönliche Reaktionen.

In aller Aufrichtigkeit sein. Damit das, was das Göttliche will, sei. Wenn wir das erreichen können, sind wir alles, was wir zu sein haben – DAS müssen wir sein. Alles andere ... man tut sein Bestes.

Ich weiß, daß es nicht leicht ist, aber wir sind nicht hier, um leichte Dinge zu tun; denen, die ein leichtes Leben suchen, steht die ganze Welt offen. Die Leute sollen fühlen, daß der Wunsch, nach Auroville zu kommen, kein leichtes Leben bedeutet: es bedeutet eine Anstrengung für einen beträchtlichen Fortschritt. Und jene, die dem nicht folgen wollen, sollten gehen. Darum geht es. Ich möchte, daß der Drang zum Fortschritt und zur Vergöttlichung des Wesens so intensiv ist, daß jene, die sich dem nicht fügen können (oder nicht wollen), ganz natürlich und von selbst gehen: „Ach, so habe ich mir das nicht vorgestellt." Jetzt sagen alle, die ein leichtes Leben suchen und tun wollen, was ihnen beliebt: „Ach, laßt uns nach Auroville gehen!" Es muß das Gegenteil sein. Man muß wissen, daß der Entschluß, nach Auroville zu kommen, eine große Anstrengung für einen fast übermenschlichen Fortschritt bedeutet.

Die Wirkung hängt von der Aufrichtigkeit eurer Haltung und eurer Anstrengung ab. Die Leute müssen spüren, daß Unaufrichtigkeit und Lüge hier fehl am Platz sind – daß das nicht geht, daß man diejenigen, die ihr ganzes Leben dafür gegeben haben, die Menschheit zu überschreiten, nicht täuschen kann.

Es gibt nur eine Art, sie zu überzeugen, und zwar so zu SEIN.

Dann werden wir stark sein, und wir werden die ganze göttliche Kraft mit uns haben.

Wir sind hier, um eine Übermenschheit vorzubereiten, nicht um in Begierden und ein leichtes Leben zurückzufallen – nein.

Das müssen sie fühlen, und es muß so stark sein, daß die bloße Kraft unserer Aufrichtigkeit sie verdrängt – das müssen sie spüren. Dann sind wir das, was wir sein sollen. Die Macht der Aufrichtigkeit – der Aufrichtigkeit der Verwirklichung – ist so beschaffen, daß sie für die Unaufrichtigen UNERTRÄGLICH ist.

(Schweigen)

Das ist alles.

Ja, liebe Mutter.

(Schweigen)

Wenn man mit aller Aufrichtigkeit auf der Seite des Göttlichen steht, IST man alles, was man sein soll.

Sri Aurobindo hat das immer gesagt: Wenn die Menschen doch nur wüßten, daß sie, wenn sie sich in aller Aufrichtigkeit dem Göttlichen hingeben und auf die Seite des Göttlichen stellen, alles sein werden, was sie sein sollen.

Es mag lange dauern, es mag Aufruhr und Schwierigkeiten geben, doch man muß unbeirrbar sein: „Ich bin für das Göttliche und die göttliche Manifestation, komme was wolle!" Dann ist es die Allmacht – SOGAR ÜBER DEN TOD.

Ich sage nicht morgen, ich sage nicht unverzüglich, aber ... das ist eine Gewißheit.

5. April 1972

*(Zuerst geht es um die Übersetzer der „Notizen auf dem Weg".
Einer von ihnen will seine Arbeit niederlegen.)*

Alle Probleme entstehen, weil das Ego will, daß man es bei allem gebührend berücksichtigt – *(lachend)* das Ego verlangt nach Achtung!
...

Es protestiert aufs heftigste, bevor es abtritt.

Ach, ich habe da hoch interessante Dinge gesehen, mein Kind. Ich verbrachte Stunden als Zuschauer: Das Bewußtsein beobachtete die Begegnung des Egos mit dem Bewußtsein des Übermenschen ... *(lachend)* eine wahre Schlacht! Und das Ego verteidigte sich auf eine äußerst gewandte Art. Es sagte: „Seht, wenn ihr mich fortschickt, wird die Welt zur Hölle!" Es zeigte die schrecklichsten Szenen und erklärte: „Wenn ich mich von dieser Person zurückziehe, seht, was er tut; wenn ich mich von jenem zurückziehe, seht, was geschieht ..." *(Mutter lacht)* Die schrecklichsten Dinge, die unglaublichsten Katastrophen ... Stundenlang.

Nachts schlafe ich nicht – ich bleibe still und beobachte all diese Szenen.

111

Wenn das im Detail erzählt würde, wäre es wirklich interessant ...
Vielleicht später?

*
* *

Die Darsteller der Geschichte

> *Das folgende Gespräch erfordert eine Klarstellung der Situation*
> *um Mutter herum. Satprem sah noch nicht, was sich abspielte,*
> *denn Mutter hüllte ihn in solch einen Kokon aus Licht – sie*
> *kannte seinen ungestümen Charakter und wußte, daß er nie-*
> *mals die Schliche der Leute ertragen hätte, wenn er wirklich*
> *verstanden hätte, was geschah. Aber langsam drangen gewisse*
> *Dinge in sein Bewußtsein ein.*
> *Ich war Zeuge einer Tragödie, ohne es zu wissen.*
> *Die „Tragödie“ erkennt man nachher, wenn es geschehen ist.*
> *Während es noch geschieht, sind es Wesen, die kommen und*
> *gehen, mit ihren alltäglichen Gesten, ihren eitlen Worten und*
> *kleinen unausgesprochenen Wünschen – nicht besser und nicht*
> *schlechter als die anderen –, die weder ihre Bestimmung kennen*
> *noch wissen, wohin sie gehen. Und dennoch ist die Tragödie*
> *bereits geschehen in dieser kleinen Geste, jener unbedachten*
> *Tat oder jenen flüchtigen Worten. Wie war der Trojanische Krieg*
> *„von Tag zu Tag“? Oder der Tod Alexanders eines „schönen*
> *Tages“? Die Bestimmung bemächtigt sich einiger Wesen und kri-*
> *stallisiert plötzlich einen großen historischen Moment, aber die*
> *Akteure waren weder „grausam“ noch „gut“: nichts unterschied*
> *sie von den Alltagsmenschen außer ein kleiner Unterschied des*
> *Herzens. Und jeder spielt seine Rolle in weiß und schwarz für*
> *ein unvorhersehbares Ziel, wo alles versöhnt ist.*
> *Doch unterdessen ...*
> *Mutters Umgebung sah folgendermaßen aus: Pranab, ihr*
> *„Wächter“, ein ehemaliger Boxer, ein gewalttätiger und stolzer*
> *Charakter, dessen offensichtliche Fehler die Kehrseite einer*
> *Liebe waren, die er niemals annehmen wollte, denn dann*
> *hätte er sich hingeben müssen. „Ein gewaltiger Stolz“, sagte*
> *Mutter eines Tages[1]. Er hatte keinerlei Glauben außer an seine*
> *Bizepsmuskeln, und er war enttäuscht, seinen Traum vom*
> *„Übermenschen“ ohne konkrete physiologische Verwirklichung*
> *zu sehen. Auf seine Art war er vollkommen ergeben, das heißt,*
> *nach Art eines Sportsmanns, der sein Spiel verloren hat, das*

---

1. Siehe *Agenda* Bd. 8 am 2. August 1967.

er zu gewinnen hoffte, der aber dennoch die Spielregeln bis zum Schluß befolgt. Er behandelte Mutter wie ein Rohling und sprach zu ihr wie ein Grobian, aber er diente ihr rückhaltlos, ohne sich zu schonen, wenn auch mit wachsender Ungeduld. Er diente Mutter mehr als fünfundzwanzig Jahre lang. Pranab empfand Satprem gegenüber eine instinktive Abneigung, auch gegen Pavitra (den er so schlecht behandelte) und gegen alles, was seinen beschränkten Verstand im geringsten überstieg – Pranab konnte nur lieben, was er beherrschen konnte. Er war vollkommen fremdenfeindlich: die „Sahibs" wie er sie nannte, ungeachtet der Tatsache, daß Mutter ebenfalls eine „Fremde" war. Pranab und Satprem sprachen nie miteinander, ihre Welten waren völlig verschieden, und die Beschäftigungen des einen berührten nicht die des anderen. Er manifestierte einfach seine Verärgerung oder seine Geringschätzung für Satprem, wenn er breitbeinig in Mutters Zimmer trat und Mutter in Betrachtung versunken fand, Satprems Hände haltend – vielleicht sehnte er sich nach einer Liebe, die sich ihm entzog.

Die zweite Person in Mutters Umgebung war ihr Arzt Dr. Sanyal – ein vollkommen ergebener Mann, klar und ohne Kalkül, aber ohne irgendeinen Glauben außer an seine Medizin und Arzneien. Er lebte zwanzig Jahre bei Mutter, ohne zu verstehen, was sie tat. Und er säte in ihr körperliches Bewußtsein alle seine Zweifel und seine medizinischen Unmöglichkeiten.

Mutter sprach mehrmals darüber in dieser Agenda.

Die dritte Person war Mutters Diener, Champaklal, der schon Sri Aurobindos Diener gewesen war. Ein Mann reinen Herzens, einfach und völlig ergeben. Von ihm läßt sich nichts sagen, außer daß wir ihm unseren Respekt bezeugen. Er stammte aus einem Dorf in Gujarat und war fünfzig Jahre zuvor im Alter von 18 Jahren direkt im Ashram gelandet. Zwischen Sri Aurobindo und seinem Dorf hatte es keinen Übergang gegeben. Er verstand wenig vom Geschehen – er diente einfach und tat, was ihm geheißen wurde.

Die vierte und letzte Person war Mutters neue Assistentin. Sie wird im folgenden Gespräch auftreten. Gerade diesem Wesen gegenüber war Satprem am blindesten, denn sie war jung und warmherzig – aber sie stand völlig unter Pranabs Einfluß und dem ihrer Leidenschaften. Satprem merkte sehr wohl, daß sie unsere Gespräche belauschte, was eine Störung in der Atmosphäre bewirkte und unsichtbar Mutters Worte hemmte – denn selbstverständlich spürte Mutter alles, was in der Atmosphäre vor sich ging. Wieviele Male hielt sie doch inne, unsichtbar unterbrochen, und sagte Satprem: „Ich kann nicht sprechen" – und dies nicht bloß aus Atemnot. Die Atmosphäre der Gespräche war nicht mehr so wie in den vergangenen fünfzehn Jahren, bis 1970. Zusätzlich kam es durch Satprems Schuld zu einer traurigen Entwicklung. Er sah, daß Mutter häufig mit dem einen oder anderen Schüler über Auroville sprach, und bedauerte, daß diese Worte verlorengehen sollten – es schien ihm, daß keines ihrer Worte ohne Bedeutung für die Welt war, selbst wenn er noch nicht fähig war, wirklich zu verstehen, was sie sagte. So wurde mit Mutter vereinbart, daß ihre Assistentin wichtige Gespräche aufzeichnen und dann Satprem geben sollte, um sie der Agenda hinzuzufügen. Zuerst bemerkte Satprem, daß die Assistentin die Aufnahmen zurückbehielt, aber er wollte nichts sagen, um nicht den Eindruck zu erwecken, etwas an sich reißen zu wollen oder sich in den Vordergrund zu stellen, auch wußte er nicht genau, in wessen Auftrag sie handelte. Dann hörte die Assistentin ganz auf, ihm die Aufnahmen zu geben, selbst jene von Mutter und Sujata. Die Situation war aber bereits so angespannt in Mutters Zimmer, daß er nichts sagen wollte, aus Furcht, einen Ausbruch zu provozieren, der auf Mutter zurückgefallen wäre. Auch spürte er die unsichtbare Barriere gegen die Anwesenheit Sujatas, deren Name systematisch beim geringsten Anlaß aus der Besucherliste gestrichen wurde, so wie jene einiger anderer junger Mädchen, die zu den freundlichen und stillen Elementen des Ashrams zählten. Und wie konnte er protestieren, wenn Sujata gesagt wurde: „Mutter kann nicht … Mutter ist krank."? Einmal sagte Sujata etwas zu Mutter, aber als es sich drei, vier, ja, zehn Mal wiederholte, gab es nichts mehr zu sagen. Ohne zu wissen warum, empfand Satprem auch seine eigene Anwesenheit bei Mutter als bedroht und gefährdet. Tatsächlich waren wir allein inmitten einer lautlos operierenden Opposition. Warum diese Opposition? Darauf gibt es keine Antwort, oder dann war es jener menschliche Kleingeist, der nichts versteht und alles verabscheut, was ihn übersteigt. Sogar Mutters Sohn war eifersüchtig darauf, daß Satprem bei ihr diesen Platz einnahm – ohne von jenen anderen zu sprechen, den offensichtlichen „Lügnern" in Mutters eigenen Worten, welche die Angelegenheiten des Ashrams verwalteten und dies heute noch tun. Und schließlich – sehr viel später – bemerkte Satprem, daß jener Kassettenrekorder, von dem er keine Aufnahmen mehr *erhielt, heimlich dazu diente, Satprems eigene Gespräche mit Mutter zu belauschen ... Auf wen ging das zurück?*

Das war das Ende. Die Atmosphäre war derart verdorben, daß es offensichtlich nicht mehr lange dauern konnte – Mutter erstickte darin. Satprem entdeckte später selbst am eigenen Leib durch direkte Erfahrung, daß übelwollende Gedanken eine solche Bedrückung und Angst erzeugen, als litte man an Luftmangel. Selbst als man ihm die Tür zu Mutter verschloß, an jenem 19. Mai 1973, KONNTE *er* NICHT GLAUBEN, *daß es das Ende war, er war überzeugt, daß die letzte Etappe bevorstand und Mutter im Begriff stand, die Sklaverei der Ernährung, das letzte Bindeglied zur alten Physiologie, abzuschütteln. Aber wie wir heute wissen: ihr „Wächter" sollte das nicht zulassen. In seiner Ansprache vom 4. Dezember 1973 erklärte er: „Zu Beginn [seit dem 20. Mai] verweigerte sie jegliche Nahrung und Flüssigkeit, aber auf die eine oder andere Weise überredeten wir sie."[1] Sie mochte kämpfen, wie sie wollte, und dann ... Manchmal glaubte Satprem, ihre stockende, leise Stimme dort oben zu vernehmen: „Wo ist Satprem? Wo ist Satprem?..." und dann das Schweigen. Hätte er sich den Weg erzwungen, so hätte diese Agenda nie das Tageslicht erblickt. Das folgende Gespräch ist demnach gewissermaßen prophetisch.*

Mutter war von diesen vier Personen umgeben: ein treuer, aber verständnisloser Diener, ein Arzt ohne Glauben, ein gewalttätiger und despotischer Wächter und ein blindes und fehlgeleitetes kleines Wesen, das seinen Leidenschaften und Pranab gehorchte. Von nun an sprechen die Tatsachen für sich selbst.

*
* *

(Nach einem Schweigen nimmt Mutter das Gespräch wieder auf.)

Der Körper ist geschwächt durch die Transformation, der Arzt sagt, er zeige Anzeichen von Schwäche.

Es ist wahr, daß eine Art Spannung auftritt, wenn er eine zu große Anstrengung machen muß. Aber ich glaube, das wird vorübergehen. Ich bin überzeugt, ich sagte es dir schon: Wenn ich die Hundert erreiche, werde ich wieder stark sein.

---

1. Bleibt zu wissen, mit welchen Mitteln. Satprem mußte immer an diese Vision denken, die er elf Jahre zuvor hatte (siehe *Agenda* Bd. 2 vom 11. Februar 1961), wo Mutter starb, weil sie ein Reiskorn gegessen hatte.

Neulich hast du mit Sujata über diese Möglichkeit gesprochen, daß dein Körper den Anschein erwecken könnte, leblos, wie „tot" zu sein ...

Ja.

... als notwendige Etappe der Transformation, und wenn dies eintreten sollte, müsse man darüber wachen, daß man dich nicht ins Grab steckt ...

Ja.

Aber warum?... Kam dir dieser Gedanke aufs neue, daß du vielleicht gezwungen sein würdest, zu ...

Ja ... Ich weiß nicht. Aber ich möchte, daß jemand diese Dummheit verhindert, denn sonst wäre die ganze Arbeit verloren.

Ja, sicherlich. Aber Leute wie K werden da sein [Satprem dreht sich zur Badezimmertür und macht Mutters Assistentin ein Zeichen, sich zu nähern].

Ja.

Leute wie K werden in deiner Nähe sein.

Ja, mein Kind, aber K ist ein junges Mädchen, sie hat keine Autorität.

Doch, doch, liebe Mutter! (K lacht)

(Sujata:) Darum geht es ja gerade, liebe Mutter, wir haben auch keine Autorität.

Leute mit Autorität müssen da sein und sagen *(Mutter spricht laut:)* ES DARF NICHT GESCHEHEN – MUTTER WILL ES NICHT.

(Satprem:) Aber ich sehe nur K oder Sujata in deiner Nähe – was werden die anderen sagen?

Ja, aber du?

Ich? Was gelten schon meine Worte? Wer wird auf mich hören? Man wird sagen, ich sei verrückt – man wird mich nicht einmal zu dir hineinlassen[1].

(Mutter lacht überrascht)

---

1. Tatsächlich... am 19. Mai 1973, ein halbes Jahr vor Mutters Weggang, versperrte Pranab Satprem und auch Sujata, sowie allen anderen, die Tür zu Mutter.

Es ist wahr, man wird mich nicht zu dir hineinlassen. Aber die anwesenden Leute wie K oder wie Sujata können MIT IHREM GLAUBEN *etwas ausrichten – oder dann Pranab. Aber bei Pranab kannst nur du ...*

Aber Pranab ... Pranab wird denken, ich sei tot.

Ja.

Nicht wahr.

Ja, Pranab glaubt nicht, ihm fehlt der Glaube.

(Mutter schüttelt den Kopf)

Mir scheint, daß nur das Vertrauen der Leute, wie eben dieser „jungen Mädchen" wie K oder Sujata mit ihrem Glauben, Autorität haben kann. Darauf vertraue ich. Sie müssen da sein.

(Mutter nickt zustimmend, Sujata schweigt bis zum Schluß)

Es ist möglich, aber nicht sicher, daß es eintritt [diese kataleptische Trance]. Manchmal – eben wenn ich all diese Dinge sehe –, bin ich ... Wegen dieser Schwäche kann ich nur mühsam sprechen; plötzlich fühle ich etwas wie ... ich weiß nicht, ich kann nicht sagen, es sei Müdigkeit oder Erschöpfung, aber ... als entwiche das Leben – dabei ist das Bewußtsein lebendiger und STÄRKER als je zuvor.

Nur der Körper weiß plötzlich nicht, ob er durchhalten wird, da liegt die Schwierigkeit.

Deshalb kann der Anschein vielleicht sehr täuschend sein.

(Satprem, zu K gewandt:) Kann denn jemand wie Champaklal das verstehen?

(K:) Ich glaube nicht.

Das Problem ist die Regierung: ein Haufen Idioten, die nichts wissen und nur den Regeln folgen wollen.

(Satprem:) Nein, nein, liebe Mutter, ich versichere dir ...

(K:) Nein, nein!

(Satprem:) Jedenfalls werden wir, so lange wir leben, alles in unserer Macht Stehende tun und darüber wachen ...

Ja.

Das ist sicher.

Mein Kind ...

(Schweigen)

Nein, ich glaube, es wird nichts geschehen, liebe Mutter.

(K:) Ich auch.

(Satprem:) Ich glaube, daß nichts geschehen wird. Und wenn du aus einer bestimmten Notwendigkeit für eine gewisse Anzahl Tage im Zustand eines scheinbaren Samadhis verbleiben solltest, dann wirst du beschützt sein, und es wird gut gehen, das ist alles.

(Mutter nickt zustimmend)

EINE Person mit wirklichem Glauben genügt.

Ja, JA, so ist es. Ja, das ist richtig. Ja.

Es sind mindestens drei hier, die wirklich glauben.

(Mutter lacht) Ja.

Und vier! (Vasudha, Mutters frühere Assistentin tritt ein[1])

(Die Uhr schlägt,
Mutter nimmt Satprems Hände,
sie scheint beruhigt,
langes Schweigen)

K hat noch viele Dinge aufgenommen – hat sie sie euch gegeben?

Heute morgen?

(K:) Nicht heute, gestern.

(Satprem:) Gestern, ja. Ich habe es noch nicht gesehen.

Leider spreche ich nicht mehr mit derselben Kraft wie vorher, denn es fällt mir schwer. Was ich sage, hat nicht mehr dieselbe Kraft.

Aber es steht eine Macht dahinter!

---

1. An Krebs erkrankt, konnte sie Mutter nicht mehr dienen, sie kam aber täglich für einige Augenblicke. Ihre Abwesenheit ist eine wirkliche Tragödie. Wäre sie dagewesen, hätte nichts geschehen können – sie wußte, sie verstand. Während vielen Jahren wachte sie mit einer solchen Diskretion nicht nur über Mutter, sondern auch über die Intimität und Vertraulichkeit unserer Gespräche, darauf achtend, daß niemand störte und besonders, daß niemand die Zeit schmälerte, die Mutter Satprem widmete. Dafür wird man ihr nie genug danken können. Jemand verstand in dieser Meute, und dieser Jemand wurde Mutter weggenommen – warum?

Ja, das Bewußtsein ist stärker als je zuvor.

Aber ja!... Im Gegenteil, ich finde, daß immer eine Macht dahinter steht ... Du sprichst offensichtlich nicht wie eine Rednerin ...

Weit entfernt davon!
Nun, meine Kinder, wir werden tun, was wir können, wir tun unser Bestes.

Aber ja, und du bist umgeben ... WIR WERDEN DICH NICHT IM STICH LASSEN.

Gut. Ja, so ist es. *(Mutter lacht)*
Auf Wiedersehen, mein Kind!

(Zu Sujata mit großer Zärtlichkeit)

Mein Kind ...

*
* *

Postskriptum

„Wir werden dich nicht im Stich lassen ..." Wie diese Worte noch nach acht Jahren mit einem schrecklichen Fragezeichen nachzuklingen scheinen! Was hätten wir tun können? Einen Skandal auslösen? Nutzlos, er hätte einfach die Meute aufgestachelt, bevor wir Zeit gehabt hätten, diese Agenda in Sicherheit zu bringen. Hier die Tatsachen, wie sie von Pranab selbst in einer öffentlichen Ansprache am 4. Dezember 1973 berichtet wurden:
„Am Abend des 17. November 1973 kam ich ungefähr um fünf nach sieben in Mutters Zimmer und sah, daß Dr. Sanyal schon dort war und sie untersuchte. Dyumanbhai [der Schüler, der Mutter die Mahlzeiten brachte] war auch gekommen. Ich ging und fühlte Mutters Puls. Er war noch da, in langen Intervallen pulsierend. Leichte Atmung war noch da. Aber langsam hörte alles auf. Der Arzt gab ihr eine Herzmassage. Sie hatte keine Wirkung. Dann erklärte er, daß Mutter ihren Körper verlassen habe. Das war um 19:25. Da ich anwesend war und meine Verantwortung spürte, dachte ich darüber nach, was ich tun sollte. Zu dem Zeitpunkt waren André [Mutters Sohn], Champaklal [der Helfer], Dr. Sanyal, Dyumanbhai, Kumud [die Assistentin] und ich selbst anwesend. Ich sprach mit André und sagte ihm,

*daß ich vorhatte, für einige Zeit zu warten, um dann Mutters
Körper hinunterzutragen und ihn in der Meditationshalle auf-
zubahren, damit die Leute ihn sehen konnten. Wir würden den
Körper in einer Art bewahren, daß er nicht gestört würde, und
dann entscheiden, was zu tun sei. André stimmte meinem Vorschlag zu. Er wollte bei uns bleiben, aber da er sich nicht wohl
fühlte, schlug ich vor, er solle nach Hause gehen, sich ausruhen
und am nächsten Tag wiederkommen. Er ging weg. Wir blieben
da und diskutierten, was zu tun sei.*

*Jetzt überlegten wir, wenn die Leute sofort über Mutters Dahin-
scheiden Bescheid wüßten, würde es einen großen Ansturm
geben, und die Menge würde laut fordern, sie zu sehen. Dann
hätte es Lärm und Rufen und eine schreckliche Verwirrung
gegeben. So beschlossen wir, das Ereignis eine Zeitlang geheim-
zuhalten. Dr. Sanyal sagte, wir dürften den Körper für einige
Stunden auf keine Weise stören. So ließen wir Mutter, wie sie
war, und nach elf Uhr, als das Ashramtor geschlossen war, rei-
nigten wir ihren Körper mit Eau de Cologne, zogen ihr ein hüb-
sches Kleid an und ordneten alles. Dann gingen Dyumanbhai
und ich hinunter und riefen Nolinida. Nolinida kam herauf und
sah alles und fragte, was wir tun wollten. Ich legte meine Pläne
dar. Er sagte, Mutter habe ihm einst gesagt, wenn es für uns so
aussähe, als habe sie ihren Körper verlassen, sollten wir nicht in
Eile sein, sondern dafür sorgen, daß ihr Körper beschützt würde
und abwarten. Ich sagte: „Genau das tun wir. Wir haben sie
gereinigt, sonst wären Ameisen und Insekten gekommen. Wir
zogen ihr ein neues Kleid an und werden sie ruhig und vorsich-
tig hinuntertragen und sie in die Meditationshalle legen. Nach
einer Weile werden wir die Leute rufen." Er stimmte unserem
Vorschlag zu … Um ungefähr zwei Uhr morgens brachten wir
Mutters Körper herunter, legten sie auf das Bett und ordneten
alles. Dann ging ich hinaus, rief Mona und trug ihm auf, mit
vier anderen Jungen zu mir zu kommen, fünf Assistenten von
mir, sozusagen. Als sie kamen, erklärte ich ihnen, was zu tun
sei: Erst die Fotografen rufen, dann die Ashramverwalter, dann
alle, die ihr nahestehen … Von drei Uhr an kamen die Leute, die
gerufen worden waren. Während wir oben waren, bereiteten wir
eine Art Erklärung für die Presse und All India Radio vor, damit
keine falschen Informationen hinauskamen. … Wir ließen den
Entwurf unserer Erklärung von Nolini korrigieren und gaben
ihn Udar zur Verteilung. Um 4:15 morgens öffneten wir die Ash-
ramtore, damit die Leute ein letztes Darshan haben konnten."*

So brachten sie Mutters Körper SECHSEINHALB STUNDEN *nach ihrem sogenannten „Tod" hinunter, entrissen ihren Körper dem Frieden und dem Schutz ihrer Atmosphäre ... und warfen sie Tausenden von gierig wartenden Besuchern zum Fraße vor, unter brennenden Neonlichtern und dem Surren der Ventilatoren.*

Was für eine allgemeine Komplizenschaft verband diese Leute, die ALLE sehr genau wußten, daß Mutters Körper in ihrem Zimmer in Frieden gelassen werden sollte, die ALLE Mutters „Anweisungen" kannten?

Hätten sie sich ihrer entledigen wollen, hätten sie sich nicht mehr beeilen können.

Pranab selbst erklärt schamlos in seiner Rede:

„Etwas wiederholte sie mir und einigen anderen Leuten gegenüber recht oft vor einiger Zeit. Sie sagte, daß ihre ganze Arbeit, die sie an ihrem Körper tat, auf zwei Arten zerstört werden könne – einmal, daß die Kraft, die sie in sich herabzog, zu stark, zu groß sein könnte und daß der Körper dem nicht mehr gewachsen sein und versagen würde.[1] *Oder, falls sie in eine tiefe Trance versänke und es für uns so aussähe, als habe sie ihren Körper verlassen und wir sie fälschlicherweise ins Samadhi [Grab] legten, würde das ihre Arbeit absolut zunichte machen. Sie gab Anweisungen, daß wir dem Körper den nötigen Schutz geben sollten und über ihn wachen müßten, und erst wenn wir absolut sicher seien, daß sie ihren Körper verlassen habe, sollten wir sie ins Samadhi legen. Ich glaube, wir haben getan, was sie wollte."*

Sie taten wahrlich alles Nötige, „um absolut sicher zu sein". Sie aus ihrem Zimmer zu entfernen, bedeutete in der Tat, sie dem sicheren Tod auszuliefern.

Natürlich informierte uns niemand über irgend etwas. Wir gehörten nicht zu jenen, die Mutter „nahe" standen. Sujatas Bruder, Abhay Singh – durch die öffentliche Unruhe aufmerksam geworden – benachrichtigte uns. Wir erreichten den Ashram gegen sechs Uhr morgens, entsetzt, Tausende von Leuten vorbeiziehen zu sehen – ich hatte Mutter seit sechs Monaten nicht gesehen. Kaum angekommen, fünf Minuten später, ließ mich Nolini rufen, um die Presseerklärung und seine eigene Botschaft ins Französische zu übersetzen – sie hatten alle eine

---

1. Was nicht der Fall war, da Pranab in seinen eigenen Worten sagte: „Sie verlosch wie eine Kerze."

„Botschaft" parat. Er reichte mir sein Stück Papier. Ich war sprachlos. Ich las wie ein Automat:
„Mutters Körper gehörte der alten Schöpfung an. Er war nicht dazu bestimmt, der neue Körper zu sein.[1] Er war dazu bestimmt, die Stütze für den neuen Körper zu sein. Er hat seinen Zweck gut erfüllt.
Der neue Körper wird kommen … Die Wiederbelebung des Körpers hätte eine Wiederbelebung der alten Störungen im Körper bedeutet. Die Störungen des Körpers wurden beseitigt, so weit es zu Lebzeiten möglich war – weiterzugehen war nicht möglich. Für eine neue Mutation war ein neuer Prozeß nötig. Der „Tod" war der erste Schritt in diesem Prozeß."
Noch einmal las ich es, von ohnmächtiger Wut erfüllt: „Mutters Körper gehörte der alten Schöpfung an … Er war nicht dazu bestimmt, der neue Körper zu sein. …" Ich schaute alle auf mich starrenden Leute in Nolinis Zimmer an. Ein schreckliches Schweigen breitete sich aus. Und dann sagte ich NEIN. „Ich werde das nicht übersetzen." Sie sahen mich an, als wäre ich verrückt geworden. Ich ging weg.
Die surrenden Ventilatoren, die dichtgedrängte Menge, die gleißenden Lichter in einer stickigen Halle. Ihre kleine weiße Gestalt, die in einer fast wilden und so machtvollen Konzentration versunken zu sein schien. Schreien? Was schreien? An WEN gerichtet? Hätte mein Schrei sie in ihr Zimmer zurückbringen können? Hätten sie ihre Botschaften und vorbereiteten Mitteilungen für ungültig erklärt? Niemand war da, der hören wollte. Sie hatten alles bis zur Perfektion in die Wege geleitet. Keine einzige Stimme war dagegen. Sie waren sich alle einig.

---

1. Dieser letzte Satz („Er war nicht dazu bestimmt, der neue Körper zu sein") wurde später aus der offiziellen Botschaft gestrichen, wahrscheinlich unter anderem auch wegen Satprems Reaktion.

6. April 1972

(Gespräch mit Sujata)

Ich möchte nicht mehr sprechen.
Gestern habe ich Satprem gesagt, was ich zu sagen hatte.

(Schweigen)

Leute kommen und überschütten mich mit ihren Geschichten; andere sagen gar nichts; in beiden Fällen schweige ich. Sie mögen sagen, was sie wollen, selbst, daß ich verblöde – mir ist das ganz egal.

Oh, nein! … Leute, die so etwas sagen können, reflektieren nur ihren eigenen Zustand.

Ja. Das ist ihre eigene Angelegenheit, das geht mich nichts an.
Dort oben, im Bewußtsein, *I am with those who are there* [bin ich mit denen, die dort sind]. Und das ist sehr gut.

(Mutter drückt Sujatas Hände und schaut)

Das ist gut, das ist gut.
Weißt du, daß ich mit dir bin? Weißt du das?
Sag auch Satprem, daß ich IMMER mit ihm bin.
Gut, mein Kind.

(Hier erzählt Sujata ihren Traum vom Sonntag, in dem sie, begleitet von Satprem, Sri Aurobindo und Mutter in einem Zimmer am Ende einer Brücke sah. Die Botschaft des Traumes war die physische Transformation Sri Aurobindos und Mutters. Während Mutter mit Satprem sprach, rief Sri Aurobindo Sujata und sagte, indem er zwei Finger auf ihre rechte Handfläche legte: „Während eintausend Jahren wirst du den Glauben und die Aspiration aufrechterhalten müssen." Nachdem sie zugehört hatte, verharrte Mutter schweigend. Sujata versucht zu kommentieren:)

Die tausend Jahre sind vorbei … Jetzt ist die Transformation vollzogen.

So ist es, mein Kind, das ist gut. Das ist gut, mein Kind. Jetzt müssen wir uns noch transformieren. *(Lachen)*

8. April 1972

Du erinnerst dich vielleicht, daß Monsignore R dir im Januar schrieb und du dich lange auf ihn konzentriertest. Dann hast du mich gebeten, ihm zu schreiben und zu fragen, ob er sich irgendeiner Sache bewußt war[1]. Ich erhielt seine Antwort: ein Brief, der an mich adressiert war, und ein anderer an dich. Er sagt mir folgendes (seine Antwort verzögerte sich wegen Kardinal Tisserants Tod):

„Mein Bruder,
... tatsächlich empfing ich an diesem 29. Januar (zwischen 5 und 6 Uhr) Mutters Besuch. Ein innerer Besuch – an dem aber für mich nicht der Schatten eines Zweifels besteht. So viele Dinge wurden mir von ihr gesagt ... In so kurzer Zeit.
Ich glaube, ich bin bereit, mit der ganzen Vergangenheit zu brechen, die mir nur Lüge, Illusion, Täuschung gebracht hat ..."

Dann schreibt er folgendes an dich:

„Seit diesem unvergeßlichen 29. Januar lebe ich ständig mit Ihnen. Niemals zuvor habe ich Ihre Gegenwart so stark gefühlt. Keine physische Gegenwart neben meiner, sondern eine spirituelle Gegenwart aus Gedanken und Liebe.
Ich habe Ihre Botschaft gehört und verstanden.
Ja, ich weiß, ich muß die Ausrichtung meines Lebens ändern. Der Augenblick ist gekommen. Bald wird mich nichts mehr zurückhalten... nicht einmal die Pseudopflichten gegenüber den einen oder andern.
Ich möchte und will mit Ihnen zusammenarbeiten im Streben nach einem Ideal – das mich begeistert und mein ganzes Wesen ergreift.
Alles, was ich mit tausend Mühen geschaffen habe, stürzt ein ... Mir bleibt nur noch das Gefühl, vergeblich und für nichts gearbeitet und gelitten zu haben.
So wende ich mich mit einem totalen Vertrauen an Sie.
Der Tod Kardinal Tisserants, der für mich seit 21 Jahren ein unvergleichlicher Vater war, hat mich in eine unbeschreibliche Aufruhr gestürzt ... Ich fühle mich verwaist ... und so sage ich Ihnen mit tiefer Inbrunst: »Mutter helfen Sie mir, wieder zu leben!«"

---

1. Siehe das Gespräch vom 29. Januar, S. 32.

(Mutter verharrt lange konzentriert)

Das ist ein guter Brief.

(Schweigen)

Er ist Franzose?

Ja, liebe Mutter.

Welchen Tag haben wir? Und wie viel Uhr ist es dort?

Wir haben Samstag. Es ist ungefähr fünf Uhr morgens dort drüben... Hast du eine Botschaft für ihn?

Sag ihm (aber die Worte schmälern alles so sehr), daß ich, als ich seinen Brief erhielt, gesehen habe – gesehen und gefühlt –, wie die göttliche Gnade auf wunderbare Weise arbeitet. Es war ... wie ein Fließen dieser Gnade, die sich auf ihn konzentrierte und die dort auf ihn konzentriert blieb – sie bleibt auf ihn konzentriert *(Geste eines Umhüllens)*.

Das ist sehr konkret – sehr konkret und sehr mächtig: eine Konzentration.

Als sei die Gnade wie auf ein Instrument des Göttlichen, der göttlichen Macht, konzentriert – wie auf ein Instrument.

Für mich war es ständig: „Möge Dein Wille geschehen, Herr, möge Dein Wille geschehen, Herr ..." Als sei er als Instrument bestimmt, als eines der Instrumente. „Möge Dein Wille geschehen, Herr ..." wie eine große Macht der Konzentration.

(Mutter geht in sich)

(Dann hört sich Mutter verschiedene Texte von Sri Aurobindo für die Botschaft des 24. April an. Sujata schlägt den folgenden Text aus Savitri vor, womit Mutter sofort einverstanden ist:)

He comes unseen into our darker parts
And, curtained by the darkness, does his work,
A subtle and allknowing guest and guide,
Till they too feel the need and will to change.
All here must learn to obey a higher law,
Our body's cells must hold the Immortal's flame.

So kommt Er ungesehn in unsre dunklern Teile
und tut, von dieser Finsternis gut abgeschirmt,
sein Werk als subtiler und alleswissender Gast und Lenker,
bis dann auch jene Teile das Bedürfnis und den Willen haben,

sich zu wandeln.
Dem höheren Gesetze zu gehorchen, muß hier alles lernen.
Die Flamme des Unsterblichen müssen die Zellen unseres
Körpers halten.

Savitri, Buch I, Canto 3, S. 45

Das ist gut.

---

12. April 1972

*(Mutter zeigt Satprem eine gedruckte Karte, auf der ihr Foto
und folgender Text wiedergegeben ist:)*

Kein menschlicher Wille kann sich letztlich dem göttlichen Willen widersetzen. Stellen wir uns willentlich und ausschließlich auf die Seite des Göttlichen, so ist der Sieg letztlich gewiß.

Die Mutter

Seltsam, wie die menschliche Natur sich dem widersetzt. Die gewöhnliche menschliche Natur ist so beschaffen, daß sie eher die Niederlage unter Beibehaltung ihres eigenen Willens wählt als den Sieg auf die andere Weise. Ich entdecke da gerade Dinge ... unglaublich – unglaublich.

Das Ausmaß der menschlichen Dummheit ist unglaublich. Unglaublich.

Als bohre sich diese Kraft, von der ich sprach[1], so *(Geste wie ein Bohrer)* immer tiefer in das Unterbewußte.

Im Unterbewußtsein gibt es Dinge ... unglaublich – unglaublich. Ich verbringe Nächte damit, das zu sehen. Und es dringt immer tiefer ... ZWINGEND.

Worauf das menschliche Unterbewußtsein aufschreit: „Oh, noch nicht, noch nicht – nicht so schnell!" Mit dem sind wir konfrontiert. Ein allgemeines Unterbewußtsein.

---

1. Die Herabkunft am 21. Februar (der „unglaubliche Druck, um den gewollten Fortschritt zu erzielen", siehe Gespräch vom 8. März, S. 66).

Natürlich lösen die Widerstände Katastrophen aus, und dann heißt es: „Seht, wie effektiv eure Hilfe ist! Sie führt nur zu Katastrophen." Unglaublich, eine unglaubliche Dummheit!

Ich sehe es in mir selbst: Noch nie zuvor habe ich diesen Widerstand der tieferen Natur auf solche Weise gefühlt …

Oh, ja, er hat sich unglaublich gesteigert.

Unglaublich. Aber wir wissen nicht, wie es enden wird, in manchen Augenblicken ist man sehr beunruhigt.

Nein, das darf nicht sein. Wir müssen uns ständig an das Göttliche klammern. Und die Gegenkraft führt gute Gründe an. Sie sagt: „Seht doch, wohin euch das führt!" Ach, das ist nicht nur ein Widerstand: es ist PERVERS.

Ja.

Eine Perversion.

Ja, ich sehe das sehr deutlich, eine wirkliche Perversion.

Eine Perversion.

Aber ich weiß nicht, was ich tun soll. Ich habe den Eindruck von etwas, das auf nichts hört. Ich weiß nicht, was ich tun soll.

Nein, wir müssen nur … Wenn wir es fertigbrächten, nicht hinzuhören, wäre es besser, aber wenn wir hinhören, müssen wir nur antworten:

„Das ist mir egal, das ist mir egal" – ständig. „Du wirst verblöden" – das ist mir egal. „Du wirst deine ganze Arbeit verderben" – das ist mir egal… auf alle perversen Argumente antworten wir: das ist mir egal.

Wenn man die Erfahrung haben kann, die ich hatte [daß das Göttliche alles tut], dann sagt man mit unerschütterlichem Glauben: „All deine Argumente haben nicht den geringsten Wert; die Freude, mit dem Göttlichen zu sein, sich des Göttlichen bewußt zu sein, überschreitet alles" – überschreitet die Schöpfung, überschreitet das Leben, überschreitet das Glück, überschreitet den Erfolg, überschreitet alles *(Mutter hebt einen Finger)*: DAS.

Dann ist es gut. Das ist das Ende des Widerstands.

Als ob Das alles, was es an Schlechtem in der Natur gibt, an den Tag stieße, ans helle Tageslicht brächte, ins Offene, in Kontakt mit dieser Kraft …

Genau!

... damit es abtreten kann.

Außerdem scheint es sich an den Teil in uns zu halten, der guten Willens war.

An einem bestimmten Punkt wird es absolut wunderbar, aber vorher macht man unangenehme Stunden durch.

Ja, in manchen Momenten fragt man sich, ob nicht alles hinweggefegt wird.

(Mutter lacht) Das ist absurd – völlig absurd. Dieser ganze Widerstand wird hinweggefegt werden.

Aber ...

(Mutter geht in sich, dann lächelt sie)

Mehr und mehr habe ich den Eindruck, daß es nur ein Mittel gibt ... (lächelnd) Das gibt ein lustiges Bild: sich auf das Mental zu setzen – sich einfach draufsetzen: „Sei ruhig!" Das ist das einzige Mittel.

Man setzt sich auf das Mental (Mutter gibt einen kleinen Klapps): Sei ruhig!

(Schweigen)

Im Unterbewußten ist immer noch die Erinnerung an die früheren *pralayas*[1]. Wegen dieser Erinnerungen hat man immer den Eindruck, daß sich alles auflösen wird, daß alles einstürzen wird.

Wenn wir die Dinge im wahren Licht betrachten, kann das aber nur zu einer noch schöneren Manifestation führen. Théon sagte mir seinerzeit, dies sei die siebte und letzte Manifestation. Als ich das Sri Aurobindo erzählte, stimmte er damit überein und sagte: „Die jetzige Manifestation wird die Transformation zum Supramental erleben." Um das Supramental zu erlangen, muß das Mental jedoch SCHWEIGEN. Das gibt mir immer den Eindruck (lachend) eines Kindes, das auf dem Kopf des Mentals sitzt und (Geste eines Kindes, das mit den Beinen strampelt) das dort spielt. Wenn ich noch zeichnen könnte, wäre es lustig. Das Mental, dieses große weltumfassende Mental (Mutter bläst die Backen auf), das sich für so wichtig und unerläßlich hält, und dann das auf seinem Kopf sitzende spielende Kind. Das ist sehr amüsant.

Ach, mein Kind, uns fehlt der Glaube. Sobald man den Glauben hat...

Wir sagen: „Wir wollen das göttliche Leben" – aber wir haben Angst davor. Sobald die Angst verfliegt und man aufrichtig ist, ändert sich wirklich alles.

---

1. *Pralaya*: Ende der Welt, Apokalypse.

Wir sagen: „Wir wollen dieses Leben nicht mehr", und … *(lachend)* gleichzeitig klammert sich etwas daran fest.

Ja.

Einfach lächerlich!

Wir klammern uns an unsere alten Ideen, unsere alten … an diese alte Welt, die verschwinden soll – wir haben Angst.

Und das göttliche Kind sitzt auf dem Kopf des Mentals und spielt …

Ich wünschte, ich könnte dieses Bild zeichnen, wunderbar.

Wir sind so dumm, daß wir sogar sagen *(Mutter nimmt einen beleidigten Ton an)*: „Das Göttliche hat Unrecht, Du solltest nicht so handeln." Das ist so komisch!

(Schweigen)

Für mich ist das beste Heilmittel (das heißt, das leichteste): „Was Du möchtest – was Du möchtest", in aller Aufrichtigkeit. Und dann kommt das Verständnis. Man versteht. Aber man versteht nicht mental, es spielt sich nicht da ab *(Mutter berührt ihren Kopf)*.

„Was Du möchtest!"

(Schweigen)

Ich sehe genau den Widerstand in den Leuten – sie sagen es mir nicht, aber sie denken es, und es zeigt sich so im Mental – *(auf die Umgebung weisende Geste)* „Altweibergeschwätz!"

Ach! …

13. April 1972

(Gespräch mit Sujata. Von nun an wird uns keine der Aufnahmen in Mutters Zimmer mehr zukommen. Der folgende Text wurde von Sujata aus dem Gedächtnis notiert. Sie beginnt damit, Mutter einen Brief der Schulkinder vorzulesen. Tatsächlich versuchte Sujata, eine Brücke zwischen Mutter und der anonymen Zahl derer, die sie liebten, aber keinen Zugang zu ihr hatten, zu schlagen.)

Liebe Mutter,

Offenbar empfängst Du nicht mehr alle an ihren Geburtstagen. Ist das aus Zeitmangel oder hat es einen okkulten Grund? Die Leute sagen, daß es Dich ermüdet, jeden Tag so viele Leute zu sehen, aber wenn das der Grund ist, nehmen vielleicht zwanzig Personen, die an ihrem Geburtstag Deine Segenswünsche entgegennehmen, zusammen weniger Zeit in Anspruch als ein einziger, der Dich jeden Tag sieht. Auch ist es der einzige Tag – einmal im Jahr –, wo wir zu Dir kommen, um Deinen Segen entgegenzunehmen und Dich von nahem zu sehen. Wohlverstanden möchte Dich niemand stören, ich selbst gewiß auch nicht.

Aber ich wäre neugierig, den Grund für die neue Regelung herauszufinden. Ich hoffe, es ist keine zu große Dreistigkeit meinerseits, Dir so zu schreiben.

Gezeichnet: V

(Sujata:) … Aber wir brauchen deine Nähe, wir brauchen deine Hilfe, es ist für alle eine schwierige Zeit.

Meine Hilfe ist da für alle, die sie brauchen – nur das Ego hindert daran, sie zu empfangen. Versteht V den Unterschied zwischen dem Ego und dem psychischen Wesen?… Nur das Ego hindert. Das Ego war nötig, um die Menschheit zu formen, aber jetzt soll eine Übermenschheit entstehen, eine supramentale Menschheit. Jetzt hat das Ego seine Arbeit beendet – es hat seine Arbeit gut ausgeführt, jetzt muß es abtreten. Und das psychische Wesen, der Vertreter des Göttlichen im Menschen, wird bleiben und zur anderen Art übergehen. Wir müssen lernen, das ganze Wesen um das Psychische zu sammeln. Diejenigen, die zur Übermenschheit übergehen wollen, müssen sich des Egos entledigen und sich um das psychische Wesen sammeln.

Kennt er denn den Unterschied zwischen dem Ego und dem Psychischen? Denn das Ego ist ein sehr gewitzter Schelm…

15. April 1972

(Tags zuvor hatte Mutter Herzbeschwerden)

Nun? ... Hast du etwas?

Und du? (Lachen)

Mir ... *(lachend)* geht es gut. Manche Dinge sind schwieriger als andere. Ich nannte das „den Führungswechsel" des Herzens, das war ... ein schwieriger Moment. Aber es geht.

Neulich sah ich dieses kleine spielende Kind, das dem GROSSEN mentalen Kopf Schläge verpaßt (ich sehe es immer noch) – das ist das Supramental. Aber wie werden wir dieses Wesen nennen?... Wir dürfen es nicht „Übermensch" nennen, es ist nicht der Übermensch: es ist das Supramental. Der Wechsel vom Tier zum Menschen ist uns klar; der Wechsel vom Menschen zum supramentalen Wesen vollzieht sich (oder auch nicht) über den Übermenschen – es mag sein, daß einige Übermenschen den Übergang vollziehen werden, aber es geschieht nicht wirklich so. Zuerst muß das supramentale Wesen geboren werden[1]. Das wird jetzt immer klarer. Kürzlich sah ich dieses kleine Wesen (es war ein Kind, aber das ist symbolisch), das auf dem großen mentalen Kopf saß: das war das supramentale Wesen, um sozusagen seine „unabhängige" Autorität über das Mental zu symbolisieren.

Die Dinge werden klarer. Aber wir sind mitten in der Übergangszeit, und da ist es am schwierigsten.

Werden manche Leute einen ähnlichen Zustand erreichen – oder auf jeden Fall einen dem Supramental vorausgehenden Zustand? ... das scheint der Versuch zu sein, der gerade abläuft. Man ist nicht mehr das eine und noch nicht das andere – man ist ... *(Geste in der Schwebe).* Ein ziemlich ungewisser Zustand.

Alle, die jetzt geboren werden und hier sind, haben offensichtlich darum gebeten, daran teilzunehmen, und sie haben sich in früheren Leben darauf vorbereitet. Aber vom Standpunkt des globalen Wissens ist es interessant zu sehen, wie es abläuft und was geschieht. In individueller Hinsicht ist es nicht gerade angenehm, es ist ein schwieriger Augenblick: man ist nicht mehr das eine und noch nicht das andere – man ist genau dazwischen.

Ja, um zu diesem supramentalen Wesen zu gelangen, ist es nicht nötig, durch das Übermental zu gehen.

---

1. Irrtümlicherweise sagte Mutter „das übermentale Wesen". Dieser Versprecher ließ die Frage aufkommen, die Satprem weiter unten stellte.

Ich verstehe nicht.

Ich will sagen, um dieses SUPRAMENTALE *Bewußtsein oder Wesen zu berühren oder es zu erreichen, ist es nicht nötig, durch dieses übermentale Wesen zu gehen.*

Was nennst du „übermentales Wesen"?

Das, was Sri Aurobindo „overmind" nennt.

Ach, nein. Nein.

Es ist nicht nötig.

Das, was Sri Aurobindo Übermental nennt, ist der Bereich der Götter.

Es ist nicht nötig, dort hindurchzugehen.

Nein, ganz bestimmt nicht. Der Bereich der Götter liegt ... abseits. Ich glaube, er hat nicht viel mit den Problemen der Erde zu tun. Diese Götter beschäftigen sich nur mit der Erde, weil es sie amüsiert. Sie haben nicht viel mit der großen Bewegung der Transformation zu tun.

Ja.

Sie sind unsterblich, sie sind frei (sie sind weitgehend frei und unsterblich). An der irdischen Entwicklung nehmen sie nur aus Neugierde oder Langeweile teil.

Ja.

Vielleicht haben sie der Menschheit zu verstehen geholfen, daß es etwas anderes gab als ihr irdisches Leben.
Das war ihr Nutzen.
Es gab eine Zeit *(lachend)*, wo ich diesen Wesen sehr nahe stand, sie manifestierten sich in mir, sie ... kurzum, es amüsierte sie. – Und mich amüsierte es auch. Es interessierte mich; aber es erschien mir niemals wesentlich.

Das neue Wesen, das du gesehen hast, ist also das supramentale Baby.

(Lachend) Ja. Aber ich glaube, daß dieses „Baby" nur symbolisch als Baby erschien ... Ich weiß nicht, ob es als Kind kommen und wachsen wird – ich weiß nichts. Da sind noch Dinge, die ich nicht weiß – viele Dinge ...
Aber was vorgestern Nacht geschah, war, daß das Herz von der alten Führung der Natur zur göttlichen Leitung übergegangen ist. Da gab es

einen schwierigen Moment. Das ist ein seltsames Gefühl, eine Art ... Am ehesten könnte man es mit dem psychischen Bewußtsein vergleichen. Aber es leitet das Wesen schon seit sehr langem, und deshalb konnte das Mental und das Vital weggeschickt werden: weil das psychische Wesen schon seit sehr langer Zeit die Führung übernommen hatte.

Ich wollte dir gerade sagen (ich weiß nicht, ob ich es dir schon gesagt habe[1]): Das erste Mal, als ich nach Tlemcen ging (ich weiß nicht mehr wann), am Tag meiner Ankunft in Tlemcen kam Théon, um mich abzuholen, und er sagte mir ... (ich verstand es nicht, aber jetzt verstehe ich!) er sagte mir: „Sie sind jetzt allein mit mir, haben Sie keine Angst?" Da antwortete ich ihm, und zwar absolut bewußt und ruhig ... Ich erinnere mich, wir gingen durch seinen riesigen Besitz; wir stiegen zu Fuß den Hügel zum Haus hinauf; ich sagte ihm *(Mutter hebt den Zeigefinger)*: „Mein psychisches Wesen führt mich – ich habe vor nichts Angst." Da ... *(Geste eines Zusammenzuckens von Théon, als hätte er sich verbrannt)*

Dieses psychische Bewußtsein erlangte ich kurz vor meiner Abfahrt nach Tlemcen, und dort festigte es sich.

Aber ich weiß nicht, ob ich es irgendwo notiert habe.

Ja, du hast früher einmal davon gesprochen[2].

Ach, ich habe dir von dieser Unterhaltung erzählt?

Ja, du hast sie erwähnt.

Das hat mich selbst verblüfft, ich habe es nie vergessen. Plötzlich war mein psychisches Wesen da: „Ich bin mir meines psychischen Wesens bewußt, es beschützt mich, und ich habe vor nichts Angst ..." Vielleicht sind das nicht die genauen Worte, aber dies war die Antwort.

(langes Schweigen)

Hast du etwas?

Ich habe den Eindruck, daß sich eine Wende in mir vollzogen hat.

Ach! Was denn?

Ich weiß es nicht, das letzte Mal sprachst du vom „Widerstand" [im Unterbewußten], und am selben Abend hatte ich den Eindruck eines „Lichts der Gnade".

---

1. Einige Tage zuvor hatte Satprem Mutter in Bezug auf einen biographischen Text gefragt, wann genau sie die Erfahrung der Leitung des ganzen Wesens durch das Psychische hatte. Ihre Antwort lautete: „1907 in Tlemcen."
2. Siehe *Agenda* Bd. 2 am 4. Februar 1961.

Ja.

Und dann fühlte ich mich leichter.

Ah! Ja ...

Und ich weiß nicht, ob es eine Illusion ist, aber ich habe wirklich den Eindruck, daß sich etwas geändert hat und daß etwas wie eine ... Gnade gekommen ist und einen Knoten gelöst hat.

Ja.

Ich habe den Eindruck, daß sich etwas geändert hat.

Das ist wahr. Das ist wahr, aber ich wußte nicht, ob du dir dessen voll bewußt warst.

Oh, doch! Ich habe den Eindruck ... aber ich habe immer Angst, mir Illusionen zu machen, verstehst du.

Nein, das ist das Mental, mein Kind, gib ihm einen Klaps auf den Kopf!

Ich habe wirklich das Gefühl, als habe die Gnade die Dinge GETAN.

Ja, so ist es. Nur die Gnade kann das tun.

Ja, wirklich.

Genau das wurde wirklich durch meine Vision symbolisiert – der Übergang wird ganz und gar nicht auf mentale Weise geschehen: es ist ein Baby, das auf dem Mental sitzt und spielt. Ich sehe es immer noch.

Ja, das ist eine sehr starke Erfahrung für mich, wie es tatsächlich die Gnade ist, die alles tut.

Ja, ja.

Alles, was wir tun können, ist wirklich ... die Gnade anzurufen.

Ja, anrufen und aufnahmebereit sein – auf die Antwort warten. Gestern hatte ich das sehr stark. Es war ein schwieriger Augenblick, die Herzschläge wurden ganz unregelmäßig (mal gingen sie zu schnell, mal hörten sie auf), und ich hatte Schmerzen. In diesem Augenblick verhielt sich das Wesen einfach so ... *(Mutter öffnet die Hände)*: „Was Du möchtest, Herr, was Du willst." – Und in wenigen Stunden beruhigte sich alles. Wie ging dies vor sich? Ich weiß es nicht. Nur das. *(Mutter öffnet die Hände)*

Und für alles, alles, alle Probleme *(Mutter öffnet die Hände)*. Es ist das: Was Du willst, Herr, was Du willst ...

Ich sage: „Was Du willst", aber es ist keine Vision, kein göttlicher Wille ... Es ist Seine Seinsweise. Es ist eine Seinsweise – aufeinanderfolgende Seinsweisen. Immer glauben wir, es sei ein „bewußter Wille", aber so ist es nicht: dies ist seine Seinsweise. Die Seinsweise seines Bewußtseins. Er hat sein Bewußtsein in die Schöpfung projiziert: es ist seine Seinsweise. Seine Seinsweise ändert sich.

Da verstehen wir, daß das Mental nicht nötig ist – nur die Seinsweise ändert sich. Begreifst du das?

(Meditation)

19. April 1972

Und du, diese Änderung [der Führung]?

Es geht weiter.

(Schweigen)

Der bewußte Wille scheint einen entscheidenden Platz einnehmen zu wollen. Das macht das Leben ... offensichtlich viel wirksamer, aber auch viel schwieriger.

Wieso schwieriger?

Weil wir die Gewohnheit hatten, es passiv der Natur zu überlassen, die Dinge, die nicht gut liefen, zu arrangieren – das ist völlig verschwunden. Es ist ein Bewußtseinsphänomen und nicht ... Das Mental ... *(lachend)* das geht weiter, mit dem Supramental darauf! Jahrelang haben wir daran gearbeitet, daß es sich nicht in Dinge einmischt, die es nichts angehen, und daß es die Aufgabe, gegen allfällige Schäden zu reagieren, der Natur überläßt. Und jetzt sagen wir der Natur: „Sei still, ein höheres Bewußtsein wird entscheiden!" Deswegen muß das Bewußtsein STÄNDIG wachsam sein.

Ständig wachsam.

Das Bewußtsein selbst ... seine Haltung dem Göttlichen gegenüber ist gleichsam, ins Göttliche gehüllt zu sein – wie aufgesogen vom

Göttlichen: Was Du möchtest, was Du willst, was Du willst, was Du willst!...

Das ist sehr gut als „beständige Haltung", könnte man sagen. Aber wenn plötzlich etwas im Körper fehlgeht, und wir nicht wissen, warum (oh, meistens ist es ein von außen kommender Einfluß, eine von außen kommende Störung) ... In solchen Situationen weiß man nicht – das Mental ist nicht mehr da, um die Entscheidung zu treffen; das Bewußtsein ist so *(Geste offener Hände, nach oben gewandt).* Also weiß man nicht, was zu tun ist, und man tut nichts.

Da müssen wir etwas lernen.

> *Aber wenn das Bewußtsein nach oben gewandt ist, findet dann nicht automatisch eine höhere Intervention oder Aktion statt?*

Wahrscheinlich.

> *Es muß so sein.*

Das ist die ständige Erfahrung. Aber ...
Und wie geht es dir?

> *Ich weiß nicht, ich habe den Eindruck, es geht besser.*

Ja. Willst du, daß ich schaue?

> *(Mutter nimmt Satprems Hände und schließt die Augen)*

Viel besser.

> *(Mutter geht bis zum Ende in sich, lächelnd,*
> *während sie Satprems Hände hält)*

22. April 1972

*(Mutter reicht Satprem schweigend eine Blume. Dann schaut sie
... auf was? Sie wirkt sehr müde. Er kündigt ihr an, daß er in
einem neuen Haus in „Nandanam" außerhalb von Pondicherry
wohnen wird. Mutter geht in sich ... irgendwohin, für vierzig
Minuten.)*

26. April 1972

(Mutter gibt Satprem einen Brief:)

Dies habe ich Indira geschickt. Du kannst es lesen, ich erinnere
mich nicht einmal mehr.

India shall take her true place in the world
only when she will become integrally
the messenger of the Divine Life.[1]

Zu welchem Anlaß hast du ihr das geschickt?

Sie schrieb mir einen sehr netten Brief, um mir ihre Dankbarkeit
auszudrücken. Sie fragte mich, ob ich ihr etwas zu sagen hätte, da
antwortete ich dies.

Aber es scheint, sie spricht sehr ernsthaft über die spirituelle Mission Indiens.

Sie ist besorgt wegen Amerika. Sie will Leute nach Amerika schikken, um zu versuchen, eine gute Atmosphäre zu schaffen.

Wir werden sehen.

Kommt die Gefahr nicht eher von China?

Ich glaube nicht.

Ich sah immer eine materielle Hilfe von den Vereinigten Staaten
kommen – immer. Leider ist der jetzige Präsident[2] ein Rohling und
steht dem im Weg. Die nächsten Präsidentschaftswahlen finden im

---

1. „Indien wird seinen wahren Platz in der Welt nur einnehmen, wenn es gänzlich der
   Botschafter des Göttlichen Lebens wird."
2. Nixon.

137

November statt. Das Land müßte vorbereitet werden, damit er nicht wiedergewählt wird.

Anscheinend hat er gute Chancen, wiedergewählt zu werden.

Die Leute mögen ihn nicht.

Ja, aber er hat das ganze Kapital auf seiner Seite.

Das ist es.

Er DARF NICHT wiedergewählt werden, es nützt also nichts, ihn zu treffen [Indiras Bemühungen um eine Annäherung]. Es darf nicht sein. Es DARF NICHT sein[1].

Das Bewußtsein muß all diejenigen, die ihn nicht wollen, unterstützen – ihnen helfen, sie kräftigen.

(Schweigen)

Wie stehen die Dinge für dich?

... Wie soll ich sagen? Materiell ist es immer noch schwierig, aber der Körper hat verstanden, glaube ich *(Mutter öffnet die Hände)*. Der Körper hat verstanden, doch die alten Gewohnheiten bleiben bestehen – halbbewußte Reaktionen. Das ist es, was zerrt. Für mich, wenn der Körper wirklich verstanden hätte, müßte er sich verjüngen – nicht „verjüngen", aber bewußt werden. Anstatt sich auf das Unterbewußte abzustützen wie alle anderen, müßte er sich auf das Bewußtsein stützen – das beginnt. Er will es; er versucht es. Aber da sind noch ... Gewohnheiten vielleicht. Im Grunde müßte das Unterbewußte transformiert werden.

Er hat fast keine spontanen Reaktionen mehr – Reaktionen, die vom Unterbewußtsein kommen – fast nicht mehr, aber immer noch einige ... immer noch zu viele.

Wie war der Balkon[2]? Wo warst du?

Ich bin nicht gekommen.

Ach, so.

Nein, liebe Mutter. Sujata war da.

(Sujata:) Es war sehr gut, Mutter.

War ich nicht zu gebeugt?

---

1. „Watergate" wird zwei Monate später, am 17. Juni beginnen. Nixon wird im November trotzdem mit großer Mehrheit wiedergewählt werden.
2. Beim Darshan vom 24. April.

Nein, nein. Du schienst besser als beim vorigen Mal.

Ach, ja?
Ich habe mich bemüht.

Du bist viel mehr gegangen und bist lange geblieben.

Wo warst du?

Dort, wo ich gewöhnlich stehe, unten in meinem Haus.

Ach, dort unten; ja, ich ging dorthin [mit ihren inneren Augen].

Ja, liebe Mutter.

Der Körper ist bewußter – das Bewußtsein dringt ein. Aber ...
Ich habe den starken Eindruck (der Körper selbst), daß er, wenn er bis hundert Jahre durchhält, wieder jünger wird – nicht unbedingt „jünger", aber ... fähiger, die Kraft zu manifestieren. Ich fühle mich nicht schwach, doch einige Dinge ziehen noch.

Im Unterbewußtsein stecken noch so viele dummen Ängste, ein Mangel an Vertrauen, Suggestionen. Dabei bin ich mir nicht sicher, ob es die Schuld des Körpers ist – ich habe den Eindruck, daß da Leute sind – zumindest eine Person –, die katastrophale Suggestionen aussenden[1] (ich weiß nicht wer). Und der Körper kämpft, um nur jene Eingebungen zu empfangen, die vom Göttlichen kommen, aber es bleiben immer noch Schwierigkeiten.

Wenn ich protestiere und mich beschwere, sagt „man" mir, daß es von hier und dort komme ... *(Geste in alle Richtungen)*, damit ich handele, damit Das in der Welt wirken kann – kein Gedanke, es ist nicht gedacht: dies [der Kopf] ist sehr still; es ist hier *(Geste darüber)*, und dann so *(Geste, die von unten hochsteigt, um dargeboten zu werden)* vom Unterbewußtsein – und daß all diese Arbeit, die sich vollzieht, nicht nur für diesen Körper da ist: daß der Körper sie für alle verrichtet, die aufnahmebereit sind. In dem Fall habe ich nichts zu sagen, es geht gut. Wenn es das ist ... Denn *(Mutter wendet sich zur Badezimmertür, wo die Assistentin lauscht)* er lebt unter besonders günstigen Umständen. Man sorgt für ihn.

(Schweigen)

Wie geht es dort drüben[2]?

---

1. Mutter sagt dies zum zweiten oder dritten Mal seit Beginn dieses Jahres (siehe das Gespräch vom 23. Februar, S. 56: „die Formation des Todes").
2. Satprems neues Haus in Nandanam.

(Satprem:) Ich muß mich etwas anpassen ... Ich habe immer große Mühe, eine Verbindung zwischen dem inneren Bewußt- sein und dem materiellen Leben herzustellen. Das materielle Leben ist für mich eine schreckliche Last; alle materiellen Dinge sind schwer, undurchdringlich. Mir gelingt es nicht, eine Kom- munikation zwischen den beiden zu schaffen.

Ach! ... Hast du die Aufführung von „L'Orpailleur"[1] gesehen?

Ja, liebe Mutter.

War es gut?

Ja ... Sie haben es mit viel Liebe gestaltet und ... – mit viel Liebe. Aber wie sie es interpretierten ... Ich weiß nicht, es machte einen unheilvollen Eindruck.

Unheilvoll?

Ja. Ich weiß nicht. Sie stellten einen Aspekt dar, den ich nicht kannte.

(Mutter lacht) Sieh an! Das ist seltsam.

Weißt du, in dem Buch versuchte ich, durch das Leiden zum Licht zu gelangen; und in dem, was sie dann in Szene setzten, sieht man nur Leid, aber nicht viel Licht. Sie haben etwas sehr Melodramatisches daraus gemacht, verstehst du?[2]

Oh! ...

Die Atmosphäre war trotz allem gut, eine erstaunlich gute Atmo- sphäre. Aber etwas war seltsam: etwas, das ich nicht kannte.

(Schweigen, Mutter schaut)

Seltsam, ich mochte das Buch sehr gern, als ich es las, aber jetzt bleibt mir als einzige Erinnerung das Bild eines Urwalds mit einem rie- sigen Baum, und du kämpfst, um dir einen Weg durch das Astgeflecht des Baumes zu bahnen – ständig kommt das *(Mutter schaut)*. Das ist im Bewußtsein zurückgeblieben. Ich sehe dich immer noch mit einer Axt, riesige Äste eines Baumes abschlagend, um durchzukommen. Das ist seltsam. Ist das symbolisch? Kommt das vor in deinem Buch?

---

1. Ausschnitte von Szenen aus Satprems Buch *L'Orpailleur* [Der Goldwäscher] darge- stellt von Aurovillianern (die seitdem Auroville verlassen haben).
2. Satprem muß gestehen, daß er in der Mitte wegging – er konnte einfach nicht bis zum Ende bleiben.

Nicht genau, aber ich habe so etwas erlebt[1] – es ist gleichzeitig wahr und symbolisch, beides.

Wenn ich an das Buch denke, sehe ich immer dieses Bild. Und dann erinnere ich mich ... Beschreibst du den Tod deines Freundes?

Ja.

Das frappierte mich sehr. Das und dieser riesige Baum. Aber der Baum ist größer als in der Natur, er ist symbolisch; und mit einer großen Axt schlägst du die Äste ab – Äste so groß wie Bäume –, um dir einen Durchgang zu schaffen. Sonderbar.

Ja, ich glaube, ich schlage weiterhin Äste ab.

(Mutter lacht) Ja, das ist es.

Ich weiß nicht warum, vielleicht kommt es von vergangenen Leben, aber das materielle Leben ist unerträglich für mich.

Ach!... In welcher Hinsicht? Hast du Schwierigkeiten?

Nein, es ist nichts, Kleinigkeiten, überhaupt nichts, aber alles lastet auf mir. Es gelingt mir nicht, das Bewußtsein hineinzubringen, verstehst du; zwischen den beiden liegt eine Kluft. Ich fühle mich nur wohl, wenn ich aufhöre und mich setze. Dann geht es mir gut.

Ach!

Aber sobald ich mich mit materiellen Dinge befasse, ist es schrecklich. Es gibt keine Verbindung zwischen dem Inneren und der Materie – gar nichts, ein völliger Abgrund.

(nach einem Schweigen)

Nach dem, was mir Nirod jetzt aus seiner Korrespondenz mit Sri Aurobindo vorliest, scheint es dasselbe für Sri Aurobindo gewesen zu sein. Denn nach dem, was er schrieb (du wirst sehen, wenn du es liest), bin immer ich es, die die Dinge tut: „Mutter sagt, Mutter tut, Mutter ...“ Alles, was die Organisation des Ashrams betraf, die Beziehung zu

---

1. Seltsamerweise hatte Satprem in dem Buch nicht von dieser Erfahrung gesprochen, aber sie war in seinem Bewußtsein eingeprägt geblieben, und daran erinnerte sich Mutter: an Satprems eigene Erinnerung. Eines Tages fand er sich im südamerikanischen Urwald vor einem riesigen umgestürzten Baum – wenn ein Riese einstürzt, werden zehn Bäume um ihn herum mitgerissen , in einer Art grünem Kataklysmus, der nach aufgewühlter Erde roch, und in einem Schweigen wie vom Ende der Welt.

den Leuten und all das wurde scheinbar immer ganz natürlich durch mich getan.

Und was den Humor betrifft, habe ich niemals etwas so Wunderbares gelesen, ach!... Er hatte eine Art, die Dinge zu sehen ... unglaublich. Unglaublich! Aber es scheint, daß die äußere Welt für ihn etwas ... Absurdes war.

Ja, so ist es.

Absurd.

Ja. Ich habe den Punkt erreicht, wo das einzige materielle Leben, das ich ertragen könnte, das eines Sannyasins in einer Hütte wäre – und auch dann noch ein ganz nackter Sannyasin, denn sonst schaffen die Kleider Probleme.

Ach!

Alles erscheint mir schrecklich ... Mir gelingt es nicht, das Bewußtsein dort hineinzubringen.

(Mutter lächelt weiter)

Oh, das ist sehr seltsam. Sehr seltsam. Seit meiner Kindheit war meine ganze Bemühung (wie soll ich sagen?), eine totale Indifferenz zu erlangen – daß die Dinge weder störend noch angenehm seien. Seit meiner Kindheit erinnere ich mich an ein Bewußtsein, das versuchte ...

Genau das wollte Sri Aurobindo sagen: eine Indifferenz. Oh, das ist seltsam. Das hilft mir zu verstehen, warum er sagte, daß ich besser imstande sei, den Übergang zwischen dem menschlichen Bewußtsein und dem supramentalen Bewußtsein zu schaffen. Das hatte er mir gesagt (es steht in Nirods Sachen). Und ich verstehe, warum ...

Ach, jetzt verstehe ich.

(Schweigen)

Ja, ich verstehe.
Nun?

Je weiter ich vorankomme, desto mehr habe ich das Gefühl, mich zu verschlechtern.

Oh, nein. Nein.

Aber ich habe das Gefühl, daß ich ganz abscheulich bin.

(Mutter lacht sehr) Das, mein Kind, ist vielleicht mein … Genau in dem Zustand befindet sich mein Körper. *(Lachend)* Das ist vielleicht der Grund.

Auch fühlt er sich abscheulich und lächerlich. Lächerlich und abscheulich. Das Bewußtsein dessen, was sein soll, übt diesen Druck aus. Selbst die höchste Menschheit ist eine widerliche und lächerliche Sache für das Übermental, *(Mutter verbessert sich:)* für das Supramental. „Supramental", ich mag dieses Wort nicht sehr – ich verstehe sehr wohl, warum Sri Aurobindo darauf zurückgriff, denn er wollte nicht „Übermensch" sagen, es ist auf keinen Fall der Übermensch. Es besteht sicher ein größerer Unterschied zwischen dem supramentalen und dem menschlichen Wesen als zwischen dem menschlichen Wesen und dem Schimpansen.

> *Ja, ja.*

Der äußere Unterschied ist nicht unbedingt so groß: ein Unterschied des Bewußtseins. Eben das fühle ich – so lebendig und so nah! Wenn ich ganz ruhig bin, lebe ich in dem Bewußtsein, das von dorther kommt, und das menschliche Bewußtsein, selbst das intellektuellste und höchste, ist lächerlich daneben.

> *Ja.*

Abscheulich.

> *Ja, liebe Mutter. Ich weiß nicht, ob ich mit „Dem" in Kontakt stehe, aber wenn ich ruhig bin, ist da etwas so Volles und Starkes …*

Ja, ja, das ist es.

> *Und man fühlt sich wohl.*

Ja.

> *Es ist DAS. Wenn man da jedoch heraustritt und in die Materie eindringt, ist es schrecklich …*

> *(Mutter lacht)*

> *Denn „das" dringt da nicht hinein.*

Es dringt ein, aber … Um es richtig auszudrücken, könnte man sagen, daß es Mühe hat, einzudringen, aber es dringt ein. Gerade das gibt uns das Gefühl, daß das Leben abscheulich ist. Ich persönlich habe ganz stark das Gefühl, daß das Leben völlig lächerlich ist – grotesk. Grotesk.

(Schweigen)

Man muß zutiefst davon überzeugt sein, um bereit zu sein, dieses Bewußtsein zu empfangen. Weißt du, ich möchte sagen: es ist ein gutes Zeichen – es ist nicht angenehm, aber es ist ein gutes Zeichen.

Nur sind wir offensichtlich – bestenfalls – Übergangswesen. Und die Übergangswesen ... Gleichzeitig wird das Bewußtsein des inneren Wesens stärker, verstehst du? Stärker als das Bewußtsein des materiellen Wesens; so kann das materielle Wesen aufgelöst werden, aber das innere Bewußtsein bleibt stärker. Von diesem Bewußtsein können wir sagen: „Das bin ich."

Ja.

DARAUF kommt es an. Nur darauf.

Was mich betrifft, ist der Zweck dieses Körpers jetzt schlicht ein Horchen auf den Befehl des göttlichen Willens, damit ich so viel Vorbereitungsarbeit wie möglich verrichte. Aber das ist überhaupt nicht das Ziel. Wir besitzen nicht das geringste Wissen darüber, was das supramentale Leben ist. Folglich wissen wir nicht, ob dies *(Mutter zwickt die Haut ihrer Hände)* sich ausreichend ändern kann, um sich anzupassen, oder nicht – um die Wahrheit zu sagen, mache ich mir deswegen keine Sorgen, dieses Problem beschäftigt mich nicht besonders. Mich beschäftigt nur die Aufgabe, dieses supramentale Bewußtsein auf eine Art zu festigen, daß ES SELBST das Wesen sei. Dieses Bewußtsein soll das Wesen werden. Das ist wichtig – alles andere werden wir sehen (das ist, als beschäftigte man sich mit der Frage, ob man die Kleider wechseln solle oder nicht). Es muß wirklich DAS sein. Dafür muß sich das ganze in den Zellen enthaltene Bewußtsein sammeln, organisieren und ein unabhängiges bewußtes Wesen formen, das sich der Materie und gleichzeitig des Supramentals bewußt sein kann. Darum geht es. Das entwickelt sich jetzt. Wie weit werden wir gehen können? Ich weiß es nicht.

Verstehst du?

Ja, das verstehe ich sehr gut.

Wie weit wir kommen werden, weiß ich nicht. Ich habe den Eindruck, daß sehr viel erreicht sein wird, wenn ich bis hundert Jahre durchhalten kann, also noch sechs Jahre – daß dann etwas Wichtiges und Entscheidendes erreicht worden ist. Ich sage nicht, daß der Körper fähig sein wird, sich zu transformieren, das ... nichts deutet darauf hin, aber das Bewußtsein: das physische Bewußtsein, das materielle Bewußtsein wird ... „supramentalisiert". Genau diese Arbeit geschieht gerade. Darauf kommt es an. Du mußt auch fähig und dazu bestimmt sein, sie zu tun, und deshalb hast du diese Abneigung. Aber anstatt auf der Abneigung zu beharren, müßtest du auf der Identifikation mit dem Bewußtsein bestehen, in dem du dich findest, wenn du ruhig sitzt. Verstehst du? Darauf kommt es an.

Nur das zählt.

(Satprem legt seine Stirn auf Mutters Schoß, Sujata nähert sich)

Ich beginne zu verstehen, warum Sri Aurobindo immer sagte, daß die Frau *(Mutter streichelt mit einem Finger Sujatas Wange)* die Verbindung zwischen den beiden herstellen könne. Ich beginne zu verstehen. Eines Tages werde ich es erklären. Ich beginne zu verstehen. Sri Aurobindo sagte immer: Die Frau kann die Verbindung zwischen der alten Welt und der supramentalen Welt herstellen. Ich verstehe.

(Satprem:) Ja, ich verstehe es auch.

Dann geht es gut. Wir müssen Geduld haben.

(Mutter drückt ihren Zeigefinger auf Sujatas Brust:)

Wirst du dich an das erinnern, was ich sagte?

29. April 1972

Wie geht es?

Ich weiß nicht, so „einigermaßen".

Nichts zu sagen?

Nein, und du?

(Schweigen, Mutter schaut)

Du bist dir mehr dessen bewußt, was zerstört werden muß, als dessen, was aufgebaut wird.

Das ist wahr, ja – ja, dessen bin ich mir sehr bewußt.

145

Was zerstört werden muß, ja ... Doch es ist interessanter, sich dessen bewußt zu sein, was aufgebaut werden muß.

Aber, liebe Mutter, wenn wir in jeder Minute mit allerlei Dingen konfrontiert werden, die nicht ... die wir nicht mehr haben wollen.

Das ist dort unten *(Geste zum Boden)*. Wir müssen nach oben blicken.

(Schweigen)

Aber baut sich das auf, trotz allem, was sich widersetzt?

Glücklicherweise! Glücklicherweise, denn jene, die helfen sollten, helfen nicht. Glücklicherweise geschieht es trotz allem.

(Schweigen)

Das ist, als ob du mich fragtest, ob das göttliche Bewußtsein stärker sei als die finsteren Bewußtseinszustände der menschlichen Wesen.

(Mutter geht in sich)

Mai

4. Mai 1972

(Gespräch mit Sujata)

Ein seltsamer Eindruck … Seit gestern abend hab ich den seltsamen Eindruck, daß das Göttliche … (wie soll ich sagen?) eine goldene Kraft geworden ist, die so einen Druck ausübt *(Geste eines Drucks auf die Erde)*. Nur diejenigen, die fähig sind, durch ihre Aspiration zum göttlichen Ursprung vorzudringen, werden den Katastrophen entgehen.

In Madras ist gerade ein schwerer Unfall mit einem unserer besten Autos geschehen.

Nur jene mit Aspiration, einer aufrichtigen und bedingungslosen Aspiration zum Göttlichen, werden durchkommen – sie werden in eine goldene Glorie gelangen.

Äußerst interessant.

6. Mai 1972

(Mutter „schaut")

Siehst du etwas?

Ich sagte dir das schon, ich glaube, eine goldene Kraft übt einen Druck aus *(Geste)*, sie hat keine materielle Konsistenz und scheint doch schrecklich schwer ….

Ja, ja.

Und sie drückt auf die Materie, um sie zu zwingen, sich innerlich dem Göttlichen zuzuwenden – keine Flucht nach außen *(Geste nach oben)*: innerlich, um sich dem Göttlichen zuzuwenden. Das offensichtliche Ergebnis scheinen unvermeidliche Katastrophen zu sein. Gleichzeitig mit diesen unvermeidlichen Katastrophen zeigen sich Lösungen für die Situationen und Ereignisse, die in sich selbst ganz wie Wunder erscheinen.

Die Extreme werden sozusagen noch extremer: als würde das Gute besser und das Schlechte schlechter. Mit einer gewaltigen Macht, die auf die Erde DRÜCKT. Das ist mein Eindruck.

Ja, das ist spürbar.

Ja, man fühlt es *(Mutter betastet die Luft)*. In den äußeren Umständen spitzen sich auf einmal Dinge zu, die sonst indifferent verlaufen: Situationen und Streitigkeiten spitzen sich zu, Böswilligkeiten spitzen sich zu, und gleichzeitig außerordentliche Wunder – außerordentlich: Leute, die fast im Sterben lagen, werden gerettet, unentwirrbare Dinge ordnen sich plötzlich.

Auch für die Individuen ist es so. Diejenigen, die das verstehen, sich hingeben ... (wie soll ich sagen?), die aufrichtig das Göttliche rufen, die fühlen, daß dort die einzige Rettung liegt, daß dies das einzige Mittel ist, um herauszukommen, und die sich aufrichtig geben, bei denen ... *(Geste eines Berstens)* wird es innerhalb weniger Minuten wunderbar – für ganz kleine Dinge: es gibt nichts Kleines und Großes, Wichtiges und Unwichtiges, es ist ALLES gleich.

Die Werte ändern sich.

Als ändere sich die Sicht der Welt.

(Schweigen)

Das gibt uns sozusagen eine Vorstellung davon, welche Veränderung der Herabstieg des Supramentals in der Welt auslösen wird. Dinge, die belanglos waren, werden kategorisch: ein kleiner Irrtum wird kategorisch in seinen Folgen, und eine kleine Aufrichtigkeit, eine kleine wahre Aspiration hat wunderbare Auswirkungen. Die Werte bekommen mehr Gewicht bei den Menschen. Sogar in materieller Hinsicht: der geringste Fehler hat große Auswirkungen, und die kleinste Aufrichtigkeit in der Aspiration hat wunderbare Folgen.

Die Werte sind intensiviert, sie sind präziser geworden.

> *Du sprichst von Fehler, Irrtum – ich weiß nicht, ob das eine abwegige Vorstellung ist, aber ich habe immer deutlicher den Eindruck, daß „Fehler", „Irrtümer", all diese Einschätzungen, nicht wahr sind. So ist es nicht. Sie sind ein Mittel ... wie soll ich sagen? Ja, ein Mittel, um die Reichweite der Aspiration zu vergrößern.*

Ja, ja, absolut richtig.

> *Sie bedeuten Schmerz – Fehler und Irrtümer, das ist zugleich Schmerz und das Mittel, um die Aspiration in noch tieferen Stellen zu erwecken.*

Ja, so ist es. In der Gesamtschau ist alles gewollt mit dem Ziel des bewußten Aufstiegs der Welt. Es ist das Bewußtsein, das sich darauf vorbereitet, göttlich zu werden. Und es ist wirklich so: Wenn wir Dinge als Fehler beurteilen, liegt das ausschließlich an unserer gewöhnlichen menschlichen Auffassungsweise – ganz und gar.

Der einzige Fehler, wenn es überhaupt einen gibt, ist der, nicht nach etwas anderem zu streben. Sobald man etwas anderes will …

Das ist kein Fehler sondern Dummheit!

Ja, so ist es, eine Dummheit. Aber ich habe den Eindruck, von dem Moment an, wo wir etwas anderes wollen, dienen sogar alle Irrtümer oder Fehler zu etwas.

Ja, ja, absolut. Es ist ganz einfach: Die gesamte Schöpfung muß ausschließlich das Göttliche wollen, ausschließlich das Göttliche manifestieren wollen; und alles, was sie tut (einschließlich aller sogenannten Fehler), sind Mittel, um unumgänglich den Zustand herbeizuführen, wo die ganze Schöpfung das Göttliche manifestieren muß – allerdings kein „Göttliches", wie der Mensch es sich vorstellt, kein „dies ja, jenes nicht" und allerlei Einschränkungen: eine GESAMTHEIT von einer ungeheuren Macht, einem ungeheuren Licht.

Das ist wirklich die Macht in der Welt, eine ungeheure neue Macht, die in die Welt gekommen ist und die diese göttliche Allmacht manifestieren muß – sie sozusagen „manifestierbar" machen muß.

Nach langem Schauen bin ich zu folgendem Schluß gekommen: Das, was wir mangels eines besseren Wortes „Supramental" nennen, macht die Schöpfung empfänglicher gegenüber der höheren Macht, die wir „göttlich" nennen, weil wir … Es ist göttlich im Vergleich zu dem, was wir sind. Etwas *(Geste eines Herabstiegs und Drucks)*, das die Materie aufnahmefähiger macht und sie auf die Kraft reagieren läßt. Jetzt ist alles Unsichtbare und Unfaßbare für uns irreal (wenigstens für den Durchschnittsmenschen); wir sagen, manche Dinge seien „konkret" und andere nicht. Nun, diese Kraft, diese Macht, die NICHT MATERIELL ist, wird eine konkretere Macht auf der Erde haben als die materiellen irdischen Dinge.

Darin liegt der Schutz und das Verteidigungsmittel der supramentalen Wesen. Es wird etwas sein, das in der Erscheinung nicht materiell ist und doch eine größere Macht ÜBER DIE MATERIE hat als die materiellen Dinge. Das wird von Tag zu Tag und von Stunde zu Stunde immer eindeutiger. Der Eindruck, daß diese Kraft, wenn sie von dem, was wir das „Göttliche" nennen, gelenkt wird, MACHT hat – wirkliche Macht –, die Macht, die Materie zu bewegen: sie kann einen MATERIELLEN Unfall herbeiführen, und sie kann vor einem durchaus MATERIELLEN

Unfall schützen. Sie kann die Folgen einer absolut materiellen Sache beseitigen – sie ist stärker als die Materie. Das ist völlig neu und unverständlich. Dies bewirkt ... *(zitternde Geste in der Atmosphäre)* eine Art Aufregung im gewöhnlichen Bewußtsein der Leute.

Es scheint, daß die Dinge nicht mehr das sind, was sie waren. Etwas wirklich Neues – es ist NICHT MEHR, wie es war.

Unser ganzer gesunder Menschenverstand, all unsere Logik, unser praktischer Sinn: am Boden zerstört! Keine Kraft mehr. Keine Wirklichkeit mehr. Keine Übereinstimmung mehr mit dem, was ist.

Es ist wirklich eine neue Welt.

(Schweigen)

Das, was im Körper Mühe hat, diese neue Macht zu ertragen, ist die Ursache der Störungen, Schwierigkeiten und Krankheiten. Doch man spürt auf einmal: Wenn man voll aufnahmefähig wäre, würde etwas Gewaltiges geschehen. So ist der Eindruck. Ich habe immer mehr diesen Eindruck: Wenn das ganze Bewußtsein, das materiellste Bewußtsein empfänglich für diese neue Macht wäre, ... dann wären wir etwas Gewaltiges.

(Mutter schließt die Augen)

Eine wesentliche Voraussetzung gibt es allerdings: die Herrschaft des Egos muß enden. Das Ego ist jetzt das Hindernis. Das Ego muß durch das göttliche Bewußtsein ersetzt werden – das, was ich das göttliche Bewußtsein nenne. Sri Aurobindo nannte es „supramental"; wir können dasselbe Wort verwenden, damit es keine Mißverständnisse gibt, denn sobald wir vom „Göttlichen" sprechen, denken die Leute an einen „Gott", und das verdirbt alles. Das ist es nicht. *(Mutter senkt langsam ihre geschlossenen Fäuste)* Die Herabkunft der supramentalen Welt ist keine Einbildung *(Geste nach oben)* sondern eine ABSOLUT materielle Macht. Aber *(lächelnd)* sie ist nicht auf materielle Mittel angewiesen.

Eine Welt, die sich in der Welt verkörpern will.

(Schweigen)

Mehrmals fühlte mein Körper Augenblicke einer Art neuen Unwohlseins und einer Unruhe, und daraufhin kam etwas, das keine Stimme war, das sich aber in meinem Bewußtsein durch Worte ausdrückte: „Warum hast du Angst? Es ist doch das neue Bewußtsein!" Mehrmals kam das. Und so verstand ich.

(Schweigen)

Verstehst du, das, was im gesunden Menschenverstand sagt: „Das ist unmöglich, das hat es noch nie gegeben", das ist weg. Das ist vorbei, es ist idiotisch. Es ist zu einer Dummheit geworden. Wir könnten sogar sagen: Es ist möglich, GERADE WEIL es so etwas noch nie gegeben hat. Es ist die neue Welt und das neue Bewußtsein und die neue Macht; es ist möglich, und es ist, und es manifestiert sich mehr und mehr, WEIL es die neue Welt ist, weil es das noch nie gegeben hat.

Es wird sein, weil es noch nie zuvor gewesen ist.

(Schweigen)

Das ist schön: Es wird sein, weil es noch nie zuvor gewesen ist – GERADE WEIL es noch nie zuvor gewesen ist.

(Mutter schaut, als wolle sie etwas sagen,
geht dann aber in Meditation)

Es wirkt – auch in dir.
Es ist nicht materiell und doch konkreter als die Materie.

Ja, es ist fast zermalmend.

Zermalmend, ja, das ist es … Oh, es ist …
Aber nur das, was nicht aufnahmebereit ist, fühlt sich zermalmt, während alles, was aufnahmebereit ist, im Gegenteil etwas wie … eine gewaltige Erweiterung fühlt.

Ja. Aber seltsamerweise ist es beides zugleich.

Beides zugleich.

Ja, man fühlt etwas wie ein Anschwellen, als würde alles bersten, und gleichzeitig etwas, das zermalmt wird.

Ja, aber das, was zermalmt wird, ist lediglich das, was sich widersetzt, was nicht aufnahmefähig ist. Wir brauchen uns nur zu öffnen. Dann wird es wie … etwas Ungeheures. Außergewöhnlich! Unsere jahrhundertealte Gewohnheit widersetzt sich und gibt diesen Eindruck, aber alles, was sich öffnet … Es fühlt sich an, als würde man immer größer … ganz außergewöhnlich. Oh, es ist …

7. Mai 1972

(Gespräch mit Sujata)

Die Kraft, von der ich gestern sprach, wird immer aktiver *(Geste eines Druckes)*.

Die Aktion wird zwingend. Zermalmend.

13. Mai 1972

(Es geht hier um das Gespräch vom 2. April mit dem Architekten Aurovilles und N und U, deren Interessen Mutter in Übereinstimmung bringen wollte. Die Tonbandaufnahme dieses Gesprächs, die uns nicht gegeben wurde, zirkulierte im Ashram mit allerlei entstellten Transkriptionen: der übliche Klatsch und die Rivalitäten, wo jeder sich gewisse Worte Mutters aussuchte, um seinen Rivalen anzugreifen.)

Wurde dir der Text gegeben? ... Sie haben ihn ein bißchen überarbeitet. Hast du ihn gesehen, ist es gut so?

Sicherlich, liebe Mutter! Ist es für die „Gazette d'Auroville"?

Da herrscht ein totales Mißverständnis ... Frag mich nicht *(Mutter wendet sich zum Badezimmer, wo die Assistentin lauscht)*.

Ja, ja, Mutter.

Aber es gab da etwas, das sich gut für die Veröffentlichung im Bulletin eignen würde.

Ach, ja, das ist etwas anderes. Wir haben es aufbewahrt, und es wird ins nächste Bulletin kommen. Ja, das ist getan.

Was war es? Ich erinnere mich nicht mehr.

Du sagst: „Ihr seid hier in diesem Augenblick, weil ihr es früher einmal gewählt habt – ihr erinnert euch nicht mehr, aber ich weiß es; deshalb seid ihr hier ..."

Ja, ich fühle: ÜBERALL auf der Erde sind Leute, und das war die Idee, daß die Leute, während sie dies lesen, plötzlich ihre Bestimmung fühlen.

(Schweigen)

Hast du nichts zu fragen?

Neulich sprachst du von diesem immer stärker werdenden goldenen Druck ...

Ja, ja.

... der möglicherweise auch Katastrophen verursacht, sagtest du. Glaubst du, daß kollektiv eine Gefahr besteht?

Amerika richtet schreckliche Dinge an. Sie haben Haiphong[1] bombardiert. Niemand hat bis jetzt gewagt, so etwas zu tun.

Man hat den Eindruck, daß dieser ganze Abszeß aufbrechen mußte – daß diese Eiterbeule platzen mußte.

(nach einem Schweigen)

Aber ... (wie soll ich sagen?) manche Dinge, die früher Wundern gleichkamen, werden ganz normal sein – beides. Beides ist da.

Ich weiß nicht, ob dies nur in der Übergangsperiode so sein wird oder ob das Supramental wirklich extreme Ergebnisse herbeiführen wird ... Auch im Körper: die geringste Sache scheint völlig unproportionale Folgen zu haben – zum Guten wie zum Schlechten. Die gewohnte „Neutralität" des Lebens verschwindet.

(Schweigen)

Für das Individuum [d.h. Mutter] sind seltsamerweise beide Extreme da: Das Individuum fühlt sich absolut nichtig ... ohne Kraft, ohne Macht, ohne die geringste Entscheidungsfähigkeit, und gleichzeitig *(Mutter senkt langsam ihre Faust)* vollzieht sich durch es hindurch eine so gewaltige Aktion. Und völlig unvorhersehbar. Kollektive und individuelle Handlungen, die in ihrer Erscheinung absolut wunderbar sind, weil sie so geschehen *(gleiche Geste)*, allmächtig. Beides ZUGLEICH.

Noch nie zuvor gab es so sehr den Eindruck ... von nichts – nichts. Ich bin nichts mehr. Und gleichzeitig die Vision und die Wahrnehmung einer wirklich allmächtigen Kraft *(Mutter senkt ihre Faust)*. Damit

---

1. Mutter sagte Hongkong, aber es handelt sich zweifellos um Haiphong und die Wiederaufnahme der amerikanischen Bombardierung Nordvietnams, gefolgt von einer von Nixon verhängten Blockade.

das Individuum ein wahres Instrument sein kann, muß es gleichsam inexistent sein.

> *Ja, ich habe auch sehr häufig den Eindruck einer vollkommenen Nichtigkeit.*

Genau. Eine vollkommene Nichtigkeit. Und gleichzeitig (fast gleichzeitig und manchmal tatsächlich gleichzeitig) die Wahrnehmung einer Kraft, die durch diese Nichtigkeit hindurch auf eine so ungeheuerliche Weise wirkt, und zwar kollektiv: Siege zu erringen, Dinge zu zerstören – außergewöhnlich!

> *(Schweigen)*

Auch für den Körper. Für den Körper ist es, als ob er in jedem Augenblick sterben könnte und gleichzeitig in jedem Augenblick auf wunderbare Weise gerettet würde. Und das ist ... erstaunlich. Völlig erstaunlich.

Und mit einer ständigen Wahrnehmung der Weltereignisse, als sei alles, alles *(Mutter schiebt die Finger ihrer Hände ineinander)* ... als gebe es da eine Verknüpfung ... Man könnte sagen: Ein einziger Wille, der sich durch unzählige Handlungen manifestiert.

> *(Mutter geht in sich mit geöffneten Handflächen)*

17. Mai 1972

Geht es dir gut?

> *Und dir ging es in den letzten Tagen nicht gut?*

Es ist seltsam. Glücklicherweise kommen all diese Dinge eins nach dem anderen: alle Funktionen wechseln sozusagen ihre Autorität. Die Funktionen, die natürlich abliefen – eben im Einklang mit den Kräften der Natur – ganz plötzlich, brrm! vorbei. Das zieht sich zurück. Und dann erscheint etwas, das ich das Göttliche nenne ... vielleicht bezeichnete es Sri Aurobindo mit Supramental, ich weiß es nicht, es ist etwas in der Art, aber offensichtlich befaßt es sich mit der Materie, der Manifestation, und es ist die Verwirklichung von morgen, ich weiß

nicht, wie ich es nennen soll. Wenn alles gründlich gestört ist und
äußerst schlecht geht, dann willigt Das ein, einzugreifen.

Der Übergang ist nicht angenehm.

(Mutter gibt Sujata Blumen)

Hier, mein Kind!

Mit heftigen Schmerzen, mit ... unmöglich zu essen, usw. usw.
Offensichtlich mußte es jemand tun. Als er wegging, sagte mir Sri
Aurobindo, daß nur ich es tun könne. Ich sagte: „Gut." Ich tat es nicht
aus Ehrgeiz – ich willigte ein, das ist alles.

Wahrscheinlich liegt es an der Dummheit meines Körpers, daß ich
auf diese Weise leide. Wäre er aufnahmefähiger und mehr ... *(Mutter
öffnet die Hände)* ja, aufnahmefähiger, dann würde es mit weniger
Reibung ablaufen. Das sehe ich wohl. Ich sehe die Schmerzen, den
Konflikt, die Unfähigkeiten, all das ist unsere Dummheit. Da besteht
kein Zweifel. Wir können nur uns selbst dafür verantwortlich machen.
In jedem beliebigen Augenblick und unter allen Umständen, wenn wir
die wahre Haltung einnehmen, das heißt, wenn wir so sind *(Mutter
öffnet die Hände)*: Möge Dein Wille geschehen – wirklich, aufrichtig,
uneingeschränkt – dann geht es gut.

Folglich ist es unsere eigene Schuld, wir können nur uns selbst
verantwortlich machen. Nur aus Dummheit beschweren wir uns. Oh,
ich beklage mich nicht ... aber auf einmal kann ich nichts mehr tun.

Und was hast du zu sagen?

Nichts, liebe Mutter.

Hat sich nichts für dich ereignet?... Ich hoffte, daß dir dies wenigstens etwas helfen würde.

Ist nichts geschehen?

Nein.

Gut, sei's drum.

Noch zu mental.

(Schweigen)

Wenn du willst, bleiben wir still. Willst du nichts fragen? Hast du
keine Neuigkeiten?

Du sagst „noch zu mental", meinst du ...

Das bedeutet: Anstatt direkt, ohne Gedanken, zu empfangen ... Die
Gedanken stören alles – sie schränken die Empfänglichkeit ein und
stören. Das sehe ich bei mir selbst, ich mußte so lange dafür kämpfen,

um nicht ... Dieses Bedürfnis zu verstehen und zu erklären, das sind all die alten Bewegungen, die zurückkehren. Man muß akzeptieren, ein Dummkopf zu sein – solange es nötig ist. Sobald ich akzeptiere, ein Dummkopf zu sein ... ist es die Glückseligkeit. Aber die alte Gewohnheit kehrt zurück.

Für den Menschen ist die höchste Verwirklichung das Verstehen: die Dinge verstehen. Für das Supramental ist die Verwirklichung die Macht *(Mutter breitet die Arme in einer souveränen Geste aus)*, der schöpferische Wille.

Natürlich wäre es äußerst schädlich, wenn die menschlichen mentalen Instrumente sich dieser Macht bemächtigten – das wäre schrecklich. Es gäbe schreckliche Katastrophen. Folglich muß man mit aller Bescheidenheit akzeptieren, völlig zu verdummen, bevor man diese Kräfte erlangen kann.

(Schweigen)

Aber ich muß sagen, daß du ständig in meinem Bewußtsein warst – und das trifft nur für sehr wenige zu *(Mutter zählt sie mit den Fingern ab)*, vielleicht zwei oder drei; sonst, oh, die sind weit, weit weg ... Du warst ständig da, deshalb hoffte ich, daß du eine Änderung gespürt haben mögest. Du warst ständig in meinem Bewußtsein.

Ich habe dich letzte Nacht gesehen.

Ach! Also doch! Und was geschah?

Ich weiß nicht, ich schaute dich an und dann ... (wie soll ich sagen?)... Erst war ich besorgt, und nachher, ich weiß nicht, schmolz alles, und mein Bewußtsein tauchte wie in einen tiefen Schlaf. Und ich hatte den Eindruck, daß du lächeltest.

(Mutter lächelt) Das war doch sehr gut!... Was du Bewußtsein nennst, ist dein intellektuelles Bewußtsein.

Ich hatte große Mühe, danach aus diesem „Schlaf" herauszukommen. Ich mußte große Anstrengungen unternehmen, daraus herauszukommen.

Aber warum wolltest du herauskommen?

Wahrscheinlich mußte ich aufstehen.

(Mutter lacht) Das macht nichts.

(Mutter geht in Kontemplation bis zum Ende des Gesprächs und öffnet die Augen, als die Uhr schlägt)

Wieviel Uhr ist es?

Elf Uhr, liebe Mutter.

Da siehst du es. Als ich begann, sagte ich mir: Um elf Uhr werde ich aus der „Meditation" herauskommen und sprechen. *(Lachen)* Deshalb fragte ich dich. Das ist interessant!

Wenn wir einfach werden wie ein Kind ... dann geht es gut.

Wir dürfen keine Furcht haben, weder vor Krankheiten noch vor Dummheit noch ... nicht einmal vor dem Tod – wir müssen so sein *(weite und ruhige Geste wie ein Ozean).*

Wenn wir eine Art heiteres Vertrauen haben könnten (von Zeit zu Zeit kommt das, ganz allmählich). Doch dafür muß das Bewußtsein so weit wie die Schöpfung sein. Man ist weit wie die Schöpfung und ein Vertrauen ... Im Grunde kommen wir darauf zurück (man kann es auf ganz kindliche Weise ausdrücken): Er weiß besser als wir, was zu tun ist.

Er weiß besser als wir, was zu tun ist.

Das ist mein Mittel. Dieses Mittel finde ich am einfachsten. Vielleicht gibt es andere – sicher gibt es andere –, aber für mich ist es das einfachste. Wenn sich etwas beunruhigt oder widersetzt: „Er weiß besser als du, was nottut."

(Satprems Hände haltend) Wenn wir lächeln könnten, wäre alles viel leichter.

(Satprem legt seine Stirn auf Mutters Schoß)

Auf Wiedersehen, mein Kind!... Aber wirklich (das sind keine leeren Worte): ich bin immer bei dir. Dies ist eine Tatsache – *(Mutter befühlt die Luft)* konkret.

Dadurch hat sich meine Umgebung auf sehr interessante Weise neu geordnet. Hoch interessant.

Und der Körper möchte so weit, als es ihm möglich und erlaubt ist, etwas Nichtexistierendes sein: einfach, daß Das durch ihn hindurchgeht. Ständig geht es so durch ihn hindurch *(Geste durch die Hände).* Damit er nur als Mittel zur Konzentration und Verteilung dient, auf diese Weise *(Geste eines durch Mutter Hindurchlaufens).* So geschmeidig, so unpersönlich, so ... (wie soll ich sagen?) ohne eigenen Willen. Ohne eigenen Willen, einfach die Kraft übertragen: damit Das hindurchgeht – ohne sie zu entfärben.

Ohne sie zu entfärben, ohne sie zu vermindern, ohne ...

(Satprem tritt zurück, Sujata nähert sich)

Liebe Mutter, gestern morgen hatte ich einen sehr sonderbaren Traum ... In meinem Traum sah ich Satprems Garten. Ich war auf der Straße und sah seinen Garten, und ich bemerkte einen „Adoration"-Baum, der voller Blüten war. Das erfüllte mich mit großer Freude. Und dann sah ich etwas weiter hinten eine Pflanze, die sehr hoch war, und zwar das „Mental" ...

(Mutter nickt)

Dann schaute ich, und auf einem Ast (ich glaube, es war eine Kokosnußpalme) saß ein Vogel, ... das Gefieder war weiß, ein Vogel wie eine Taube, aber mit einem langem Schwanz, sehr lang, und dann, glaube ich, war auf der Brust so etwas wie ein goldener Kreis...

Oh!

Und der Kopf war ein wenig ... nicht ganz orange, ein wenig wie guerua[1] – ockerfarben, in der Art, und er hockte da auf einem Zweig.

(Auf Satprem deutend) Das war er.

(Sujata überrascht) War er es, liebe Mutter? Ich weiß es nicht.

Aber ja doch! *(Lachen)* Das ist gut.

19. Mai 1972

(Gespräch mit Sujata. Dieses Gespräch fand auf den Tag genau ein Jahr vor unserem letzten Treffen mit Mutter statt. In den vergangenen Tagen waren gewisse Ausschnitte der Tonbandaufnahmen aus Mutters Zimmer in den Schaufenstern der Buchhandlung SABDA ausgehängt worden. Sujata wundert sich:)

Wie kann das geschehen, liebe Mutter? So viele Jahre lang hoben wir all deine Aufnahmen auf, und niemand erfuhr etwas, und jetzt werden sie mit fehlerhaften Abschriften veröffentlicht.

---

1. Guerua: orange (die Kleidung der Sannyasins).

Sie hören nicht auf mich.

Aber wie konnte es herauskommen?

Der Ashram gehört mir nicht mehr.

(Sujata betroffen:) Das schmerzt mich sehr, der Ashram gehört Mutter ...

Ach, mein Kind, schon seit langem ist das nicht mehr so. Seitdem ich nicht mehr hinausgehe, glauben die Leute, daß Mutter sich um nichts kümmert, nichts weiß ... Man müßte noch einmal einen anderen Ashram aufbauen, mit vielleicht zehn Leuten als Kern – und selbst dann noch ...

20. Mai 1972

Bist du müde?

Bei mir geht es weiter ...

*(Mutter geht in sich,
sie hat Mühe, wieder herauszutreten,
dann geht sie wieder in sich)*

24. Mai 1972

Du bist ... *(Mutter hält Satprems Hände).* Ich weiß nicht, ob du es fühlst, aber du bist mit dieser ganzen Transformationsarbeit verbunden *(Geste, im Kielwasser mitgetragen zu werden)* ... als seiest du daran geheftet.

(Schweigen)

Die Arbeit vollzieht sich in einem Bereich jenseits der Worte.

Ja, seit einiger Zeit fühle ich deine Gegenwart sehr stark.

Ach!… Ich fühle dich immer da, als hieltest du dich daran fest, und jedesmal, wenn etwas geschieht, geht es ganz natürlich an dich weiter. *(Lachend)* Angeklammert wie ein Kind.

Ja, ich fühle deutlich, daß dies die einzige Rettung ist.

(langes, lächelndes Schweigen, immer noch Satprems Hände haltend)

Dies hängt ABSOLUT – absolut und einzig – vom göttlichen Willen ab. Und wenn Er entschieden hat, daß wir uns transformieren werden, werden wir uns transformieren. Ich selbst kann nichts – es gibt kein „Ich“: das gibt es nicht mehr in dieser Form *(Mutter berührt ihren Körper)*. Und bei denen, die sich an mir festhalten, ist es so, als hielten sie sich am Göttlichen fest, denn … *(Mutter hat ein ganz besonderes Lächeln)* Im Grunde geschieht das, was Er will.

(Mutter geht für 40 Minuten in Kontemplation, Satprems Hände haltend. An diesem Tag erfährt er eine Verwirklichung)

Mein Kind …

(Mutter öffnet ihre Augen weit)

26. Mai 1972

(Mutter hört sich die Lektüre des folgenden Textes an:)

Jeder Zellkern enthält in seinen Chromosomen den vollständigen Plan des Organismus … Die chromosomische Ausstattung jeder einzelnen Zelle repräsentiert zugleich die „Gesamtheit" des Individuums und die „Spezifität" ihrer lokalen Aufgabe. Wir können diese Organisation mit der einer idealen menschlichen Produktionsgemeinschaft vergleichen, in der jeder Teilnehmer sich des Ganzen der Gemeinschaft und seiner intelligenten persönlichen Aufgabe innerhalb dieser Gemeinschaft bewußt wäre.

Werner Schupbach

27. Mai 1972

(Mutter ist verspätet)

Es gibt einen konkreten (und nicht besonders praktischen) Beweis, daß die supramentale Zeit nicht die gleiche ist wie die physische Zeit … Manche Sekunden erscheinen endlos, und Stunden vergehen im Nu.
Und das ist völlig konkret. Resultat: ich bin immer zu spät dran. Was tun? Ich weiß es nicht.

(Schweigen)

Das eigene Bewußtsein ist dabei, sich zu ändern – nicht das tiefe Bewußtsein (das wird immer klarer) sondern sozusagen das „praktische" Bewußtsein, das dabei ist, sich auf seltsame Weise zu ändern.
Plötzlich, während ich gerade esse, verschwindet alles aus dem Bewußtsein, und lange danach merke ich, daß ich dasitze *(Geste, eine Hand in der Luft)* mit dem Löffel in der Hand … Nicht gerade praktisch!

(Lachen)

Aber während dieser Zeit, wo du plötzlich wegtrittst …

Ach, das ist interessant. Aber ich gehe nicht „weg", nein … Ich bin ganz und gar nicht in Trance: ich bin hellwach, in VOLLER Tätigkeit. Ich sehe Dinge, tue Dinge, höre Leuten zu … ständig. Und ich vergesse das materielle Leben. Plötzlich kommt dann etwas von außen, um mich daran zu erinnern.
Ich trete nicht aus dem materiellen Leben hinaus, aber … es erscheint anders.

(Schweigen)

Hast du nichts zu fragen?

Nein, liebe Mutter.

Oder etwas zu sagen?

Nein, nicht wirklich ... Ich korrigiere gerade den Sannyasin, das Buch, das ich einst schrieb, und alle diese Erfahrungen und Dinge in den Höhen erscheinen mir jetzt so blaß.

Ach!

Fast wie ein Traum ...

Ja.

... im Vergleich zu dem, was jetzt ist.

Nicht wahr!

Ich glaube wirklich, daß die physische Welt dabei ist, sich zu verändern. Wahrscheinlich werden wir es erst in einigen Jahrhunderten erkennen, denn es dauert lange, bis es für das gewöhnliche Bewußtsein sichtbar wird. Aber es fühlt sich an *(Mutter betastet die Luft)* ... als sei sie aus etwas anderem beschaffen.

Von Zeit zu Zeit warnt mich etwas: „Sprich nicht, sprich nicht!" Damit ich den Mund halte, denn die Leute in meiner Umgebung könnten denken, ich werde verrückt.

(langes Schweigen)

Du sagst, nicht die Sicht der physischen Welt sondern die Beschaffenheit der Substanz selbst verändert sich?

Ja, ja, die Änderung liegt ganz und gar nicht in meiner Sichtweise ... Wie soll ich sagen?... Es ist komisch.

Weißt du, ich habe gleichzeitig (um noch die alte Sprache zu gebrauchen) die OFFENSICHTLICHE Erfahrung einer ungeheuren Macht und die einer vollkommenen Machtlosigkeit.

Die alten Dinge, die vorgestern noch mächtig und fähig waren, erscheinen inexistent. Und gleichzeitig, wenn diese Kraft kommt, fühle ich konkret (und ich habe den Beweis durch die Tatsache), daß ein bloßer sich ausdrückender Wille oder auch einfach das Erschauen einer Sache ... *(Mutter senkt ihre Hände)* allmächtig ist. Materiell. Sterbende Leute kehren zum Leben zurück; Leute, die sich wohl fühlen, brrt! scheiden plötzlich dahin – so weit geht das. Umstände, die unlösbar erscheinen, finden plötzlich eine Lösung – die Leute selbst sagen: „Es gleicht einem Wunder." Für mich ist das kein Wunder, es ist ganz einfach: es war so *(Mutter senkt einen Finger)*. Aber es IST so. Das ist neu in der Welt. Es ist nicht mehr die frühere Art, es ist keine mentale Konzentration mehr, keine mentale Schau, all dies existiert nicht mehr – *(Mutter senkt einen Finger:)* eine Tatsache.

Eine Tatsache.

Ich selbst bin noch zu sehr verbunden mit ... [der Denkweise der Leute]. Gott sei Dank *(Mutter wischt sich über die Stirn)* ist das Mental verschwunden. Weißt du, ich bin ... Ach! Das ist ein wunderbarer Segen ... Aber in gewöhnlicher, äußerer Hinsicht scheine ich absolut verdummt zu sein.

Es ist gut, daß jemand wie du an meiner Seite ist, der weiß, daß da etwas anderes vor sich geht.

Aber ja! Gewiß ist da „etwas anderes"!

Dabei spüre ich eine solche Kraft! ... Und wenn ich mich ausruhe, schlafe ich nicht, sondern trete in diese supramentale Aktivität ein, und da ... oh, mein Kind! ... ich sehe mich aktiv, mit einer außerordentlichen Kraft. Und dann ist da nicht mehr ... Wenn ich spreche, muß ich „ich" sagen, aber das entspricht nichts, das ist ... es ist Das Bewußtsein, es ist ein Bewußtsein. Es ist ein Bewußtsein, das weiß, ein Bewußtsein, das kann. Ein BEWUSSTSEIN: keine Person – ein Bewußtsein, das weiß und das handelt. Und das sich dessen *(Mutter zeigt auf ihren Körper)* bedient, um mit den Leuten in Kontakt zu bleiben.

Ja, da ist keine Person mehr – manchmal habe ich den Eindruck *(lachend)* einer Marionette *(Geste wie am Ende eines Fadens)*, deren man sich bedient, um mit den Leuten in Kontakt zu treten. Und weil die physischen Mittel so beschaffen sind *(wackelige Geste)* ... Ich fühle mich sehr stark – sehr stark und inexistent. Beides zusammen, verstehst du ... Man scheint wirklich verdummt zu sein.

Aber da *(Mutter öffnet die Arme nach oben und breitet sie langsam aus, als umarmte sie das ganze Universum)* ist es leuchtend, klar, stark und groß ... auch physisch. Und es ist PHYSISCH, das ist wirklich erstaunlich! Früher zog ich mich in einen inneren Wesenszustand zurück (all diese inneren Ebenen kenne ich gut, ich hatte die Erfahrung, ich führte ein bewußtes Leben) – all das ... ist vorbei. Es ist vorbei ... *(lächelnd)* Als bildete sich eine neue physische Ebene[1].

Natürlich bin ich für die gewöhnliche Sicht immer noch eine alte Person in einem Stuhl, die sich nicht frei bewegen kann; obwohl ich manchmal plötzlich den Eindruck habe, wenn ich aufstünde, könnte ich ohne Schwierigkeiten laufen ... Aber etwas sagt mir: „Geduld! Geduld!..." Und so warte ich eben.

Hartnäckig taucht immer wieder eine Idee auf *(Geste eines Hämmerns)*: Wenn mein Körper Hundert wird, werde er sich verjüngen. Das ist eine beharrliche Idee, die nicht von mir stammt und die so

---

1. „Er entdeckte die beiden Welten, ewig und in demselben Nest." Rig-Veda I.62.7

wirkt *(Geste des Hämmerns von oben)*, damit ich mich gedulde (aber ich bin nicht ungeduldig). Geduld.

Bis hundert sind es noch sechs Jahre, nicht wahr?

Ja, sechs Jahre, liebe Mutter, sehr wenig.

Aber die Fähigkeiten des Körpers werden sich ändern, BEVOR sich die Erscheinung des Körpers verändert – die Erscheinung ändert sich ALS LETZTES; und über diesen Punkt ist mir nichts bekannt, das steht nie zur Debatte. Die Frage ist, welchen Gebrauch das Bewußtsein davon machen kann. Und es wird keine „Jugend" sein, sondern eine andere Fähigkeit, die kommen wird, um sich des Körpers zu bedienen. Wohl um ihn zu transformieren? Oder für etwas anderes? Das weiß ich nicht … Ich weiß es nicht; seltsamerweise spreche ich nur davon und denke nur daran, wenn du da bist, als bestehe eine Notwendigkeit, daß jemand es weiß – sonst beschäftigt mich das nicht *(Geste mit offenen Händen)*.

Es gibt Stunden der Kontemplation, die Stunden sehr aktiver Arbeit sind. Sie dauern Stunden, erscheinen aber wie Minuten. So ist es jetzt.

(Schweigen)

Und du?

Es geht gut, liebe Mutter.

Oh, mein Kind!… *(Mutter nimmt Satprems Hände)*.

Du erfüllst mich.

Etwas … *(Mutter beugt sich)* etwas in mir nimmt dich und umarmt dich voller Zärtlichkeit.

(Kontemplation)

29. Mai 1972

(Gespräch mit Sujata. Am 29. Mai vor dreißig Jahren beschloß Sujata, bei Mutter zu bleiben. Sie war zwölfeinhalb Jahre, die jüngste Schülerin des Ashrams. Zum ersten Mal war sie nach Pondicherry gekommen, als sie neun war. Sie reicht Mutter einen Zweig des „Service"-Baumes. Dies war der letzte 29. Mai)

Das ist von deinem Baum.

(Mutter hält die Blumen lange und reicht sie Sujata zurück)

Ich habe etwas hineingetan. Es ist für dich und Satprem.

31. Mai 1972

(Mutter bleibt lange in sich gekehrt. Mutter fragte Satprem häufig, ob er keine „Fragen" habe, aber tatsächlich kam er nicht zu Mutter, um Fragen zu stellen. Er wollte sich selbst völlig auslöschen und ihre Erfahrung fließen lassen, soweit sie sie ausdrücken wollte, oder sie sich im Schweigen ausdrücken lassen, wenn sie das vorzog. Sein Mental, das stets tausend Fragen hatte, wollte er nicht in Bewegung setzen, denn ihm schien es nur die Atmosphäre zu vernebeln oder Mutter einen Zwang aufzuerlegen. Die Fragen schienen ihm nur von Wert zu sein, wenn sie wie ein innerer Drang spontan aufkamen, weil sie dann einer Erfahrung Mutters entsprachen. Satprem wollte nur eine Art Katalysator für das sein, was in ihr vorging. Und dann war da ihre Atemlosigkeit, die ihn schmerzte.)

Was hast du zu sagen?

Nichts Besonderes.

(Satprems Hände haltend) Was hast DU SELBST zu sagen?

Nichts, liebe Mutter … Ich möchte, daß die verborgensten Winkel des Wesens sich öffnen – das möchte ich.

Aus irgendeinem Grund kommt mir ständig (und seltsam beharrlich) das Bild unseres letzten Treffens, als du noch bei der Regierung warst[1]. Ich war gekommen, um dem neuen Gouverneur einen Besuch abzustatten, und du saßest im Zimmer ... nein, es war auf der Veranda. Dort stand eine lange Bank, auf der du saßest, und beim Hinausgehen sah ich dich dort, deine Silhouette zeichnete sich vor dem Himmel ab. Es war ein Balkon oder eine Veranda, ich weiß nicht mehr ...

Dieses Bild kommt mir immer wieder .... Warum nur? Erinnerst du dich daran?

Nein. [Satprem wollte sich nicht erinnern]

Warum hat sich das derart in mein Gedächtnis eingeprägt? ... Du warst nicht allein, zwei oder drei Personen waren dabei, ich weiß nicht genau. Ich weiß nicht einmal mehr, wer sie waren und wie sie aussahen oder sonst irgend etwas – ich sah nur dich. Und das ...

Es war das letzte Mal, daß ich zur Regierung ging. Du warst noch da, aber der Gouverneur war schon abgereist – es war Baron.

Warum das?

Du erinnerst dich nicht mehr daran, was du fühltest?

Nein, liebe Mutter.

Warum kommt das so beharrlich wieder?

Es war wie eine Vorahnung, welchen Platz du in meinem Leben einnehmen würdest.

Alles andere war verschwommen, unbestimmt – inexistent –, aber du ... Ich sehe es noch, als sei es gestern gewesen. Du saßest dort ... Du warst in einer recht spöttischen Laune[2].

Ich war ziemlich dumm.

Wie?

Damals war ich ziemlich dumm – jetzt bin ich es etwas weniger ...

(Mutter lacht)

Dank deiner.

(Schweigen)

Spöttisch – ich glaube nicht, liebe Mutter. Ich war nie ein Spötter.

Nein, nicht spöttisch ...

---

1. 1949 nach der Abreise des Gouverneurs Baron. Mutter sprach schon einmal von dieser Begegnung im Gespräch vom 1. September 1971 – *Agenda* Bd. 12.
2. Eher aufgebracht, daß Mutter dem Nachfolger des alten Gouverneurs ihren Besuch abstattete.

Ich war eher störrisch oder argwöhnisch.

Ja, genau! So ist es.
Als würdest du sagen: „Was soll das!" *(Lachen)*

Ach, Mutter, welche Gnade, dir begegnet zu sein!

(Mutter nimmt Satprems Hände)

Ich WEISS.

(nach einem Schweigen)

Oh, mein Kind, beide Dinge zusammen, das ist so unglaublich: eine ungeheure Macht – man hat wirklich den Eindruck, daß man nur das zu tun braucht *(Mutter macht eine Faust in der Luft)*, und es ist getan –, und gleichzeitig ... weiß man nichts, versteht nichts ... Ich erinnere mich an nichts. Da ist nichts mehr, nichts mehr ... *(Mutter berührt ihren Kopf, eine Leere andeutend)*. Entscheidungen gehen durch das Bewußtsein hindurch: sobald es gesagt oder getan ist, sind sie wieder verschwunden.

Ich erinnere mich an nichts mehr – nichts –, außer auf diese Weise *(Geste, einen Punkt in der Luft herauszugreifen)*, eine Sache unter Tausenden. Aber warum?

(Schweigen)

Da ist eine seltsame Erfahrung. Alle alltäglichen Ereignisse, die gewöhnlichsten Dinge: Aufstehen, Schlafengehen, Baden, der „Versuch" zu essen (denn das ist ein recht vergeblicher Versuch), all das ... scheint lächerlich zu sein, aber gleichzeitig das Gefühl, alles könnte ein Anlaß zum Sterben sein (es gibt nichts, das nicht Anlaß zu sterben sein könnte, das heißt, den Körper zu verlassen), und gleichzeitig – gleichzeitig – ein Gefühl der Unsterblichkeit. Das ist fast ... Das ist fast unbeschreiblich, so sehr ist es ... Diese beiden Gegensätze – nicht „Gegensätze" sondern... (nur in der Beschreibung sind sie gegensätzlich).

(Schweigen, dann lächelt Mutter, als habe sie etwas entdeckt)

Hör zu, das klingt völlig grotesk, aber ich sage es dir: Es ist so, als sei sich das Bewußtsein hier der göttlichen Entscheidungen bewußt – daß alles Anlaß sein kann, den Körper zu verlassen, wenn es dem Göttlichen beliebt, daß der Körper abdanken muß, und daß man in jedem Moment das Gefühl der Unsterblichkeit haben kann, wenn das Göttliche entscheidet, daß man das Gefühl der Unsterblichkeit haben soll. Die GLEICHE Sache. Verstehst du, was ich sage? Die GLEICHE Sache.

Nehmen wir zum Beispiel dieses Bild, das ich ständig von dir habe, auf der Bank sitzend und mich anschauend – so, als sagtest du: „Was soll denn das!", weil ich zum Regierungssitz gekommen war (zu Barons Zeiten ging ich sehr häufig dorthin, aber seit seiner Abreise nicht mehr). Dann kam ich noch einmal, und es war, als sagtest du: „Was soll denn das!" als ob … ja, als hättest du gedacht: „Man vergißt schnell" oder etwas in der Art[1] – jedenfalls warst du nicht sehr wohlwollend! *(Lachen)* Diesen Eindruck hatte ich … Und warum kommt das so wieder? … Das war also der Ausgangspunkt – der Ausgangspunkt einer großen Aktion zwischen uns beiden. Einer großen Sache zwischen uns beiden. Und warum diese ganz kleinen Geschichten in dem Augenblick, wo sich das Schicksal entschied?

Man könnte fast sagen, wohl deshalb, um zu beweisen, daß alle Erscheinungen Illusion sind.

Ja, ja.

Daß alle Erscheinungen Illusion sind – daß es etwas gibt … etwas, das für mich immer konkreter und ungeheuer machtvoll wird: der Wille des Herrn. Und es ist kein bewußter Wille nach unserer Art sondern etwas, das so ist *(Mutter senkt ihre beiden Arme weit ausgebreitet)*. Unaussprechlich. Es gleicht nichts uns Bekanntem. Und es ist ein gewaltiger Wille – gewaltig in dem Sinne, daß alle Erscheinungen, alle Widersprüche, alle Willensäußerungen nichtig sind: es ist DAS *(gleiche Geste mit offenen Armen, die sich in einer Allmacht senken)*. Das ist es. Ich fühle, daß DAS hier hindurchgeht [durch Mutter], als sei ich darin gebadet. Auf die Weise.

Es gibt nichts … hier ist nichts *(Mutter berührt ihre Stirn)*, da ist Leere, leerleerleer – hohl. Ich denke nicht. Es gibt kein Ich, es gibt kein … Es ist fast eine leere Schale, mit dieser so gewaltigen Macht *(weite, mächtige Geste mit offenen Armen)* …

(langes Schweigen)

Es muß das supramentale Bewußtsein sein, das versucht, Besitz zu ergreifen von … Dies [der Körper] ist wie eine Schale.

Eine Schale … Wird sich das ändern können? Ich weiß es nicht.

(Schweigen)

---

1. Mutter hat ein Gedächtnis!… Vor dreiundzwanzig Jahren hatte sie einige Sekunden mit uns verbracht, und sie erinnert sich sogar an das, was niemals ausgesprochen worden war. Satprem erinnert sich an die ganze Szene: Er war wütend auf Mutter, denn er meinte, sie verrate Baron, indem sie seinen Nachfolger besuchte (der alle Register gezogen hatte, um Baron auszuschalten).

Ständig habe ich den Eindruck ... *(weite, machtvolle Geste mit offenen Armen)*

(Schweigen)

(Lächelnd) Wirklich interessant.

(Schweigen)

Als wolle sich eine übermenschliche Kraft durch Jahrtausende der Machtlosigkeit hindurch manifestieren ... So ist das. Dies [der Körper] ist durch Jahrtausende der Machtlosigkeit entstanden. Und eine übermenschliche Kraft versucht ... übt Druck aus, um sich zu manifestieren. So ist das. Was wird das Ergebnis sein? Ich weiß es nicht.

(Schweigen)

Als habe sich an jenem Tag, als ich deine Silhouette vor dem Himmel sah ... als habe sich in DEM AUGENBLICK entschieden, welchen Platz du in dieser Schöpfung einnehmen würdest. Das ist wirklich, wirklich .... mirakulös interessant.

Und alles ist so – für alles. Es gibt AUGENBLICKE, wo die Dinge entschieden werden.

(Meditation, die Uhr schlägt)

Es gibt keine Zeit mehr.

(Mutter schüttelt den Kopf)

Als sei eine andere Zeit in diese hier eingetreten.

Juni

3. Juni 1972

Ständig, ständig sind da Dinge, die ich dir mitteilen möchte, doch ich habe keine Gelegenheit dazu. Und absolut nichts aus der gewöhnlichen Erinnerung, nichts. Wenn es kommt, kommt es; wenn es nicht kommt ... ist es verloren.

Phantastische Dinge.

(Schweigen)

Als wanderte ich auf einer ganz schmalen Linie: auf der einen Seite Dummheit, auf der anderen Seite Genie. Und ich gehe so *(Geste wie auf einem Grat)*

Wovon hängt es ab? Ich weiß es nicht.

Die alten Methoden sind veraltet und die neuen noch nicht fest begründet. Und es kommt ganz plötzlich: für einige Minuten ein blendendes Licht ... etwas Wunderbares, das Gefühl einer Macht über die ganze Welt. Und eine Minute später ist nichts mehr da.

Tag und Nacht ist es so.

Manchmal kommt völlig ohne erkennbaren Grund ein so schreckliches Unwohlsein, daß ich den Eindruck habe, der Tod sei nicht weit, doch dann ... sagt mir etwas: „Mach dir nichts draus!", als wachte Sri Aurobindo über mich – *don't mind, don't mind* ... Daraufhin ... *(Mutter öffnet die Hände)* Und nach einiger Zeit: weg, man weiß nicht wie.

(Schweigen)

Kann nicht mehr essen – ach, es ist schwierig. Das Essen ist das Schwierigste ... Nicht, daß mich die Nahrung ekelte, nichts von der Art, aber die Unmöglichkeit, sie zu schlucken. Ich kann trinken ... noch.

Hier ist nichts *(Geste zur Stirn)*, leer-leer-leer-leer ... Und wenn ich dann so verbleibe ...

(Mutter geht in Kontemplation)

4. Juni 1972

(Gespräch mit Sujata)

... Weißt du, die Leute sind so korrupt, zöge sich die Gnade auch nur für eine Sekunde zurück, so würde alles ... brrm! *(Geste einer Explosion).*

7. Juni 1972

Was bringst du? ... Und wie fühlst du dich?

Ich habe das Gefühl, deine Gegenwart besser zu spüren.

Ach!

Tatsächlich fühle ich, daß dies das einzige ist, was alles richtigstellen kann.

Das ist die Gegenwart des Herrn, die durch mich hindurchgeht – durch das, was ihr „mich" nennt. Eine Ansammlung von Zellen, die ... *(lachend)* schon seit sehr langer Zeit diese Form angenommen hat.

Ja, aber diese Form ist sehr ...

Sie ist ... Das ist ganz seltsam: Dieses Bewußtsein [der Zellen] vermittelt den Eindruck von etwas, das fließend sein möchte. Offensichtlich versucht etwas, den Körper dazu zu bringen, etwas anderes zu manifestieren – etwas anderes zu sein.
Anders sein, aber wie? ...

(Schweigen)

Der Körper fühlt sich nur dann wohl, wenn er sich der Aktion der göttlichen Kraft bewußt ist *(Geste eines Herabstiegs durch den Körper),* sonst ...
Jegliche Konzentration auf den Körper selbst erzeugt ein seltsames Unbehagen – ein Unbehagen, das nur aufhört, wenn der Körper sich der Kraft bewußt ist – der Kraft, die arbeitet *(dieselbe Geste eines Herabstiegs durch Mutter).* „Das" kommt und geht hindurch. Dann ist es nicht mehr ... man kann nicht sagen „die alte Weise", damit hat es nichts zu tun, es ist ... etwas.

(Lächelnd) Ein Ausdruck kommt mir auf englisch: The joy of nothingness [die Freude des Nichtsseins].

(Schweigen)

Hast du keine Fragen?

Persönlich hatte ich früher eher die Tendenz, mich Sri Aurobindo oder einer unpersönlichen Kraft zuzuwenden ... DER Kraft – DEM, dem Herrn, ich weiß nicht. Aber dies hatte überhaupt nicht dieselbe Wirkung wie jetzt, wo ich beginne, mich wirklich dir als Person zuzuwenden.

Ach!

Seitdem ich mich dir als Person zuwende, fühle ich tatsächlich eine entschiedenere Aktion.

Das ist möglich. Nur ist es eine Person, die ... es ist keine menschliche Person.

Ja, sicherlich!

Es ist eine supramentale Person. Etwas, das die Zellen noch nicht verstehen, aber sie wissen, sie spüren es. Sie fühlen sich, als würden sie gewaltsam in eine neue Welt geschleudert.

Das ist jetzt ständig so *(Geste eines Drucks und Herabstiegs)*. Und trotz der scheinbaren Schwäche (sie ist völlig illusorisch) ist da eine ungeheure Kraft.

Ja, gewiß.

Verstehst du, diese Kraft erscheint zu stark für den Körper; wenn er sich GANZ ruhig verhält *(Geste offener Hände)* und so inexistent wie möglich ist, dann geht alles gut.

Dann spürt man ... *(Geste eines Strömens durch den Körper)*
Diese Kraft ist ... ungeheuerlich.

Ja, die wenigen Tropfen, die wir davon erhaschen können, sind ... sind gewaltig.

Gewaltig.

Und es ist unmittelbar.

(Mutter geht für vierzig Minuten in Kontemplation, während sie Satprems Hände hält)

10. Juni 1972

(Mutter löst eine Girlande von „Patience"-Blumen von ihrem Handgelenk und gibt sie Sujata.)

Möchtest du Geduld?

(Sujata:) Das ist gewiß nützlich, liebe Mutter.

(Zu Satprem:) Was hast du gefühlt?

Wann denn?

Ständig, mein Kind!

Ich spüre, daß du immer mehr da bist, bei mir – deine Hilfe.

Ach, ja, das stimmt.
Aber ...
Die Hilfe wird immer präziser, immer bewußter, nur ... ich muß sagen, daß es SEHR schwierig ist.

Ja.

Aber das macht nichts. Nachdem wir akzeptiert haben, es zu tun, tun wir es. Und es ist nutzlos, sich zu beklagen. Die Macht – die Macht ist gewaltig, aber ... *(Mutter deutet auf ihren Körper)* es ist wie ein Hohn: die geringste Sache nimmt außerordentliche Proportionen an, auch physisch. Physisch ist es so seltsam, ich empfinde Stiche an einer Stelle, die gut bedeckt ist *(Mutter berührt ihr Bein)*, ein Moskito kann es unmöglich sein. Und ich weiß nicht ... man sagt, es gebe hier weder Flöhe noch Läuse.

Das sind sicher Ameisen, Mutter.

Ameisen beißen?

Ja, manche Ameisenarten tun das.

Aha, also Ameisen! Es gibt Ameisen, die beißen ...

Ja, ja. Ich wußte das auch nicht, und hier lernte ich es.

Das wußte ich nicht. *(Lachen)* So ist das also – sieh an ... danke!

(Lachen)

(Schweigen)

Aber ich möchte gern deine Beobachtungen erfahren.

Ich bin vielleicht nicht bewußt genug, es ist zu allgemein, aber ich habe den Eindruck, daß du immer gegenwärtig bist, und wenn ich nur ein wenig rufe, bist du sofort da, die Hilfe ist da.

Ja, das bestimmt.

Wenn ich mich ein oder zwei Jahre zurückerinnere, sieht man und fühlt man deutlich, daß jetzt eine ungeheure Kraft vorhanden ist.

Ja, es gibt einen Unterschied.

Einen gewaltigen Unterschied. Das ist offensichtlich ... Und manchmal fällt es mir auch auf den Kopf, und sogar ohne daß ich rufe.

Ja, ja.

Es kommt über mich, in dem Sinne, daß es wirklich wie eine ... ich weiß nicht, wie eine Masse von Macht ist, die herabkommt.

Ja, ja. Man muß wirklich absolut ... passiv empfänglich sein. Jede Tätigkeit bringt die alte Weise zurück (ich weiß nicht, wie ich das ausdrücken soll). Jetzt ist es immer so *(Geste mit offenen Händen)*.
Wenn ich so bin, verstreicht die Zeit in einer Sekunde. Die Zeit existiert nicht mehr[1]. Wenn hingegen die alte Weise zurückkehrt, sind einige Minuten endlos.
Etwas passiert wirklich ... es hat eine Auswirkung auf die Zeit.

Neulich sagtest du mir, wenn du dich so nach innen kehrst, sei es nicht wie damals, wo du dich in einen inneren Zustand zurückgezogen und gehandelt hast – du sagtest, jetzt gingest du nicht in Trance, du seiest einfach ...

Verinnerlicht.

Verinnerlicht. Und du sagtest: „Als bilde sich eine neue physische Ebene."

*(Mutter geht lange in sich
und kehrt dann mit einem Lächeln zurück)*

Ich erinnere mich (ich weiß nicht, ob es nachts war oder ..., aber es war ein Augenblick, wo ich ruhig war, wo niemand da war), ich

---

1. Am gleichen Morgen verblieb Mutter vierzig Minuten lang mit einem Glas Fruchtsaft in der Hand. Das Gespräch begann mit einer Stunde Verspätung.

erinnere mich, dir gesagt zu haben: „Sieh: DAS ist das Supramental. DAS ist es, ich weiß es, DAS ist das Supramental." Das sagte ich dir.

Und als ich das zurückbringen und im gewöhnlichen Bewußtsein bewahren wollte ... nicht im „gewöhnlichen" Bewußtsein: im Übergangsbewußtsein *(Geste einer Brücke)*, das ich ständig habe, da hat es sich ... wie verflüchtigt. Wenn ich nicht tätig bin und so verharre, ist es ganz offensichtlich: es ist DAS.

(Mutter geht in sich)

14. Juni 1972

(Eine ernsthafte und ergebene Person betreffend, die alte Gemälde im Louvre restauriert, die Satprem schrieb und ihn an den Brief erinnerte, den André Gide ihm 1946 geschrieben hatte, als Satprem auf dem Weg nach Indien in Ägypten war: „Mir wird klar, daß Gott noch nicht existiert und daß wir ihn gewinnen müssen." Und sie fügte hinzu: „So gelangen wir über zahllose bruchstückhafte Wahrheiten zu Der Wahrheit, der sich das gesamte Wesen nur noch vollkommen unterwerfen muß. Erst dann beginnt das wahre Leben, denn dann haben wir endlich gefunden, was das Herz in der Tiefe immer suchte, ohne es zu wissen." Und sie fragt Mutter: „Können wir dem Werk nicht besser helfen, wenn wir im Ashram leben?")

Ich glaube wirklich, es ist besser, sie bleibt in Frankreich. Es ist schwierig, hierher zu kommen.

Hast du gelesen, was Sri Aurobindo über den Ashram sagte? Er sagte, der Ashram sei repräsentativ für alle zu lösenden Schwierigkeiten und daß die von außen kommenden Leute, anstatt hier eine Hilfe zu finden, nach einiger Zeit in Schwierigkeiten gerieten. Es ist viel besser, sie bleibt dort.

Aber du kannst ihr versichern, daß ich sie sehr gut FÜHLE und bei ihr bin, meine Hilfe ist sehr bewußt bei ihr.

17. Juni 1972

> *(Mutter gibt Sujata und Satprem eine Girlande aus*
> *„Patience"-Blumen.)*

Wir brauchen viel, viel davon.

Ja!

Die Anzeichen sind immer offensichtlicher, aber wir brauchen eine unerschütterliche Geduld.

Die geringste falsche Bewegung erzeugt sofort ein schreckliches Unbehagen. Die unbedeutendste Sache.

Das Leben ist nur so erträglich *(Mutter öffnet ihre Hände nach oben).*

Und der Körper – der Körper selbst – fühlt sich wie ein kleines Baby, das sich in den Armen des Herrn wiegt. Und wenn er diese Haltung auch nur für wenige Sekunden verläßt, spürt er, daß es der Tod ist – die Auflösung.

Die kürzesten Stunden sind die der Nacht von 8:30 abends bis 6 Uhr morgens – ich schlafe nicht, aber … *(weite, schweigende Geste).*

Dann geht es gut.

> *(Schweigen)*

Und was hast du zu sagen?

Ich möchte gern, daß sich alle verborgenen Winkel meines Wesens öffnen.

Mein Kind, es heißt: Geduld, Geduld, Geduld, Geduld …

> *(Mutter geht in sich, während sie Satprems Hände hält)*

Fühlst du etwas?

Ja, liebe Mutter.

Wenn ich einmal in dieses Bewußtsein eintrete, ist es sehr schwierig, da wieder herauszutreten.

*
* *

> *(Beim Weggehen reicht Mutter Satprem eine Notiz, die sie gerade*
> *geschrieben hat:)*

Sri Aurobindo is an emanation of the Supreme who came on earth to announce the manifestation of a new race and the new world, the Supramental. Let us prepare for it in all sincerity and eagerness.

Sri Aurobindo ist eine Emanation des Höchsten, der auf die Erde kam, um die Manifestation einer neuen Spezies und einer neuen Welt anzukündigen: die supramentale Welt. Laßt uns in aller Aufrichtigkeit und Inbrunst dafür bereit werden!

---

18. Juni 1972

(Gespräch mit Sujata. Mutter tröstet Sujata, die gerade ihren älteren Bruder verloren hat. Dieses Bruchstück wurde aus dem Gedächtnis notiert.)

Das, was für jeden getan werden soll, wird getan.

Unser Bewußtsein ist beschränkt *(mikroskopische Geste)*, es sieht nur einen Teil. Das göttliche Bewußtsein ist ... *(Geste)*: es sieht.

Das, was für jeden getan werden soll, wird getan.

Wenn sich jemand dem Göttlichen hingegeben hat und Vertrauen in das Göttliche hat, kümmert sich das Göttliche um ihn. Und ... (wie soll ich sagen?) alles, was für dich getan werden soll, wird in jeder Minute getan; und wenn du selber das Göttliche bittest, sich um jemanden zu kümmern, wird auch das getan. Und es geschieht zum Besten. Aber dieses Beste ist so, wie das Göttliche es sieht.

Man muß Frieden haben. Den Frieden eines absoluten Vertrauens. Der Friede hat die Macht, die Hindernisse zu beseitigen.

21. Juni 1972

(Satprem liest Mutter einige „Notizen auf dem Weg" für das nächste Bulletin vor. Gegen Ende des zweiten Gesprächs scheint Mutter anderswo zu sein. Dann seufzt sie plötzlich und verbirgt ihr Gesicht zwischen den Händen. Wir beten.)

23. Juni 1972

(Mutter gibt Sujata das Manuskript einer Notiz, die sie für Auroville geschrieben hat:)

Jesus ist eine der zahlreichen Formen, die das Göttliche angenommen hat, um mit der Erde in Beziehung zu treten. Aber es gibt andere, und es wird noch viele andere geben. Die Kinder Aurovilles müssen die Ausschließlichkeit einer einzelnen Religion durch den weiten Glauben eines höheren Wissens ersetzen.

24. Juni 1972

(Mutter fühlte sich in den letzten Tagen nicht wohl. Sie hört sich die Lektüre des Gesprächs vom 6. Mai 1972 für das nächste Bulletin an: „Eine goldene Kraft drückt auf die Erde ... Eine absolut materielle Macht, die nicht auf materielle Mittel angewiesen ist ... Eine Welt, die sich in der Welt inkarnieren will.")

Was du da geschrieben hast, ist sehr gut –viel besser als das, was ich sagte.

(Satprem ist verblüfft:) Aber das ist doch die genaue Niederschrift dessen, was du gesagt hast!

(Mutter lacht, ohne überzeugt zu sein)

So ist es sehr gut geworden.

> *Aber genau das hast du gesagt. Ich habe Punkte und Kommas gesetzt, das ist alles (Lachen). Aber es ist wirklich alles.*

Diese Erfahrung wird immer klarer und präziser.

> *(Schweigen, Satprem schenkt Mutter eine Blume: „Supramentales Licht im Unterbewußtsein". Mutter behält sie in ihrer Nähe.)*

Möchtest du mich etwas fragen?

> *Ich glaube, Sujata wollte dich etwas fragen.*

Gut.

> *(Sujata:) Liebe Mutter, neulich sagtest du mir, daß für jene, die sich aufrichtig dem Göttlichen hingeben, alles Nötige getan wird.*

Ja, ja.

> *Und dann hast du weiter gesagt: „Wenn eine solche Person für jemand anderen um etwas bittet, wird auch das getan."*

Ja, aber nicht so total.

Das, was in der Person nicht aufnahmebereit ist, entstellt die Handlung.

Nimm zum Beispiel jemanden, der krank ist und an die Wirklichkeit seiner Krankheit GLAUBT; im Maße seines falschen Glaubens vermindert sich die Wirkung der Aktion.

Das läßt sich schwer erklären. Was wolltest du denn fragen?

> *(Mit einem schelmischen Lächeln:) Ich wollte wissen, ob es dir hilft, wenn ich zum Beispiel Sri Aurobindo bitte: „Möge es Mutter gut gehen!"*

Aber Mutter geht es gut!

Gestern Nachmittag mußte ich mich erbrechen – aber ich war nicht krank. Ich kann das nicht erklären … Die Art der Nahrungsaufnahme muß sich ändern, und die Übelkeit diente dazu, mir die Haltung verständlich zu machen, in der ich die Dinge zu mir nehmen muß. Folglich war ich nicht krank: es SCHIEN, als sei ich krank, aber es geschah nur, um mir die Haltung verständlich zu machen, in der ich essen muß. Es war wie eine Lektion – ich habe verstanden. Wäre mir nicht übel geworden, hätte ich die Lektion nicht kapiert.

Das ist sehr kompliziert, mein Kind.

Die Leute in meiner Umgebung müssen sich mir gegenüber auf eine bestimmte Weise verhalten und bestimmte Vorsichtsmaßnahmen treffen; und um dies zu tun, müssen sie gewisse Dinge denken und glauben, sonst täten sie es nicht. Dann geschieht es ganz natürlich so. *(Sich zu Satprem wendend)* Ich weiß nicht, ob du verstehst.

Ja, ich verstehe.

Bis ins kleinste Detail ist alles organisiert – es ist nicht geplant, wie wir es in unserem gewöhnlichen Bewußtsein planen: Die Kraft übt einen DRUCK aus und bewirkt das gewünschte Resultat. Ich könnte fast sagen: durch jedes beliebige Mittel – durch jedes nötige Mittel. Eine Kraft DRÜCKT auf die Erde und veranlaßt die Menschen, die unglaublichsten Dinge zu tun – die scheinbar schlimmsten wie die besten –, damit ... damit das Resultat zustandekommt.

Mehr und mehr ist es so.

Alle unsere Vorstellungen von Gut und Böse sind ...

Wir müssen unsere Reaktion den Dingen gegenüber bewahren, eben unsere Reaktion gegenüber dem „Guten" und dem „Bösen", die menschliche Auffassung von Gut und Böse (eine „Auffassung", die nicht nur rein menschlich sondern eine Übertragung der Harmonie ist) ...

> *(Mutter geht in sich und kehrt zurück,*
> *wobei sie eine Geste macht,*
> *als strömten Wellen durch ihre Fingerspitzen)*

Schwingungen ... Schwingungen, die das Göttliche übertragen, ohne es zu entstellen. Das ist es. So muß es sein. Je nach den Umständen und Menschen nimmt es die eine oder andere Form an – verstehst du?

Ja, ich verstehe.

Alles, was wir sagen, ist noch Teil unserer alten Ausdrucksweise.

> *(Schweigen)*

Die Aktion ist offensichtlich ... Und die Autorität des Egos verschwindet – immer mehr. Eine totale Akzeptanz, sogar ohne das Bedürfnis zu verstehen; immer wollen wir auf die alte mentale Weise verstehen – es besteht KEIN BEDÜRFNIS zu verstehen. So eine Annahme *(Geste mit offenen Händen)*.

Unter dem Druck müssen die alten Reste der Autorität des Egos verschwinden und durch dies *(gleiche Geste mit offenen Händen)* ersetzt werden: eine Aufnahmebereitschaft und ein Gehorsam (kein „Gehorsam", denn es hat kein Bedürfnis zu verstehen): völlig vom Göttlichen bewegt sein. Anstelle des Egos ist es das. Die alten Reste des Egos verschwinden und ... *(Geste mit offenen Händen)* werden ersetzt durch... *(die gleiche Geste)*

Ich habe ständig (vielleicht hundertmal am Tag) den Eindruck, ein kleines Baby zu sein *(Geste, mit Armen und Beinen zu strampeln)*, ganz umhüllt und gewiegt von den göttlichen Kräften. *(Lachen)* In der Art.

Es gibt immer noch ... Es ist nicht völlig transparent, es gibt noch alte Dinge, alte Einflüsse des Egos im Körper, die ein Knirschen und Reibungen hervorrufen. Ansonsten ... wie ein Baby.

Wie ein Baby.

28. Juni 1972

(Zuerst hört sich Mutter die Lektüre mehrerer Briefe von Sri Aurobindo an Nirod an, darunter diese beiden, die ihr auffallen und sie amüsieren:)

Warum nicht etwas über das Supramental schreiben, das die Leute so schwer zu verstehen finden?

Was nützt das? Wieviel würden die Leute verstehen? Im übrigen besteht die gegenwärtige Arbeit darin, das Supramental herabzubringen und es zu etablieren, nicht darin, es zu erklären. Wenn es sich etabliert, wird es sich selbst erklären – wenn es sich nicht etabliert, ist es unnütz, es zu erklären. In vergangenen Schriften habe ich bereits einiges zu diesem Thema gesagt, aber ohne irgend jemanden aufzuklären. Warum den Versuch wiederholen?

8.10.1935
On Himself, XXVI.164

*
* *

Was für Schüler sind wir doch, und welchen Meisters! Hätten
Sie doch nur eine bessere Substanz gewählt oder herbeigerufen.

Was die Schüler betrifft, bin ich einverstanden. Ja, aber wäre die
bessere Substanz, falls es diese überhaupt gibt, charakteristisch
für die Menschheit gewesen? Sich mit einigen außergewöhnli-
chen Sonderfällen zu befassen, löst das Problem nicht. Und würden sie einwilligen, meinem Weg zu folgen? – Das ist eine andere
Frage. Und wenn man sie auf die Probe stellte, würde dann nicht
plötzlich die gewöhnliche Menschlichkeit zutage treten? – Das ist
eine weitere Frage.

3.8.1935
On Himself, XXVI.178f

*
* *

Seltsamerweise kommt es in Schüben. Plötzlich kommt ein Schub,
wo alles klar ist, wo ... das Supramental offensichtlich ist. Und der
Körper sieht, sieht sogar, was von ihm erwartet wird. Und nachher,
pluff! *(Geste eines Zurückfallens)* verhüllt es sich wieder.

Dies sind sozusagen zwei verschiedene Arten, mit dem Göttlichen in
Beziehung zu sein – alle beide sind Beziehungen zum Göttlichen: die
eine ist die alte Weise und die andere die neue. Früher, wenn ich eine
Schwierigkeit hatte, kuschelte ich mich sofort in die Beziehung zum
Göttlichen, und die Schwierigkeit verschwand. Jetzt ist das nicht mehr
so. Die Beziehung zum Göttlichen selbst ist von anderer Art.

Also das ... *(Mutter macht eine Geste des Nichtwissens)*

Als sei meine Rettung, die Rettung, die ich während meines ganzen
Lebens hatte und die mir half, alles durchzustehen, verschwunden.
Jetzt ... ist es nicht mehr so. Jetzt gilt es, darüber hinauszukommen.
(Mutter schüttelt den Kopf und hebt die Hände hoch, als wollte sie sagen:
Wie soll ich das nur anstellen?)

(Mutter geht in sich)

187

Juli

1. Juli 1972

Magst du die Geduld?

(Mutter gibt Satprem ihre Girlande von „Patience"-Blumen)

Ja, die ist sicher nützlich.

Was hast du zu sagen?

Hast du die neue Haltung gefunden?

Ich weiß es nicht.
Ich bin nicht mehr die gleiche Person.
Alle, wirklich alle Reaktionen sind neu. Aber ich finde nicht … Der einzige Anker ist, daß ich in jeder Minute das Gefühl habe, mich am Göttlichen FESTZUKLAMMERN. Dies ist das einzige Heil.
So ist der Körper.
Der Körper hat die Erfahrung, daß er ohne das Göttliche … zusammenbrechen würde.
Tatsächlich hat er immer mehr den Eindruck, gar nicht zu existieren – keine getrennte Persönlichkeit zu haben *(Mutter berührt die Haut ihrer Hände)*.
Aber er fühlt deutlich, daß dies ein Übergangsbewußtsein ist – wie wird das endgültige Bewußtsein sein? Ich weiß es nicht.

(Schweigen)

Der Körper bittet das Göttliche: „Schenk mir Bewußtsein!" Darauf, wie eine Antwort (eine Antwort ohne Worte): „Noch nicht, du würdest nicht mehr getrennt leben wollen." Auf diese Weise. Daß der Körper, wenn er das volle Bewußtsein der göttlichen Gegenwart hätte, kein getrenntes Bewußtsein mehr haben wollte.
Offensichtlich muß noch ein großer Fortschritt gemacht werden.

(Schweigen)

Hast du nichts zu fragen?
Ich möchte nicht sprechen.

Ja, natürlich.

Alles, was noch vom persönlichen Bewußtsein übriggeblieben ist, fühlt sich so dumm an! … Wenn ich so bin *(Geste, reglos im Herrn)* … ist es gut.

(Mutter geht in sich)

5. Juli 1972

Ich esse fast gar nichts mehr. Ich weiß nicht ... Ich kann einfach nicht schlucken.

Dringen die Energien denn nicht in den Körper ein?

Ich weiß nicht.
Ich fühle mich nicht schwach.
Aber ich „spüre" keine Energien eindringen.

(Schweigen)

Ich weiß nicht ...
Hast du nichts zu fragen?

Könnten sich doch bloß ALLE Teile des Wesens deinem Licht öffnen... – Ist das möglich?

Aber sicher ist das möglich!

(Mutter geht in sich)

8. Juli 1972

Hast du keine Fragen?

Ich frage mich immer, was du tust, wenn du so nach innen gehst?

(nach einem Schweigen)

Es ist nicht immer gleich.

(Schweigen)

Der Körper versucht, ausschließlich unter dem Einfluß des Göttlichen zu sein.

Das ist seine ständige Beschäftigung.

Die äußerlichste Form ist das Mantra: der Körper wiederholt spontan das Mantra, aber das ist die äußerlichste Form.

Er versucht. Er versucht zu … *(Geste mit offenen Händen)* Er betet und versucht, nur die göttliche Kraft zu empfangen.

Das Essen bereitet weiterhin große Schwierigkeiten. Der Körper weiß, daß er noch essen muß, aber er empfindet keinen Hunger, und die Nahrung erscheint ihm … Er ißt nur noch aus einer Art Gewohnheit und als Notwendigkeit.

Auch nimmt er sehr wenig zu sich.

(Mutter geht in sich)

12. Juli 1972

Ich bin immer zu spät dran! … Ich glaube, wir müssen die Zeit auf halb zehn festlegen [anstatt zehn Uhr].

Wenn du halb zehn sagst, wird es elf Uhr sein! (Lachen)

Ja, ja! *(Mutter gibt Satprem einen Klaps auf die Schulter)*
Was hast du zu sagen?

Nun, ich kann nur sagen, daß Mutter nicht viel sagt!

(Schweigen)

Früher … fiel dir das Sprechen leichter.

Ja.

(langes Schweigen)

Ich habe den Eindruck, eine andere Person zu werden.

Nein, es ist nicht nur das: ich berühre eine ANDERE Welt, eine andere Seinsweise, die (mit dem gewöhnlichen Bewußtsein) als eine gefährliche Seinsweise bezeichnet werden konnte. Als ob …

Gefährlich, aber wunderbar – wie soll ich sagen?

Vor allem ist das [körperliche] Unterbewußte dabei, sich zu transformieren, und das ist langwierig, schwierig, schmerzhaft ... aber auch wunderbar. Und der Eindruck ... *(Geste wie auf einem Grat zu stehen)*

Mehr und mehr spürt der Körper, daß allein der Glaube rettet – das Wissen ist noch nicht möglich, und folglich rettet allein der Glaube.

„Der Glaube rettet" klingt wie eine alte Redensart ... Wie soll ich sagen? ... Der Eindruck, daß die Beziehung zwischen dem, was wir das „Leben" nennen, und dem, was wir „Tod" nennen, sich zunehmend verändert – anders *(Mutter schüttelt den Kopf)*, völlig anders.

Verstehst du, nicht der Tod verschwindet (der Tod, wie wir ihn auffassen, wie wir ihn kennen, und in Bezug auf das Leben, wie wir es kennen): so ist es nicht, ganz und gar nicht. BEIDE sind dabei, sich zu verwandeln ... in etwas, das wir noch nicht kennen, das zugleich äußerst gefährlich und ganz wunderbar erscheint. Gefährlich in dem Sinne, daß der geringste Fehler furchtbare Folgen hat. Und wunderbar.

Es ist das wahre Bewußtsein der Unsterblichkeit – nicht „Unsterblichkeit", wie wir sie auffassen: etwas anderes. Etwas anderes.

Wir wollen immer, daß gewisse Dinge wahr seien (die uns günstig erscheinen) und daß andere verschwinden mögen – so ist es aber nicht! ALLES ist anders.

Anders.

Von Zeit zu Zeit, für einen Augenblick (einen kurzen Augenblick): eine Verzückung. Und dann sofort das Gefühl ... eines gefährlichen Unbekannten. Siehst du, so verbringe ich meine Zeit.

(Schweigen)

Das Unterbewußte ist voller Angst und Sorge, oh! ... ein abscheulicher Ort *(Geste von Dingen, die von unten hochsteigen)*.

(Schweigen)

Es glaubt nicht einmal an seinen Glauben! Es ist so: es glaubt, daß sein Glaube nicht das Wahre ist, es glaubt nicht einmal an seinen Glauben.

Das ganze Leben ... Das Leben war leicht wegen dieses Glaubens, der alles beherrschte, und jetzt ... *(Geste eines Zusammenbruchs)*

15. Juli 1972

Hast du etwas?

Nein, nichts Besonderes, außer daß es schwierig ist.

Keine Fragen?

Es ist schwierig.

(Schweigen)

Hier sind einige Dinge für dich *(Mutter sucht neben sich)*, es ist in einem Umschlag.

Man darf eine religiöse Lehre nicht mit einer spirituellen Lehre verwechseln. Die erstere gehört der Vergangenheit an und hält den Fortschritt auf, die spirituelle Lehre hingegen ist die Lehre der Zukunft. Sie erleuchtet das Bewußtsein und bereitet es auf die zukünftige Verwirklichung vor.
Die spirituelle Lehre steht über den Religionen und strebt nach einer totalen Wahrheit. Sie lehrt uns, in eine direkte Beziehung zum Göttlichen zu treten.

Das ist für eine Dame, die irgendwoher kam und in einer Schule lehren wollte, in der man Religionsunterricht gibt. Da habe ich ihr dies geantwortet.

Dann ist da die Botschaft, die du für den 15. August dem Sender „All India Radio" gegeben hast.

„Sri Aurobindos Botschaft ist ein Sonnenstrahl, der über der Zukunft erleuchtet."

Hast du eine Botschaft für das Darshan hier [am 15. August]?

(nach einem Schweigen)

Man könnte sagen:

„Sri Aurobindos Botschaft erstrahlt über der Zukunft wie eine unsterbliche Sonne."

(Schweigen)

Hast du nichts?

Letztes Mal sprachst du über den Unterschied zwischen Leben und Tod. Du sagtest, das Leben sei nicht mehr, wie es war, aber auch der Tod nicht …

Ja.

(Mutter wischt die Frage mit einer Geste beiseite)

Ich will auf diese Art LEBEN ... Ich weiß nicht.

(Mutter geht lange in sich, um dann zurückzukommen)

„Sri Aurobindos Botschaft ist ein unsterbliches Sonnenlicht, das über der Zukunft erstrahlt."

Das ist es. Das ist viel besser.

(Mutter geht bis zum Ende wieder in sich)

19. Juli 1972

Geht es gut?

Nicht besonders.

Warum?

Ich weiß nicht.

Was ist los?... Liegt es am Kopf oder am Körper?

Ach, nein, es ist mehr im Inneren.

Oh, dort muß es gut gehen. Im Inneren sind wir die Meister – wir brauchen nur zu wollen, daß es uns gut geht, und es geht gut. Nur dies hier *(Mutter deutet auf ihren Körper)* gehorcht nicht ganz.

*(langes Schweigen,
Mutter hält Satprems Hände)*

Im Unterbewußten ist eine Masse von Pessimismus. Genau das steigt jetzt hoch, denn das müssen wir ABSOLUT ändern, wir müssen das Unterbewußte klären, damit die neue Spezies kommen kann. Das ist ein Sumpf, voller Pessimismus: die erste Reaktion ist stets pessimistisch. Ekelerregend, mein Kind, ich habe das gesehen, ich arbeite gerade daran ... ein abscheulicher Ort.

Wir müssen absolut ... Wir müssen eindeutig und energisch sein –
furchtlos, weißt du. Es MUSS sich ändern.
Abscheulich.
Und es steigt hoch ... *(von unten aufsteigende Bewegung)*

(Schweigen)

Eine ungeheure Energie wird durch diese unwürdige Sache blok-
kiert.

(Mutter gibt Sujata Blumen)

Hier, möchtest du eine Girlande?
Wir müssen ... *(zu Satprem)* Es steht in deiner Macht, dies zu ...
(Mutter dringt mit ihrer Faust in die Materie). Der Pessimismus und die
Entmutigung sind Teil des Unterbewußten– das MUSS sich ändern,
unbedingt. Der Pessimismus ist das Anti-Göttliche.

(Schweigen)

Es gibt nur eines: zu wollen, was das Höchste Bewußtsein will – was
auch immer nach unserer kleinen, gewöhnlichen Sichtweise die Folgen
sein mögen.
Ich bin so *(Mutter öffnet die Hände)*: wollen, was Du willst.

Habe ich eine Beziehung zu diesem Höchsten Bewußtsein?

Oh, mein Kind, diese Frage stellt sich gar nicht!
Sicher hast du eine Beziehung – sogar eine bewußte Beziehung.

(Schweigen)

*Ich habe in meinem Leben viele schreckliche Dinge durchge-
macht ...*

Ja, für alle ist das so.

*Aber ich glaube, daß ich eine besondere Ladung abbekommen
habe.*

Glaubst du nicht, daß auch ich meine Dosis davon hatte?

Doch, gewiß.

Und weiter?

*Bevor ich dich und den Ashram kannte, hatte ich immer den
Eindruck, als stehe etwas hinter mir ...*

Ja.

Etwas, das mir half.

Ja, sicher! Gewiß war da etwas: es ist DAS.

Ich nenne es das „Höchste Bewußtsein", denn ich will nicht von „Gott" sprechen ...

Ja, natürlich.

Es ist voll von ... das Wort selbst ist so voller Lüge. Das ist es nicht, nein ... Wir SIND das Göttliche, das sich selbst vergessen hat. Und unsere Arbeit besteht darin, die Verbindung wiederherzustellen – der Name selbst spielt keine Rolle. Die Vollkommenheit, die wir werden sollen, darum geht es.

Die Vollkommenheit, die Macht, das Wissen, das wir werden sollen, das ist alles. Nennt es, wie ihr wollt, mir ist das völlig egal. Aber diese Aspiration müssen wir haben. Wir müssen uns erheben aus diesem Morast, dieser Dummheit, dieser Unbewußtheit, dieser abscheulichen Entmutigung, die uns erdrückt, weil wir uns erdrücken lassen.

Und wir haben Angst, wir fürchten um das Leben dieses Dinges *(Mutter berührt ihre Hände)*, als sei es ... weil wir bewußt bleiben wollen. Laßt uns eins werden mit dem Höchsten Bewußtsein, und wir werden ewig bewußt sein! DAS ist es, das ist es.

Man könnte sagen: wir vereinigen unser Bewußtsein mit dem, was verschwinden soll, und haben Angst abzutreten[1]! Doch ich sage: Laßt uns unser Bewußtsein mit dem ewigen Bewußtsein vereinen, und wir werden das ewige Bewußtsein haben.

Das ist so unsagbar dumm.

(Schweigen)

Siehst du, wenn du da bist, kann ich diese Dinge ausdrücken, denn in deiner Atmosphäre ist das, was ich brauche, um sie ausdrücken zu können.

Wir müssen, wir müssen das in den Dienst des Göttlichen stellen – immer. Immer. Mit einem Glauben, mit einem absoluten Glauben: Das Göttliche möchte, daß dies geschieht. Und das Göttliche ... Ich nenne es „das Göttliche", denn ich weiß, was ich damit sagen will: das höchste Wissen, die höchste Schönheit, die höchste Güte, der höchste Wille – alles ... alles, was sich manifestieren muß, um ausdrücken zu können ... was ausgedrückt werden muß.

(langes Schweigen)

---

1. Tatsächlich kämpfte Mutter nicht nur mit der Negativität des Unterbewußten sondern auch mit dieser „Formation des Todes", die in der Luft lag.

Wir verabscheuen die Welt, so wie sie ist – dabei steht es in unserer MACHT, sie zu ändern, und es ist so jämmerlich, daß wir unsere dumme kleine Person nicht ablegen können, damit ... damit dieses Wunder sich erfüllt.

Und all das hat sich im Unterbewußten angesammelt: Alles, was wir von uns gewiesen haben, ist da, und jetzt muß es mit der transformierenden Kraft in Kontakt gebracht werden ... damit die Zeit dieser Unbewußtheit zu Ende sei.

(Mutter geht eine halbe Stunde lang in sich)

Mein Kind.

*
* *

(Das folgende war schon das Thema mehrerer Gespräche im vergangenen Jahr und wird es unglücklicherweise noch mehrmals sein. Es handelt sich um den Verkauf von Satprems Büchern im Ausland und einen Handel mit fremden Währungen, auf den hinzuweisen er so unverschämt oder unvorsichtig war, aber vor allem betraf es Leute, die Mutter schlicht und einfach betrogen. Satprems Bücher stellten tatsächlich nur einen kleinen Ableger einer großangelegten Manipulation dar, die alle Werke Sri Aurobindos umfaßte. Wie Don Quichotte warf er sich in eine Schlacht, deren Ausgang vorauszusehen war. Es sei daran erinnert, daß der leitende Buchhändler von SABDA der Bruder desjenigen war, der versuchen wird, sich Aurovilles zu bemächtigen. Wir erwähnen diese Angelegenheit nur, weil sie die Gesamtsituation symbolisiert.)

Hast du nichts zu fragen?

Ich hätte ein materielles Problem, aber vielleicht ist es schon zu spät?

Wie viel Uhr ist es denn?

Zehn nach elf.

Worum geht es?

Ach, ein ärgerliches Problem! Es geht um meine Bücher, die bei der „All India Press" sind.

Darüber mußt du mit André[1] sprechen, mein Kind.

---

1. André ist Mutters Sohn. Erst nach Pavitras Weggang 1969 versuchte Mutter, ihm einige Verantwortung zu übertragen. Ein schwacher Mann, der sich von allen manipulieren ließ. Er war Mutters Sohn, aber auch, und das vergessen wir zu oft, der Sohn seines Vaters.

Ja, ich habe schon mit André gesprochen. Ich weiß nicht, was sie mit meinen Büchern anstellen. Sie legen mir gegenüber keinerlei Rechenschaft ab, sie fragen mich nicht, wenn sie etwas tun. Ich weiß nicht, was sie in Europa mit meinen Büchern anstellen – besonders in der Schweiz – sie halten mich über nichts auf dem laufenden, ich habe keinerlei Kontrolle über das Geschehen. Ich schrieb einen Brief an M [den Direktor von All India Press] einen höflichen, freundlichen Brief, in dem ich darum bat, mich auf dem laufenden zu halten, was sie mit meinen Büchern machten – er hat mir nie geantwortet. Dann dachte ich, man müßte etwas an M schreiben, und daß nur du die Macht dazu habest.

Es ist nicht M, es ist … *(Mutter sucht nach dem Namen)*

SABDA?

Ja.

Ich möchte nun ein kurzes Schreiben aufsetzen, und auch André billigt diese Notiz. Möchtest du, daß ich sie dir vorlese?

Was ist es?

Ich habe es adressiert an „All India Press".

Nein, man muß SABDA ansprechen.
Gut. [Satprem liest:]

„Satprems Bücher werden nur mit seiner ausdrücklichen Zustimmung übersetzt, wiederaufgelegt oder unter Vertrag genommen …"

Das ist offensichtlich. Natürlich!

Nun, ja, aber … Und danach:

„An jedem Jahresende muß ihm eine Verkaufsbilanz zugesandt werden und unterdessen ein Auszug vom Beginn der Verkäufe bis zum heutigen Tag."

Das heißt, in jenem Jahr haben wir so und so viele Bücher verkauft und in jenem so und so viel – wissen, wieviele Bücher sie verkaufen.

Das ist gut.

Ich hatte darum gebeten – sie haben niemals geantwortet. Die einzige Lösung ist, daß du das Schreiben schickst …

Ja, sicher. Aber ich werde das durch André tun.

Gut. Wenn du es unterschreiben willst, werde ich es André geben. Anstatt es also an All India Press zu adressieren, soll ich es an wen richten? An SABDA?

Schreib einfach SABDA danach, unter das andere.

Nur damit ich auf dem laufenden gehalten werde, verstehst du. Sie machen alles mögliche, ohne darüber zu sprechen.

(Mutter bleibt versunken)

22. Juli 1972

Hier ist etwas für dich.

(Mutter tastet in ihrer Nähe und gibt Satprem eine Notiz)

Der Mensch ist die Schöpfung von gestern.
Sri Aurobindo ist gekommen, um die Schöpfung von morgen anzukünden.

Hört es da auf?
Ich schrieb es auf französisch und sagte „die Schöpfung von morgen, die Ankunft des supramentalen Wesens". Wenn ich nicht „supramentales Wesen" sage, werden sie es sonst mit „Übermensch" übersetzen. Es ist die Ankunft des supramentalen Wesens.
Wir stehen gerade auf halbem Wege. Wir sind nicht mehr hier und noch nicht da – der Augenblick, der am meisten …

(kurzes Schweigen)

*
* *

(Satprem hatte die von Mutter unterschriebene Notiz an SABDA *und an „All India Press" geschickt. Wie zu erwarten war, gab es eine sofortige Reaktion, und Satprem wurde beschuldigt „es aufs Geld abzusehen". Mutter hatte vorausgesehen, in welches Wespennest Satprem treten würde, und sie hatte ihm am Vortag einen Brief geschrieben – den er nicht verstanden hatte –, um ihm zu bedeuten,*

*anderswohin zu gehen, in ein anderes Bewußtsein, statt sich mit
diesen Schwindlern herumzuschlagen. Das folgende Gespräch ist
die traurigste Erinnerung an seine langjährigen Treffen mit Mutter.
Es war so schmerzlich, Mutters Müdigkeit zu sehen und trotzdem
kämpfen zu müssen, um die Lüge zu entlarven – als würde sie
sie nicht kennen! Aber wir berichten hier einen geschichtlichen
Ablauf und versuchen, die Tatsachen und Charaktere auf möglichst
genaue Weise zu schildern.)*

Was habe ich dir geschrieben?

Du hast mir ungerechtfertigte Dinge geschrieben.

Ungerechtfertigte?

Ja.

Das würde mich erstaunen … Das kam nämlich nicht von mir
selbst. Was waren denn die ungerechtfertigten Dinge?

Du sagtest, meine Handlung sei verzerrt.

Nein, das habe ich sicher nicht gesagt.

*So habe ich es aber verstanden … Danach hast du mir geschrie-
ben [in einem zweiten Brief], daß du mir vertraust …*

Aber natürlich!

*Nun, wenn du mir vertraust, müßtest du mich verteidigen und
mir helfen.*

Verteidigen?

Und mir helfen.

Gegen wen verteidigen?

*Heute morgen wollte ich dich eigentlich gar nicht sehen. Ich
bin gekommen, weil Sujata mich dazu überredet hat. Sie sagte,
wenn ich fortginge, würden die weniger guten Elemente bleiben,
und diese würden dir nicht helfen. Ich bin aus Pflichtgefühl
gekommen.*

So verärgert bist du?

Ja, denn ich denke, daß …

Liebst du mich überhaupt nicht?

Aber darum geht es doch nicht! Es geht um ein praktisches Problem.

Ein praktisches Problem?

Ja.

Die praktischen Angelegenheiten sind völlig verwirrt.

Genau darum, liebe Mutter. Wenn du gewissen Personen vertraust, mußt du ihren Worten glauben und nicht nachgeben oder auf andere Leute hören, die dich täuschen.

Aber ich weiß nicht, was du sagen willst, denn ... *(Mutter legt ihre Stirn in ihre Hände)* Ich verstehe nichts mehr.

Ja, ich weiß, daß du diese materiellen Dinge nicht mehr verstehst. Ich habe dir die Situation mehrmals erklärt. Ich habe dir gesagt, daß ich „SABDA" um Auskünfte gebeten habe.

Aber haben sie sie dir nicht gegeben?

Natürlich nicht.

Aber ich habe es ihnen doch gesagt, ich habe ihnen geschrieben, daß sie sie dir absolut geben müssen.

Ja. Daraufhin schreibt dir M [der Direktor von „All India Press"] einen Brief, und du antwortest ihm: „Ich bin sehr zufrieden mit Ihrer Arbeit." Schlußfolgerung, er sagt sich: „Prima, ich fahre fort wie bisher."

Nein, ich habe ihm mitgeteilt, er müsse ... Hat André dir das nicht gesagt?

Aber genau das hat André mir gesagt! André teilte mir mit: „Mutter ließ M wissen: Ich bin sehr zufrieden mit Ihrer Arbeit." Demnach ist alles gut!

Das ist ja ungeheuerlich!

Aber ja! Verstehst du, in der wesentlichen Wahrheit gibt es keinen Zweifel, ich stehe für alle Ewigkeit zu dir. Gut. Wenn ich in der Materie bin, muß ich aber nach den Gesetzen der Materie kämpfen, mit der Wahrheit, die ich besitzen kann. Auf dieser Ebene habe ich eine Lüge gesehen, und ich kämpfe gegen diese Lüge, und ich erbitte deine Hilfe gegen diese Lüge ... Sonst muß man sich völlig aus der Aktion zurückziehen.

Aber ich kenne die Lüge. Ich habe es M gesagt. Das ist mir völlig unverständlich, denn ich habe M nicht nur gesagt, daß er nicht so handeln soll, sondern auch, was er tun solle. Ich verstehe nichts mehr ...
Was ist los ...? Da ist etwas schief gegangen.

Ja, diese Leute haben die große Fähigkeit, alles zu verwirren. Darin liegt ihre Macht: sie verwirren alles.

M vertraue ich überhaupt nicht. Ich glaube überhaupt nicht, was er mir sagt. Ich habe ihm das mitgeteilt ... Man entstellt also, was ich gesagt habe?... Nein, ich verstehe wirklich nichts mehr. Ich habe das nicht nur M gesagt, sondern auch ... wie heißt er?

B [„Sabda"].

B, ja. Und B sagte, daß ich völlig recht habe. Worin liegt also die Verwirrung[1]?

Ja?

(Schweigen)

Was ich dir geschrieben habe ...
Willst du mir wohl noch einmal vorlesen, was ich dir geschrieben habe? ... Ich spreche das nicht gern aus, aber um die Wahrheit zu sagen, war es Sri Aurobindo, der kam und mir auftrug, dir das mitzuteilen. Es mußte ein Grund dafür vorliegen, mein Kind.

Ja. Du hast mir folgendes gesagt:

Der individuelle Mensch, was immer auch sein Wert ist, ist nur ein Punkt im Universum ...

Ja, sicher.

Das war es.
Und dann?

... Er beginnt erst dann, wirklich zu existieren, wenn sein Bewußtsein durch die Vereinigung mit dem Göttlichen universell wird ...

Das ist vollkommen richtig.

Wir beginnen erst dann, wirklich zu existieren, wenn wir das Göttliche durch uns wirken lassen.

---

1. Die Wahrheit ist wahrscheinlich, daß Mutters Vermittler, André, Angst hatte, die Dinge so zu sagen, wie sie waren.

Das ist vollkommen wahr.

... ohne daß irgendeine Unwissenheit Sein Handeln entstellt.

Ja, das ist vollkommen richtig.

Ja, wenn du mir dies schickst, fasse ich das so auf, daß ich Seine Aktion entstelle.

Nein, mein Kind.

Was soll es denn bedeuten, liebe Mutter?

Das ist es nicht. Es soll heißen ... Oh, es war so klar, als er mir das sagte ... Es war gar keine individuelle Frage sondern eine allgemeine Sichtweise – daß die Dinge nicht so sind, wie sie erscheinen, daß dahinter ... *(Mutter nimmt ihre Stirn in die Hände)*. Ich weiß nicht mehr, mein Kind.

Ich weiß, als es kam, geschah dies im Gegenteil, um dir zu sagen, man solle den Irrtümern der anderen keine Aufmerksamkeit schenken, denn ... man muß die Dinge in allgemeiner Hinsicht sehen, als GANZES. Darum ging es. Ich hatte den Eindruck, daß dies die letzte Bewegung sei, die dich in der Vision aufsteigen ließe, eben in diese ganzheitliche Vision. Als ich das schrieb, war mein Eindruck, daß du bereit seiest, diese allgemeine Vision zu erlangen, und daß es notwendig war, dir das zu sagen, damit du auch deine äußere Zustimmung gäbest. Als man mir sagte, du seiest aufgebracht [über Mutters Brief], verstand ich nicht – ich verstand nicht. Es war im Gegenteil der Eindruck, der Moment sei für dich gekommen, über alle menschlichen Auffassungen hinauszusteigen und die Schöpfung und alle Ereignisse zu sehen – ALLE Ereignisse –, sie im großen Plan zu sehen, im unermeßlichen göttlichen Plan.
So war mein Eindruck.

Ja, aber was soll man dann tun? Entweder zieht man sich in dieses Bewußtsein zurück, man versucht dieses Bewußtsein zu erlangen und läßt den materiellen Weltereignissen ihren Lauf, wie das mit den lügnerischen Elementen möglich ist; oder ...

Ich werde jetzt selbst an diesen Punkt gedrängt.

Was soll ich also tun? Soll das heißen: ich überlasse der Lüge das Feld?

Welcher Lüge? Ich weiß, was ich M und B sagte; ich sagte ihnen (und besonders M), daß es nicht angehe, so zu handeln, und das ließ ich ihn wissen. Ich sagte ihm, daß er bei allem, was deine Bücher betrifft, nichts entscheiden solle, ohne dich zu fragen ... Nun verstehe ich nichts mehr.

Ja.

Da ist etwas, das ich nicht verstehe. Ich habe ihm das auf sehr deutliche Weise klargemacht. Was hat André dir denn gesagt? Hat er dir das nicht gesagt?

Nein. Aber André erzählt keine Geschichten, André spricht die Wahrheit. André steht nicht auf Seiten dieser Banditen, nicht wahr! Weder André noch ich erzählen Lügen.

Er mag es nicht verstanden haben. Willst du, daß wir André rufen und uns das ansehen?

André zu rufen, ist sehr gut, liebe Mutter, aber es bleibt auf der Ebene der Worte. Diesen Leuten hat man von deiner Seite ausgerichtet – André hat ihnen in deinem Namen gesagt –, daß sie gewisse Abrechnungen geben müßten, aber sie rühren sich nicht. Sie tun nichts. Sie gehorchen nicht.

Haben sie heute nichts unternommen?

Nein, sie haben nichts getan. Und insbesondere bei Sri Aurobindos Büchern täuschen sie dich. Sie rühren sich nicht, sie tun nichts. Sie weigern sich, die geringste Auskunft über ihr Handeln zu geben – was haben diese Leute zu VERBERGEN? Solange man mit ihnen spricht, bleibt es in der Luft. Welche Aktion kann sie überzeugen?

Jedenfalls weiß ich, daß es Sri Aurobindo war, der auf der Notwendigkeit bestand, diesen Bewußtseinszustand zu erlangen, und daß du bereit seiest, ihn zu haben. Das sagte er mir, als ich diesen Brief schrieb.

Soll ich mich denn aus der Aktion zurückziehen?

Was verstehst du darunter, „dich aus der Aktion zurückziehen"?

Nun, die Dinge laufen lassen, nichts mehr tun. Wirklich nichts mehr tun, bis das Bewußtsein tatsächlich in diesem Zustand ist.

Nein ...

Man schließt sich ein, geht in den Himalaya und rührt sich nicht mehr.

„Tun" ... es gibt viele Bereiche des „Tuns". Vielleicht ... *(Mutter nimmt ihren Kopf in die Hände).*

Ich ermüde dich, liebe Mutter, und das tut mir sehr leid.

Man „tut" in einem höheren Bereich. Sri Aurobindo bestand darauf, er sagte, du seiest bereit, das Bewußtsein des Übermenschen zu haben – nicht des „Übermenschen": des Supramentals, das supramentale Bewußtsein. Genau das wollte er dir geben. Er wollte ... er bestand darauf, daß du dich nur DAMIT beschäftigst, weil du dazu fähig bist. Da ist die Anzahl SEHR gering, und deshalb müssen alle, die dazu fähig sind, es auch tun. So sah ich es.

Ich verstehe.

So habe ich es verstanden, so habe ich es dir geschrieben ...

Gut, ich verstehe, was du sagen willst.

Daß alle Beschäftigungen, die vom anderen Bewußtsein kommen, vom alten menschlichen Bewußtsein, so erleuchtet es auch sein mag, im Moment auf der Seite gelassen werden sollen, um vollkommen in dieses andere Bewußtsein einzutauchen. Das ist alles. Das ist alles, was ich getan habe.

Ja, das verstehe ich.

Ich habe diesen Leuten gesagt, was ich wußte, und ich habe ihnen klargemacht, daß sie Unrecht haben und anders handeln müssen. Was kann ich mehr tun?

Ja.

(Schweigen)

Worum hattest du sie gebeten?

Höre, liebe Mutter, wenn ich diese Fragen (die mich sehr stören) fallen lassen soll, willst du, daß Sujata sich darum kümmert? Und daß Sujata morgen, wenn M zu dir kommt, anwesend ist? Du gibst M Anweisungen vor Sujata, und Sujata verfolgt die Angelegenheit. Ich selbst kümmere mich nicht mehr darum.

Nein, das Unglück ist, daß ich ihm nicht selbst die Anweisungen erteile, ich habe sie durch André gegeben. Vielleicht hat er es nicht verstanden?

Wenn dann morgen M vor dir steht, Sujata anwesend ist und du ihm Anweisungen gibst, kann Sujata das weiter verfolgen.

Oder wenn du willst, können André, Sujata und M, alle drei da sein ...

(Mutter nimmt ihren Kopf in die Hände)

Ich entschuldige mich, Mutter, aber es muß einfach geregelt sein, nicht nur für mich, sondern für Sri Aurobindos Werke ... denn André sagt nichts, aber ihm geht es wie mir, er leidet. Er leidet unter dieser Situation. Denn er sieht, wie diese Leute dich betrügen, wie sie alles entstellen und nichts getan wird.

André hat also nichts gesagt?

Aber liebe Mutter, „sagen" genügt nicht! Wenn sie bei dir sind – André, M und sagen wir Sujata, alle drei – und wenn du klare Instruktionen gibst, wird er handeln müssen, die Sache wird erledigt sein[1].

Aber was für Instruktionen, in Bezug auf was?

In Bezug darauf, eine Abrechnung darüber abzuliefern, was sie mit Sri Aurobindos und Satprems Büchern machen.

Geben sie denn keine Abrechnung darüber?

Es geht nicht um finanzielle Abrechnungen, sondern darum, was sie tun, wieviele Exemplare sie verkaufen ...

Oh!

Es geht hier gar nicht um das Finanzielle, sondern nur darum, wieviele Exemplare sie in Indien und im Ausland verkaufen. Das ist alles.

Oh!

Wir fragen nicht nach den Finanzen. Das ist ein Mittel, genau zu wissen und zu kontrollieren, was sie tun. Sie müssen dir sagen: wir haben so und so viele Exemplare von Sri Aurobindo in der Schweiz und in Deutschland verkauft.

Ich weiß, daß sie das nicht tun.

Darum geht es ja! ... Dies wäre das Mittel, sie zu kontrollieren.

Ja.

---

1. Was für eine Illusion!...

Genau das möchte ich für meine Bücher – es geht nicht um die Finanzen.

Darin besteht also die Verwirrung, denn nach dem, was André mir sagte, dachte ich, daß es ums Geld ginge.

Das Geld ist uns egal. Allen ist es egal – außer ihnen.

Oh! ... André selbst hat nicht verstanden. Oder ich habe nicht verstanden, was er mir gesagt hat.

> *(in diesem Moment kommt die Assistentin aus dem Badezimmer, um M zu verteidigen und zu sagen, daß er all sein Geld Mutter abliefere: auf allen Ebenen war die Mafia zugegen)*

Es geht ja nicht ums Geld, überhaupt nicht, als interessierten André oder ich uns fürs Geld. Das ist uns völlig egal, aber uns interessiert zu wissen, was sie TUN.

Ja, natürlich! Aber sie müßten mir wenigstens eine genaue Abrechnung geben.

Davor hüten sie sich.

Ich sehe, daß sie sich davor hüten. Ach, jetzt verstehe ich.

Deshalb reagieren sie so heftig, wenn ich sie um Auskünfte bitte, denn sie fühlen, daß jemand ihre Machenschaften aufdecken wird.

Oh! ... Weißt du, ich habe große Mühe zu sprechen ...

Ja, ich verstehe, und es ist mir sehr unangenehm ...

... Wenn ich im Moment, wo M da ist, nicht sprechen könnte, wäre das dumm.
Hör zu, willst du mir einen Gefallen tun?

Aber sicher, liebe Mutter, ich möchte, daß die Wahrheit triumphiert.

Hole André, und bring ihn hierher!

> *(Satprem holt André: sie kommen zusammen zurück)*

Aha! *(Zu André:)* Was wirst du jetzt sagen? ... Ich verstehe nichts mehr! *(André lacht)*

(André:) Nein, Satprem möchte wissen, was mit seinen Büchern geschieht ...

Ja, er hat recht.

Gut. Und bei der gleichen Gelegenheit wäre es gut, wenn wir wüßten – wenn jemand im Ashram wüßte –, was M mit Sri Aurobindos Werken anstellt.

Ja, genau.

Im Moment wissen wir gar nichts. Sie drucken Sachen. SABDA versucht an allen Ecken und Enden zu verkaufen – sie haben ausgezeichnete Verkaufsmethoden, aber wir haben keine Ahnung, wie diese beschaffen sind. Wir wissen nicht, was vor sich geht. Ich gehe noch weiter: ich konnte seit zwei Jahren nicht erfahren, welche Korrekturen an den Negativfilmen, d.h. für die Offset-Auflage der Centenary Edition [Jahrhundertausgabe von Sri Aurobindos Werken] vorgenommen wurden.

Wurden Korrekturen gemacht?

Es gab Korrekturen. Ich weiß, daß welche vorgenommen wurden, denn M hat mir das gesagt. Ich bat ihn, mir eine Liste zuzustellen …

Welche Korrekturen? Wer hat Korrekturen vorgenommen?

Ein Mann bei ihnen machte Korrekturen.

Das ist doch unglaublich! Unter dem Vorwand, daß ich nicht mehr sehen kann, zeigt man es mir nicht einmal. Man macht Änderungen, ohne es mir zu sagen.

Ich weiß nicht, ob sie umfangreich sind oder nicht, ich weiß überhaupt nichts.

Aber es geht gar nicht darum, ob sie „umfangreich" sind – sie DÜR-FEN keine Korrekturen vornehmen, ohne mich zu fragen.

Ja …

Nun … Was sollen wir also tun?

(Satprem:) Ja, Mutter, du mußt absolut eine Kontrolle über diese Leute haben. Mir scheint, das beste wäre, B [Sabda], M und André zu rufen, und daß André die notwendigen Punkte schwarz auf weiß zu Papier bringt.

Aber André ist nicht kämpferisch veranlagt.

(André:) Doch, Mutter! [Lachen] Ich bin überzeugt. Nur …

Nein. Ich sagte nicht „überzeugt", ich sagte „kämpferisch".

Kämpferisch? Ach, nein, ich bin überhaupt nicht kämpferisch veranlagt, Mutter.

Nein. Das sage ich ja gerade.

Ich bin überhaupt nicht kämpferisch, denn … ich versuche, ihren Standpunkt zu sehen, und dann weiß ich nicht mehr, wer recht hat.

Ja. *(Lachen)* Genau so ist es.

(Satprem:) Die wesentlichen Punkte, über die sie Auskunft geben müssen, sind ihre Produktion und ihre Verteilung. Das ist alles.

(André:) Ja, richtig.

Natürlich! Aber ich bitte sie ja darum. Sie sagen, daß ich nicht mehr sehen kann … Das ist wahr, ich sehe nicht mehr – ich sehe zwar noch, aber nur noch eingeschränkt. Das ist interessant. (Ich wünsche es niemandem, denn wenn die Leute so sehen würden …) Ich sehe die Dinge und ihre Wahrheit aus supramentaler Sicht. Das ist äußerst interessant. Ich höre Geräusche, die sie nicht hören, weil diese Geräusche eine supramentale Wirklichkeit haben. Ich sehe … Leute sprechen mit mir, und gleichzeitig sehe ich, nicht was sie denken (das ist eine alte Sache), aber das, was in supramentaler Hinsicht wahr ist. Ständig ist es so. Beides zusammen. Und da mein Körper nicht mehr dieselbe … (wie soll ich sagen?) … ich habe eine Kraft, aber die alte Art von Energie ist verschwunden, doch diejenige, die jetzt kommt, ist sehr viel stärker – aber ich spreche nicht gern darüber. Wenn ich das sage, könnte das wie Prahlerei klingen. Ich sage euch das jetzt nur, um mich zu erklären.

Ich bin nicht mehr das eine und noch nicht das andere; ich stehe auf halbem Weg – das ist schwierig. Trotzdem bin ich in der Lage zu kontrollieren, was die Leute tun … Jedenfalls sind sie nicht berechtigt, mit Sri Aurobindos Werken zu tun, was ihnen beliebt. Und was Satprems Werke betrifft, hatte ich gesagt, daß er mir diese persönlich anvertraut hat.

(Satprem:) Ja[1].

---

1. In einem Brief an Mutter einen Monat zuvor sagte Satprem: „Meine Vergütungen von allen Ländern der Welt wurden dir immer bis auf den letzten Heller übergeben. Ich möchte sicher sein, daß meine Tantiemen in Indien dir direkt und persönlich zukommen, ohne sich in der Masse der Geschäfte zu verlieren…."

Und daß ich die Kontrolle darüber habe; und wenn ich die „Kontrolle" habe, soll das nicht heißen, daß sie tun können, was sie wollen.

(André:) Ja, so ist es, Mutter ... ich sage dir offen, was mich stört. Mich stört, daß ich zum Beispiel aus Erfahrung weiß, daß du immer recht hast, denn du siehst die Dinge immer von einer höheren Ebene aus als wir. Aus Erfahrung weiß ich, daß selbst dann, wenn du etwas sagst und ich den Eindruck habe, ...

(Mutter lacht)

... es stimme nicht mit dem überein, was ich denke, daß du selbst dann recht hast. Deshalb zögere ich, „kämpferisch" zu sein.

Aber du verstehst nicht: Ich „denke" nicht, mein Kind.

Das ist es eben, Mutter.

Genau.

(Satprem zu Mutter:) Ja, aber du bedienst dich menschlicher Instrumente für diese Dinge ...

Ja, ja.

Und da gibt es Instrumente wie André, die aufrichtig sind und etwas für dich tun können.

Du siehst selber, er sagt, daß er nicht kämpferisch sei.

(Satprem:) Ja, so ist es. [allgemeines Gelächter]

Voilà.

(André:) Nein, wenn M dir sagt (und ich glaube, er ist vollkommen aufrichtig in dieser Hinsicht), daß er unglücklich ist, daß alle sich gegen ihn wenden, daß man ihm von allen Seiten Schwierigkeiten bereitet ...

Oh, M ist in einem Zustand ... Er ist so *(Geste, wie ein Lappen)*

Eben darum! Da zögert man, kämpferisch mit ihm zu sein.

Das ist doch kein Grund, daß er sich ... Es wäre besser, ihm das offen zu sagen. Man muß genau wissen, was man von ihm will.

(Satprem:) So ist es.

Und es schriftlich festsetzen. Und ich werde ihm sagen, daß ich Wert darauf lege, im Bilde zu sein.

(Satprem:) Ja, wir müssen es kurz und bündig schriftlich formulieren.

(André zu Satprem:) Ja, was Sie für Ihre Bücher getan haben, war sehr gut.

Wenn er es dann nicht tut, setzt er sich selbst ins Unrecht – aber ich glaube, er wird es tun.
(zu André:) Verstehst du nicht?

(André, ohne große Begeisterung:) Also gut, ich werde ein kurzes Schriftstück aufsetzen und es mit dir besprechen.

(Satprem:) Dieselbe Forderung gilt für Sri Aurobindos Bücher: Sie müssen Rechenschaft ablegen über ihre Produktion, ihre Verteilung, die Neuauflagen, usw.

Ja, das ist richtig.

Und sie sollen dir einen schriftlichen Rechenschaftsbericht darüber ablegen, damit nicht ...

Ja, keine Worte.

(André:) Es muß ein schriftlicher Rechenschaftsbericht sein, denn alles, was er tut, ist mündlich.

Ja, ich verlange einen schriftlichen Bericht. Ich bitte ihn, die Dinge genau und im Detail darzulegen. Ein wahrheitsgetreuer und vollständiger Rechenschaftsbericht darüber, was sie tun.

(Satprem:) M und SABDA, die beiden.

Ja.

(André:) Es ist übrigens hauptsächlich SABDA, der am meisten ...

Ja, Sabda ist ...

(Satprem:) Dort liegt die Lüge.

SABDA ist viel schwieriger.

(Satprem:) Ja.

Bs Mental ist so geworden ... *(Geste eines Verdrehtseins)*

(André:) Dort ist es am schwierigsten, denn dort ... (wie soll ich sagen?) verheimlichen sie am meisten.

Ihr müßt es sehr klar schriftlich niederlegen, und ich werde es unterschreiben. Auch muß ich selber einen Satz schreiben, damit es nicht bloß wie eine Unterschrift aussieht.

(Satprem:) Das kann in wenigen Zeilen gesagt werden.

Ja, es braucht nicht lang zu sein. Ich will, daß Satprem anwesend ist, wenn ich unterschreibe.

(Satprem:) Ach, Mutter, das ist nicht nötig.

Aber ich ziehe es vor.

(Satprem:) Gut! Wie du willst. [Lachen]

Kommt zu einer Einigung, setzt das Schriftstück auf und laßt es mich unterzeichnen, wenn es fertig ist.

(Satprem:) Noch heute abend.

Welcher Tag ist morgen?

(Satprem:) Lieber heute abend, Mutter, es sind nur ein paar Zeilen.

Es ist Andrés Tag, also kommst du auch.

(Satprem:) Na, gut, wir werden alle beide kommen.

(Zu André:) Sagst du ja?

(André resigniert:) Ich sage ja. [Lachen]

(Satprem:) Es wird ein für alle mal geregelt sein.

Aber glaube ja nicht, daß ... *(sich zu André wendend).* Du tust dein Bestes – du hast gesagt, du hättest Angst, gegen mein Denken zu handeln ...

(André:) Ja.

Aber mein Kind, du mußt selbst verstehen! ...

(Schweigen)

Ich kann es nicht sagen, ihr würdet nicht verstehen. Ich kann es nicht in Worten ausdrücken ... Ich weiß, daß sogar die Fehler (was wir „Fehler" nennen) und Schwierigkeiten das Ergebnis der Manifestation des göttlichen Bewußtseins sind, um fortschreitend und durch ... (wie soll ich sagen?) durch ein ständiges Transformieren zur zukünftigen Vervollkommnung zu gelangen. Genau das sehe ich. Und deshalb ...

(Satprem zu André:) ... dürfen wir keine Angst vor Fehlern haben.

(André:) Ja, wir dürfen keine Angst vor Fehlern haben.

Jeder spielt seine Rolle und erfüllt seinen Platz.

(Satprem zu André:) Wir dürfen keine Angst vor unserer Wahrheit haben, André.

Zwei Dinge sind wichtig: So wenig wie möglich das individuelle Ego mit der göttlichen Vision vermischen.

(André:) Das stimmt.

(Schweigen)

Es ist schwierig, ich kann nicht sprechen. Es ist so wunderbar, wenn man es sieht! Aber ich kann nicht sprechen.

Wenn ich wirklich beschreiben könnte, wie es ist, würde ich es sagen ... Jetzt noch nicht. Mein Körper hat das Gefühl, als sei er ... als sei ich so groß wie die Welt und hielte alles in meinen Armen, so wie eine Mutter ihre Kinder hält – und noch hundertmal besser als das. Aber so ist es, so lebe ich. Ich kann das nicht erklären ... Später.

Später.

Gut. Ihr setzt das Schriftstück auf. Bis heute abend.

(Zu André:) Mein Kind, ich WEISS die Wahrheit der Dinge, ich habe nur nicht die Kraft, sie auszudrücken. Ich kann sie nicht aussprechen, weil mir die Ausdrucksmittel fehlen. Aber wir müssen so vorgehen.

(Satprem:) Ja, liebe Mutter, sicherlich.

(André geht hinaus)

Mein Kind[1] ...

(Mutter küßt Satprem auf die Stirn)

---

1. Wie zu erwarten war, zeitigte diese Unterredung und das von Mutter unterschriebene Schriftstück keine Ergebnisse, und die Geschäftsleute setzten ihre Machenschaften fort wie zuvor. Das einzige Ergebnis waren heftige Reaktionen, die natürlich auf Mutter zurückfielen ... und etwas später auf Satprem.

26. Juli 1972

(Um zu versuchen, Ordnung in den Buchvertrieb zu bringen,
hatte Mutter einen jungen Lehrer der Schule beauftragt, die
Angelegenheit der „Verlagsrechte" zu überprüfen. Mutter spricht
zuerst über diesen jungen Lehrer)

Er hat „Skelette"[1] entdeckt.
Armer M [Leiter der „All India Press"], er war so außer Fassung!

Ja, aber er ist nicht der wirklich Schuldige: es ist der andere im
Hintergrund, SABDA.

Ach, das ...

Deshalb hat er so empfindlich reagiert, er ist empfänglicher. Der
andere ist völlig in seiner Lüge eingeschlossen.

Bei dem anderen heißt es NEIN! *(Mutter macht eine feste Geste)*
Nun ...

*
* *

(Mutter sucht etwas in ihrer Nähe)

Ich wollte dir etwas zeigen ... *(Mutter findet es nicht)*. Ich weiß nicht,
ich glaubte, Sachen für dich neben mich gelegt zu haben, aber ich weiß
nicht mehr, wo es ist.
Weißt du *(Mutter wischt sich über die Stirn)*, da ist eine fast vollkommene Leere. Hier *(die Stirn)* ist nichts – nichts. Wenn ich mich ganz
still und reglos verhalte *(Mutter hebt einen Finger nach oben)*, dann
kommen Dinge *(Geste oben)*, die sich gestalten, sich anordnen – dort
oben. Wenn ich so verharre, läuft nach einer bestimmten Zeit eine
ganze Welt von Dingen ab und ordnet sich, aber es ist ... (wie soll ich
sagen?) eine andere Art von Realität, eine konkretere Realität. Und wie
ist sie konkreter? Ich weiß es nicht. Die Materie erscheint wie etwas
Ungewisses im Vergleich dazu – ungewiß, undurchsichtig, unempfäng-
lich. Das hingegen ist etwas ...
Das Komischste daran ist, daß die Leute glauben, ich schlafe! – ich
schlafe überhaupt nicht mehr. So verbringe ich meine Nächte: eine
Kraft wirkt.
Ich bin bewußt ... doch das läßt sich schwer in Worte fassen.
Die Worte ... Worte entstellen. Es arbeitet sich wirklich ein neues

---

1. Englischer Ausdruck: „Skelette im Schrank", das heißt verdeckte Missetaten.

Bewußtsein heraus – aber wie wird es sich ausdrücken? Ich weiß es nicht.

Die Leute sind überzeugt, daß ich schlafe, daß ich nicht mehr höre, daß … und natürlich kann ich kaum sprechen – *(lachend)* so bin ich für sie eine alte Frau geworden … Ich gehöre nicht mehr der alten Welt an; da sagt die alte Welt: sie ist verblödet – das ist mir ganz egal!

Ja, das ist mir klar.

Ich sage es dir, weil ich dir alles erzählen kann. Und es ist wahrscheinlich besser so.

Bedauerlicherweise beginne ich, ein Objekt der Neugierde zu werden. Das ist ärgerlich, denn … Eine Menge Leute kommen einfach aus dem Grund: eine Kuriosität.

Aber etwas ist seltsam: für ALLES, was ich tue – ich nehme immer noch mein Bad usw. ich versuche zu essen (das ist das schwierigste – das ist SEHR schwierig), aber alles … *(Mutter unterbricht sich)* …

Ich wollte dir etwas sagen, und nun ist es weg.

Wahrscheinlich sollte es nicht gesagt werden.

Ja, etwas anderes bewegt dich.

Ja, ja, so ist es.

Das geht so weit, daß ich, nachdem ich gerade etwas getan habe, mich manchmal plötzlich frage: „Habe ich das wirklich getan?"

So ist das.

Ja, das verstehe ich gut. Aber wenn du auf diese andere konkretere Materie einwirkst, wie dringt das in die alte Materie hier ein? Wie tritt deine Organisation dort oben in diese hier ein?

Ich weiß nicht. Da besteht etwas wie ein Verbot zu sprechen; wenn ich es auszudrücken versuche, entsteht plötzlich eine Leere.

Ja, ich verstehe, warum.

Alles verbündet sich, um den Eindruck zu erwecken, ich würde langsam altersschwach.

Aber das ist doch egal!

Vorausgesetzt jemand weiß, daß dies nicht wahr ist, das ist alles, was nottut – du, du weißt.

Hier sind gewiß einige, die es fühlen, ohne es zu wissen.

Ach?

Da gibt es mehr, als du glaubst.

Oh, die Kraft ist gewaltig, mein Kind!

Es sind nicht notwendigerweise diejenigen, die dir physisch am nächsten sind, die es spüren.

Ja, ja – denn sie sehen nur diese Erscheinung ... Ich sage dir: ich tue die Dinge, ich weiß nicht wie. Das ist eine Art von ... Oh, das interessanteste Erfahrungsfeld ist das Essen. Ich habe keinen Hunger, ich habe keine Lust zu essen, das Essen interessiert mich überhaupt nicht, und dennoch bringt man mir Mahlzeiten, ich „muß" essen – manchmal esse ich (es sind immer kleine Mengen), aber ich rühre mich nicht, ich arbeite nicht, ich brauche keine materiellen Kräfte, so habe ich kein Bedürfnis, viel zu essen, und ich glaube nicht, daß ich abmagere *(Mutter berührt ihre Arme).*

Nein, äußerlich erweckst du nicht den Anschein.

Keine sichtbare Abmagerung, folglich ...

Aber du bist nicht schwer! (Lachen)

Oh, das war ich nie.

Nein, es ist wirklich interessant, denn ich habe überhaupt keine Lust zu essen, das interessiert mich nicht. Dennoch ZWINGT mich etwas zur Nahrungsaufnahme – nicht viel, aber es sagt: „Nimm!"

Dann das Sprechen. Die Dinge sind so klar, da ist eine so klare Vision! *(Geste oberhalb des Kopfes)* Wenn ich mich stundenlang schweigend und ruhig verhalte, geschieht eine SO GROSSE Arbeit, aber überall gleichzeitig *(universale Geste)* ... Und ich kann nichts sagen.

Diese Unfähigkeit zu sprechen ist besonders ...

(langes Schweigen)

Ich wollte dir so vieles sagen. Aber etwas wie ein Wille macht mir das Sprechen zur Unmöglichkeit. Was solls ...

Ich verstehe sehr gut die Gefahr, die Dinge zu mentalisieren.

Ach, bei mir ist das Mental verschwunden.

Nein, aber sie durch den Ausdruck zu mentalisieren.

Ja, das ist es. Das verformt. Wir müssen geduldig sein.

Dies *(Mutter zeigt auf die Girlanden von „Patience" um ihre Handgelenke)* ist symbolisch. Immerzu: Geduld, Geduld.

Aber die anderen müssen auch geduldig sein. Du mußt besonders geduldig sein.

Ja, liebe Mutter.

Sehr geduldig – willst du Geduld? *(Mutter legt ihre Girlande um Satprems Handgelenk).* Und sie auch *(zu Sujata)*: Sag, willst du meine Geduld? *(Mutter gibt Sujata eine andere Girlande)*

(Schweigen)

Was würde dir helfen? Willst du ruhig bleiben? ...

Ach, das ...

... oder willst du versuchen, mir Fragen zu stellen?

(Mutter geht in sich)

29. Juli 1972

Was ich dir das letzte Mal sagte, möchte ich nicht veröffentlicht haben – in der *Agenda* schon. Was die Leute in meiner Umgebung betrifft.

Ja, ja, liebe Mutter, sicherlich, all das bleibt strikt in der „Agenda".

Alles Persönliche ist für die Agenda bestimmt.

Ja, ja, sicher.

(Mutter löst die Blumengirlande von ihrem Handgelenk)

Magst du Geduld?

Ich weiß nicht, ob ich sie mag, aber sie ist nützlich.

(Mutter lacht und gibt eine Girlande von ihrem Handgelenk)

Ich habe viele! [zwei oder drei Girlanden am Arm] Was hast du mir zu sagen?

Nichts, ich fühle die Umwälzungen, denen wir ausgesetzt sind.

Oh! ...

Manchmal hat man den Eindruck, daß etwas ganz und gar Wütendes entfesselt worden ist.

Ja, das ist es. Dies geschieht, um uns zu zeigen, daß wir bereit sein müssen, durch den Tod zu gehen, um ihn zu überwinden. So ist es. Und genau in dem Moment, wo man auf die andere Seite zu kippen droht, geht es plötzlich gut.

Ich glaubte, ich sei die einzige, die da hindurchgehen muß, und ich war froh, es für alle zu tun, aber einige fühlen es – du fühlst es.

Oh, ja, und wie! Es ist ... Ich habe den Eindruck, daß etwas ganz Wutentbranntes entfesselt ist.

Ja, so ist es. Und es zeigt einem, wie ... Als ginge es nur um einen Unterschied in der Haltung: der Körper kann sich entweder auflösen oder sich transformieren. Und es ist ... fast derselbe Vorgang; nur die Haltung unterscheidet sich. Wenn man vollkommen auf das Göttliche vertraut und spürt, bis zu welchem Punkt das Göttliche in allem gegenwärtig ist, und daß man nur im Göttlichen sein will, nur dem Göttlichen angehören will, dann ist alles bestens. Sobald der geringste Unterschied besteht, ist es, als öffnete sich die Tür des Todes.

Ja.

Seltsam.

Ja. Leider bin ich selbst immer noch in dem Stadium, wo mich dieser entfesselte Ansturm buchstäblich wie in eine Wolke einhüllt, ich stecke wie in einem Nebel darin. Im Hintergrund bleibt nur etwas wie eine Erinnerung an die Wahrheit, aber im ersten Augenblick stecke ich voll darin ...

Ach! ...

Man wird wie in eine dunkle Wolke eingehüllt und ... Das ist schrecklich.

Man muß nur ... diese göttliche Gegenwart im Innern fühlen, die stärker als alles ist. Man hat den Eindruck, wenn sie wollte, könnten alle Toten auferstehen – so ist es. Und daß es für sie ... keinen Unterschied macht[1].

Mein Körper lernt, immer zu sagen: Was Du willst, was Du willst ...

(Mutter öffnet die Hände)

---

1. Vielleicht genau aus dem Grund, weil es keinen so großen Unterschied zwischen Tod und Leben gibt, wie man glaubt.

Ich ziehe das eine dem anderen nicht vor: Es ist WIRKLICH, was Du willst. Eine Zeitlang hatte ich noch die Hoffnung, daß ich mir dieses „Was Du willst" bewußt bleiben könnte – aber jetzt ist es einfach: Was Du willst *(geöffnete Hände)* ... Deiner bewußt sein. Deiner bewußt sein.

> *(Mutter schließt die Augen, die Handflächen nach oben geöffnet, und geht in sich, dann öffnen sich ihre Augen, unermeßlich, reglos)*

August

2. August 1972

Die „Formation des Todes"

Seit Beginn dieses Jahres 1972 und tatsächlich sogar schon in einem Gespräch am 8. September 1971 hatte Mutter mehrmals von der „Formation des Todes" gesprochen, mit der sie konfrontiert wurde. Auch im folgenden Gespräch geht es darum.

Im okkulten Sprachgebrauch bedeutet „Formation" einen machtvoll geformten Gedanken oder eine Konzentration von Kraft mit einem festgelegten Ziel und einer dauerhaften eigenen Existenz. Diese Formationen können negativ oder positiv sein: so gelangen Wünsche und Begierden und lange gehegte Vorstellungen eines Tages zu ihrer glücklichen oder unglücklichen Verwirklichung im Leben. Dieser Tag und dieser Erfolg oder „Unfall" waren lange vorbereitet worden durch unbedeutende kleine Gedanken, die sich stets wiederholten und schließlich ihren Krebs oder ihren glänzenden Erfolg auslösen. Nun war Mutter, die schon lange nicht mehr „dachte" und schon lange nichts mehr „wollte" – außer das „was Du willst" –, unendlich empfindlich gegenüber allem, was von außen kam, denn es gab kein „Außen", und sie badete direkt und unmittelbar in allem, was kam: sie „war" in den anderen. Ihr Körper war schrecklich empfindlich geworden, wie sie sagte: „Er muß vor allen ankommenden Dingen beschützt werden – als müsse er innen arbeiten, wie in einem Ei." (26. Februar)

Wir sind auf der Suche nach dem, was sich am 17. November 1973 ereignete, dem Warum der Dinge. Die „Tragödie" ist nicht eine Minute oder eine Stunde der Geschichte sondern all die Tage und die kleinen Minuten, die jene andere Minute vorbereitet oder unabwendbar gemacht haben. Wie ich früher sagte, war ich an jenem 18. November 1973 wie vom Donner gerührt, und ich war zweifellos der blindeste aller Akteure, die in dieser Tragödie eine Rolle spielten. Alle schienen im voraus zu wissen, daß sie sterben würde, zumindest die Menschen in ihrer unmittelbaren Umgebung. Und in diesem „Vorauswissen" steckt eine schreckliche Folgerung, denn genau dort lauert die „Formation des Todes", die Mutter täglich in sich aufnahm – „ein ständiges Unbehagen", sagte sie – und all diese kleinen Minuten bilden die Ursache des Geschehens um 19:25 am 17. November 1973.

Es gibt keinen besseren physischen Zeugen als Pranab, Mutters „Wächter", denn er war physisch fast immer da und schlief sogar

in Mutters Zimmer. Über die Ursachen von Mutters Dahinschei-
den befragt, erklärte er folgendes in einer öffentlichen Rede am
4. Dezember 1973:
„Einerseits mußte sie gegen den Beginn von Verfall und Alter
kämpfen und andererseits gegen den Schmutz, den wir ständig
auf sie häuften. Aber noch mehr halte ich den versagenden
Körper verantwortlich für das Geschehen. Oft sah ich, wie sie
diesen Kräften entgegenzuwirken versuchte, doch als sie sah,
daß sie sich nicht mehr gut konzentrieren konnte, nicht viel
sprechen und schreiben konnte, nicht viele Leute sehen konnte,
nicht tun konnte, was sie wollte, weil der Körper versagte, und
der Schmutz und Staub, den wir auf sie häuften, immer mehr
wurde, fühlte und sah ich eine Art Verzweiflung ..."
Wir kennen das nur allzugut: sie hielten sie für alt und unfähig.
Aber Pranab fügte folgendes hinzu, was plötzlich das Ausmaß
der wirklichen Tragödie zeigt – man könnte fast sagen, den
Schrecken, dem Mutter in ihrem Körper ins Gesicht blicken
mußte. Hier, was er sagt:
„Ich denke, sie bereitete mich schon seit recht langer Zeit aus-
reichend auf das vor, was jetzt eingetreten ist [November 1973].
Schon im Jahr 1948, als Sri Aurobindo noch lebte, sagte sie mir:
„Ich möchte nicht gehen. Ich werde nicht weggehen, und dieses
Mal wird es keine Tragödie geben. Aber falls es geschieht, daß
ich meinen Körper verlasse, dann legt meinen Körper unter den
„Service-Baum"."... Und kürzlich, ungefähr seit dem 15. August
1972, fühlte ich, daß dieser Fall vielleicht tatsächlich eintreten
würde. Ich konnte es nicht jedem Beliebigen erzählen, aber zu
meinen engen Mitarbeitern sprach ich über mein Empfinden.
Nachher fühlte ich deutlich, daß es eintreten würde. Ich wehrte
mich gegen diesen Gedanken, indem ich mir sagte, es dürfe
nicht passieren. Aber hinter allem stand dieser Gedanke."
Mutter nahm also all diese Gedanken des Todes auf: „Sie WIRD
sterben." Und für Mutter waren es keine „Gedanken": die Dinge
waren „konkret" geworden. Ihr Körper, das Bewußtsein ihres
Körpers fühlte sich IM Tod.
Wie in allen Tragödien der menschlichen Geschichte gibt es
nicht „einen" Verantwortlichen. Die Personen sind nur die
Verkörperung eines Typus dieser oder jener Kraft oder eines
bestimmten Charakters – sie kommen und gehen, sie sterben,
sie triumphieren und verschwinden –, aber die Kräfte bleiben
und besetzen hier und da Millionen und Abermillionen von
kleinen unbekannten Personen, die dennoch unsichtbare

*Akteure im Drama und stumme „Verantwortliche" sind. Da gibt
es keinen Prozeß zu führen, niemand steht auf der Anklagebank,
es sei denn die Millionen, zu denen wir alle gehören. Es wäre
also absurd zu sagen, Pranab sei der Urheber oder der alleinige
Urheber dieser Formation („Wünsche, daß der Körper sterben
möge, sind überall", sagte sie), aber er nahm die Formation auf
und übertrug sie, und seine physische Gegenwart zwang Mutter,
diesen Schrecken ständig einzuatmen. Trotzdem bleibt die quä-
lende Frage, vielleicht die einzige: Hätte es anders sein können?*

*
* *

Möchtest du ein Porträt von Sri Aurobindo haben? Ein blaues oder
ein ganz goldenes? – Golden ist besser!

(Schweigen)

Zwei Formationen stehen sich wie zwei Ringkämpfer gegenüber
(Geste): eine Formation, daß ich an Sri Aurobindos Geburtstag sterben
werde; die andere, daß ich gerade die notwendige Transformation
durchmache, um das Übergangsstadium zwischen Menschheit und
Supramental zu inkarnieren. Die beiden Formationen sind so... *(die
gleiche Geste der Konfrontation)*...
Wenn diese Formation [des Todes] wahrgenommen wird, besteht
ein Bewußtsein, wo zwischen dem Leben und dem physischen Tod so
gut wie gar kein Unterschied besteht, in dem Sinne, daß jede beliebige
Sache einen in jedem beliebigen Augenblick auf die andere Seite kata-
pultieren kann. Und mit der anderen Formation besteht die Empfindung, daß... (wie soll ich sagen?) die Gebrechlichkeit des Körpers von
der Tatsache herrührt, daß sich das Bewußtsein ändern muß, um das
Supramental manifestieren zu können.
Ich bin einfach so *(Geste zwischen den beiden)*.
Und der Körper hat gelernt, in jedem Fall ruhig zu sein.

(Schweigen)

Warum, warum sagt man mir nicht, was sein wird? Ich weiß es
nicht ... Ich glaube, das ist so, um einen sehr passiven Zustand zu
bewahren.

(Schweigen)

Und du? Wie geht es dir?

*Ich würde gern den Mechanismus der Transformation des
Unterbewußten verstehen. „Auflösung" kann ich noch verstehen,*

aber „Transformation" fällt mir schwer. Bewegungen kommen, steigen an die Oberfläche (manchmal sieht man sie sogar in der vorhergehenden Nacht in einer bildhaften Form), sie steigen an die Oberfläche und rufen Störungen hervor, man meistert sie mehr oder weniger, sie treten mit dem Licht in Kontakt, und dann, hopp! sinken sie wieder zurück ...

(Mutter nickt)

Und bei der ersten Gelegenheit tauchen sie wieder auf, und alles beginnt von vorn.

Ja, das ist unerträglich. Genau das gleiche geschieht mir.

Aber was tun? ... Du scheinst zu sagen, daß es sich transformiert, wenn es mit dem Licht in Berührung kommt. Doch man hat den Eindruck, daß es sich ganz und gar nicht transformiert: es taucht unter und tritt bei der ersten Gelegenheit wieder hervor.

Nein, etwas transformiert sich, aber es geht extrem langsam ...

(Schweigen)

Das ist, als verlange man von einem Stein, sich in Luft zu verwandeln.

(Schweigen)

Und was ich sehr erstaunlich finde, ist: Je mikroskopischer und kleiner die Sache ist, um so mehr Macht scheint sie zu haben.

Hier ...

(Mutter nimmt Satprems Hände und geht bis zum Ende in sich)

5. August 1972

Da man jetzt weiß, daß ich nichts mehr esse, schickt man mir nichts mehr.

Ich habe alles Nötige.

Dabei habe ich nichts gesagt. Ich weiß nicht, wie sich das herumgesprochen hat.

Ich habe alles, was ich brauche, liebe Mutter!

Wirklich?... Ich möchte nicht, daß du abmagerst! *(Lachen)* Interessante Dinge geschehen ...

(Schweigen)

Was hast du zu sagen?

Nichts, liebe Mutter, aber was sind das für interessante Dinge?

(nach einem langen lächelnden Schweigen)

Ich sehe Dinge, Umstände, Anordnungen von Willenskräften ... Ich sehe Dinge so vorbeiziehen *(Geste wie auf einem Bildschirm)*, sehr machtvoll und deutlich. Und gleichzeitig spüre ich: so wird es mit dem Supramental sein.
Aber es ist schwierig auszudrücken.
Man kann nichts sagen – es ist ein ZUSTAND des Bewußtseins. Ein Bewußtseinszustand und das Wissen, daß dieser Bewußtseinszustand dem Supramental angehört.
Und das vollzieht sich in einem sehr tiefen Schweigen, deshalb kann ich es nicht in Worte fassen.

(langes Schweigen, Mutter deutet auf ihre Hände)

Das sind wie Schwingungen, die so aus den Händen kommen *(Geste)*. Meine Hände scheinen so kraftvoll zu sein! Sie haben das Gefühl, daß sie die Dinge ändern können ... einfach so *(Mutter schließt ihre Hand)*.
Aber mir wäre es lieber, du würdest Fragen stellen oder etwas sagen. Sonst ... sonst trete ich sofort in diesen Zustand ein, der so weit ... so friedlich ... und so machtvoll ist –, wo die Dinge sich gestalten.
Auf diese Weise nehmen sie Form an.
Doch dafür gibt es keine Worte und Sätze – nichts, was das Mental zufriedenstellen könnte.

(Schweigen)

229

Hast du nichts zu sagen?

Ich suche immer noch den Schlüssel, um diese Macht, die ich fühle – diese Kraft, diese Wahrheit –, in die materielle Aktivität eindringen zu lassen. Das finde ich schwierig ... Wenn ich aufhöre, aktiv zu sein, ist der Kontakt sofort da, und er ist mächtig, er ist WAHR – aber sobald ich in die materielle Aktivität eintrete, tritt all dies in den Hintergrund.

Ach so ...
Ich selbst bin nicht in der Aktivität.

Die Materie empfindet dies als etwas, das ihr auferlegt wird: es kommt nicht von innen – es ist ihr nicht eigen (bei mir jedenfalls).

Aber mein Gefühl ist genau das Gegenteil. Es scheint, daß der Körper und die Materie (die Materie unter meiner Kontrolle) SICH WEIGERN, irgend etwas anderem zu gehorchen als Dem.

Hier, ich gebe dir ein Beispiel: ich sehe fast ... fast so gut (aber es ist ein „Fast", das manchmal kein Fast mehr ist, verstehst du: die äußerste Grenze des Fast), fast so gut mit geschlossenen Augen wie mit offenen Augen. Sehen – sehen *(Mutter berührt ihre physischen Augen)*. Ich schreibe, und wenn ich eine Schwierigkeit habe: anstatt die Augen aufzureißen, schließe ich sie. Und dann ... sehe ich.

Und alles ist so, alle Empfindungen. Um zu schlucken: wenn ich auf die gewöhnliche Art schlucken will, ist es, als würde ich ersticken, wenn ich aber in einem gewissen Zustand bin, sehe ich plötzlich, daß ich alles geschluckt habe, ohne überhaupt darauf zu achten. Und alles ist so.

Folglich erwecke ich den Anschein einer totalen Machtlosigkeit, während ich doch eine gewaltige Macht fühle.

(Mutter geht für 40 Minuten in sich und öffnet dann die Augen)

Das könnte stundenlang so weitergehen ...

9. August 1972

(Eine Pressenachricht von Boulder, Colorado, vom 8. August berichtet von einer Sonneneruption, die sich über sieben Milliarden Quadratkilometer der Sonnenoberfläche erstreckte. Eine Stunde nach dem Ausbruch wurde die Wirkung auf der Erde spürbar in Form eines magnetischen Sturms, der die Kommunikation in vielen Ländern der Welt unterbrach. Dies sind die größten Sonnenflecken, die seit 1964 beobachtet wurden. – Indian Express, 9. August.)

Hast du gehört, daß es auf der Sonne Explosionen gab?

Ja.

Und daß es dabei ist, auf die Erde zu fallen ...

Ach?

Es scheint sich auf die Menschen auszuwirken. Hast du das gehört?

Ich habe nicht gehört, daß es die Erde trifft.

Es scheint auf die Erde zu fallen und eine Einwirkung auf die Menschen zu haben.

Ich glaube, es beeinflußt die Temperatur und die Atmosphäre, das ist alles.

Ich weiß nicht.

Es beeinflußt die Atmosphäre, d.h. die Radiosendungen werden zum Beispiel gestört, aber das ist alles.

Sind deine Informationen denn von heute?

Ich weiß nicht, liebe Mutter.

Dies sind die letzten Nachrichten von heute. Sie sind eher pessimistisch.

Was sagst du denn dazu?

Ich sage, daß es das supramentale Bewußtsein sein muß – nicht das „Bewußtsein": die supramentale SUBSTANZ. Und jene, die bereit sind, werden ihren neuen Körper haben.
Das ist meine ... optimistischste Erklärung.

Hast du selber etwas gespürt, abgesehen von den äußeren Nachrichten?

Nicht in der Form.

Für mich wird es immer schwieriger zu essen – fast unmöglich. Offensichtlich muß die Nahrung durch etwas anderes ersetzt werden[1]. Fast völlig unmöglich zu essen.

Die Empfindung hat nichts damit zu tun, es ist weder eine Abneigung noch sonst etwas: es geht einfach nicht herunter *(Geste eines Würgens)*. Das heißt, ich brauche fast eine Stunde, um zu mir zu nehmen, was in fünf Minuten geschehen könnte.

(Schweigen)

Glaubst du, daß diese Sonneneruptionen ein Niederschlag des supramentalen Bewußtseins sind?

Der SUBSTANZ. Denn das Bewußtsein ist schon vor langer Zeit gekommen, aber eben … Zum Beispiel hat mein Körper alle Bedürfnisse, die er früher hatte: er muß immer noch essen, kann es aber nicht. Als mir dann gesagt wurde, daß diese Eruptionen auch einen Einfluß auf den menschlichen Körper haben, dachte ich mir: Vielleicht ist dies die Substanz, um den supramentalen Körper zu erschaffen?

Wenn das Supramental sich auf der Erde manifestieren soll, muß es zumindest etwas geben, das dem Physischen entspricht.

Ja.

(Schweigen)

Der Körper ist in einem seltsamen Zustand *(Mutter berührt ihre Fingerspitzen)*: Er spürt eine ungeheure Kraft – und er hat eine GROSSE Kraft –, aber er kann nichts tun.

Ein seltsamer Zustand.

Ich kann schreiben, aber ich sehe das, was ich schreibe, auf eine andere Weise.

So ist das.

Was spürst du denn?

Ich spüre die Kraft auf immer … zwingendere Weise.

Zwingend. Eine ungeheure Kraft entwickelt sich in einem Körper, der … *(elende Geste).* Und der Körper verspürt keinen Hunger.

---

1. Einfach ausgedrückt, könnte man sagen, daß die gesamte lebendige Materie auf der Erde dank der Sonnenenergie aufgebaut wird (besonders das, was uns als Nahrung dient). Diese Energie wird in der Verdauung durch eine chemische Zersetzung zurückgewonnen. Könnte es eine direkte Methode geben, um *dieselbe* Energie aufzunehmen, ohne den Umweg durch die Verdauung zu gehen?

„Hunger" hat er schon lange nicht mehr, aber seit kurzem ist es ihm fast unmöglich zu essen. Wie kann er so leben?

Als man mir sagte, daß diese Sonneneruption die Erde erreiche und die Menschen beeinflusse, dachte ich: Sieh an, vielleicht kann das die Nahrung ersetzen?

Das ist ein Wunschdenken – ich kann nicht sagen, dies entspreche einem Wissen. Es kam mir einfach so.

Nach dem, was Sri Aurobindo gesagt hat, wird der supramentale Körper unsterblich und geschlechtslos sein – keine Fortpflanzung. Diejenigen, die leben werden – wenn es eine Erde gibt, und wenn sie leben sollen –, müssen sich bewußt transformieren, sonst können sie nicht fortbestehen. Die Nahrung muß durch etwas anderes ersetzt werden.

Die Nahrung trägt bereits den Keim des Todes und der Zersetzung in sich. Deshalb muß sie durch etwas anderes ersetzt werden.

(Schweigen)

Weiß man, in welcher Zeit die Sonnenstrahlen die Erde erreichen?

Oh, das geht sehr schnell[1], liebe Mutter. Es ist schon geschehen, es hat die Erdatmosphäre schon erreicht.

Hat es sie berührt?

Ja, das geschieht innerhalb weniger Minuten.

Ach!

(langes Schweigen)

Die Auswirkung der Explosion ist also schon ...

Sie ist schon da. Die Radiosendungen wurden zum Beispiel schon gestört. Diese Sonneneruptionen finden in Zyklen statt, in einem ziemlich regelmäßigen Zeitintervall (ich kann es nicht genau sagen) – ich weiß nicht, ob es zehn oder zwanzig Jahre sind[2].

Oh!

Aber diesmal scheint es besonders stark zu sein.

Ach, das ist ein wiederkehrendes Phänomen ...

Ja, es tritt zyklisch auf. Aber ich glaube, diesmal war es von außergewöhnlicher Intensität ... von unerwarteter Intensität.

---

1. Mit Lichtgeschwindigkeit: in acht Minuten.
2. Alle elf Jahre.

(Schweigen)

Kennt man die Zusammensetzung der Sonne, die Materie der Sonne?

Ja, liebe Mutter, es ist eine Materie im Zustand der Kernverschmelzung – wie eine ständige gewaltige Atomexplosion.

Oh!

Ein gasartiger Zustand mit ständigen Kernreaktionen. Was man in einer kleinen Bombe gebaut hat, geschieht dort millionenfach ohne Unterbrechung.

(langes Schweigen,
Mutter lacht)

Wenn dies zunimmt oder abnimmt, muß es offensichtlich gewaltige Auswirkungen haben!

Sicherlich … Die Sonne ist keine wirklich feste Materie, verstehst du, es ist eine Energie.

Ja, es ist keine Materie.
(*In einem amüsierten Ton:*) Und wir hängen davon ab, um zu leben.

Ja. (Lachen)

(Schweigen)

Aber Sri Aurobindo und alle vedischen Rishis haben das Supramental schon immer mit der Sonne verglichen …

Ja.

Deshalb muß es wohl eine Beziehung, eine Entsprechung geben.

Ja … Aber ich finde es sehr … (wie soll ich sagen?) bedeutsam, daß es in diesem Jahr auftritt [zur Jahrhundertfeier Sri Aurobindos].

Ja.

(Schweigen)

Weiß man eigentlich, wie lange die Erde schon existiert?

Ja, man hat es berechnet, liebe Mutter.

Ach?

Ja, es wurde berechnet. Ich weiß nicht, wieviele Milliarden Jahre
– jedenfalls mehrere Milliarden Jahre[1]. Und man hat sogar das
Ende berechnet.

Ach! Wann ist das?

Ich glaube, es liegt noch weit in der Zukunft. Aber es scheint,
das Ende der Erde ist wissenschaftlich unausweichlich – durch
eine Abkühlung und eine Veränderung der Schwerkraft[2].

Théon hatte gesagt, es habe bisher ... dies sei die siebte Schöpfung,
und vorher habe es schon sechs Schöpfungen gegeben, die „wieder
absorbiert" wurden – auf genau diese Weise. Die gegenwärtige sei also
die siebte, die aber nicht wieder absorbiert werde sondern die sich
transformieren könne. Da wären wir also ... Diese Sonnenaktivität
habe bis jetzt immer mit dem Verschwinden der Schöpfung aufgehört,
dieses Mal werde sich die Schöpfung aber transformieren, um wieder
zum Höchsten zu werden und Ihn zu manifestieren.

Théon und Sri Aurobindo kannten sich nicht, sie haben sich nie
getroffen; sie wußten nichts von der Existenz des anderen; und Théon
hatte gesagt ... (ich erinnere mich nicht mehr, wie er diese neue Welt
nannte), das, was Sri Aurobindo das „Supramental" nennt. Das Seltsame und hoch Interessante ist, daß sie, ohne sich zu kennen und über
ganz verschiedene Wege zur selben Schlußfolgerung gelangten.

Und wir sind nun genau an dem Punkt, wo ... die anderen Schöpfungen endeten; und die jetzige, anstatt zu enden, wird transformiert
werden. Wie und was? Das weiß ich nicht.

Das Interessante am Menschen ist, daß er in materieller Hinsicht
nichts repräsentiert – eine bloße Sekunde in der Ewigkeit, ein Sammelsurium von Unfähigkeiten –, doch im Hinblick auf das Bewußtsein
kann er verstehen. Sein Bewußtsein hat die Fähigkeit, mit dem höchsten Bewußtsein in Beziehung zu treten. Da gab es natürlich all jene,
die zu diesem Bewußtsein zurückkehren wollten, aber Sri Aurobindo
sagte: Es geht nicht darum, zurückzukehren, sondern die Welt muß
befähigt werden, dieses höchste Bewußtsein zu manifestieren.

Im Grunde ist es das.

Wie wußten sie es? ... Etwas muß bewirkt haben, daß sie in völlig
verschiedenen Ländern, ohne sich zu kennen und im selben Augenblick, das gleiche erfuhren.

Und ich kannte sie beide.

---

1. Viereinhalb Milliarden Jahre, schätzt man.
2. In fünf Milliarden Jahren, vermutet man, wird die Sonne ein „roter Riese" und
   wird dann ihre Planeten verbrennen. Die Abkühlung wird erst danach eintreten.

Das ist offensichtlich äußerst bemerkenswert.

Und interessanterweise handelt es sich nicht um ein physisches Wesen [Mutter], das in einer bedeutenden Stellung geboren wurde, im Gegenteil *(Geste, ein gewöhnliches Milieu andeutend)* ... Ich erinnere mich nur deutlich, daß ich ganz klein (etwa mit fünf oder sechs Jahren, ich weiß nicht genau), auf einem kleinen Sessel sitzend, der speziell für mich gemacht worden war, eine große Macht fühlte *(Mutter hebt einen Finger über ihren Kopf)*, über meinem Kopf. Von ganz klein an (eben wie ein Kind denken kann) wußte ich, daß „Das" große Dinge vollbringen muß ... Ich verstand nichts, wußte nichts.

(Schweigen)

Darum geht es jetzt: anstatt eines *Pralaya*[1] die Transformation.

(langes Schweigen)

Es scheint also, daß Partikel von diesem Ausbruch kamen ... Ich glaubte, sie hätten ihr Eintreffen auf der Erde für später angekündigt; aber nach dem, was du sagst, sind sie schon da?

Ich habe die Zeitungen von heute morgen nicht gesehen. Es sind sicher atomare Partikel.

Ja.

Gewöhnlich werden sie durch die Dichte der Erdatmosphäre aufgehalten und stören nur die Atmosphäre, nicht die Erde selbst ... Die spürbarsten Konsequenzen sind Klimaveränderungen.

Ja, es ist schrecklich heiß ...

(Mutter geht in sich.
Pranab tritt ein und sagt vom anderen Zimmerende aus:
„Es ist spät." Mutter kommt sogleich zurück.)

Ist es Zeit?

Ja, Mutter.

---

1. Zerstörung oder Weltenende (Apokalypse)

12. August 1972

Hast du nichts zu fragen?

Gibt es Neuigkeiten?

Oh, es ist immer neu.
Was hast du denn für Neuigkeiten?

Nichts, liebe Mutter, ich beklage mich etwas über den Mangel an Bewußtsein in meinen Nächten ... Ich frage mich, was ich nachts anstelle.

(nach einem Schweigen)

Sieht jemand nachts Pavitra?

(Sujata:) Ich sehe ihn fast jede Nacht.

Ach, du siehst ihn!... Ich sehe ihn immer so, wie er hier war – er ist stets beschäftigt, ein bewußtes und aktives Leben. Letzte Nacht sprach er mit Leuten, hielt Treffen ab, er war außerordentlich aktiv.
Er verkehrte mit Leuten, die immer noch einen physischen Körper haben und die gerade schliefen, die aus ihrem Körper getreten waren. Und er war so bewußt! Noch nie habe ich jemanden gesehen, der so ... ich könnte sagen, materiell bewußt war. Als verrichte er seine Arbeit. Hauptsächlich trifft er Leute, spricht mit ihnen, führt sie zusammen ...
Weißt du, daß er im Augenblick seines Todes in mich eingetreten ist[1]?... Ich sorgte dafür, daß er sich nicht vermischte [mit Mutter], ich bewahrte ihn so *(Geste einer getrennten Form).* Und als er sich von diesem Schock erholt hatte, trat er ganz natürlich wieder hinaus und fing an zu arbeiten. Ich sehe ihn fast jede Nacht.
Ich habe noch nie jemanden gesehen, der sich selbst so ähnlich geblieben ist. Wirklich bemerkenswert.

(Mutter geht in sich)

(Sujata:) Aber Mutter, was können wir denn tun, um den Kummer zu lindern? ... Ich sehe ihn ja sehr häufig nachts, aber ich bin immer noch traurig, daß ich ihn nicht mit meinen materiellen, physischen Augen sehen kann ... Was kann ich tun, liebe Mutter[2]?

---

1. Siehe *Agenda* Bd. 10 vom 17. Mai 1969.
2. Es sei daran erinnert, daß Sujata dreizehn Jahre lang, von 1949 bis 1962, Pavitras Sekretärin war.

(Mutter lächelt) Du siehst ihn, aber ihr habt keinen Kontakt?

Wir arbeiten zusammen, so wie es früher war.

Was willst du noch mehr?

Ja, aber wenn ich wach bin wie jetzt, dann …

(Mutter lacht) Das bedeutet, daß du noch sehr jung bist.

Nein …

Aber doch!

Auch für meinen älteren Bruder. Er lebte weit weg, und ich sah ihn nie, aber jetzt, wo er fortgegangen ist und ich weiß, daß ich ihn niemals in derselben Form wiedersehen werde, bin ich sehr bekümmert. Was kann ich tun?

Wie sonderbar!

Das ist wie ein Schmerz im Herzen. Ich kann ihn nicht loswerden, verstehst du. Ich weiß nicht, was ich tun soll.

Du mußt tiefer gehen. Du bist betrübt, weil du noch in einem sehr oberflächlichen Bewußtsein bist – du mußt tiefer gehen, in ein tieferes Bewußtsein.

Im Wachzustand? Wenn ich wach bin wie jetzt?

Ja, natürlich! Im Wachzustand mußt du versuchen, dein psychisches Bewußtsein zu finden.

Wenn du mit deinem psychischen Bewußtsein verbunden bist, gibt es keinen Kummer mehr.

(Schweigen)

Du bist eben noch sehr jung! *(Lachen)* Wie alt bist du?

Sechsundvierzig, liebe Mutter.

Du hast das Bewußtsein einer Fünfundzwanzigjährigen.

Ach!

(Satprem protestiert:) Nein, achtzehn.

Das macht nichts. Das macht nichts …

16. August 1972

(Es ist der Tag nach Sri Aurobindos Jahrhundertfeier.
Eine Menschenmenge steht in Mutters Flur Schlange.)

Heute morgen sehe ich zweihundert Leute ... zweihundert!

Wie war es gestern?

Ich möchte lieber nichts sagen, denn ...
Nach dem, was ich vorher gehört hatte[1], war es ein großer Erfolg.
Aber es war nichts Sichtbares. Obwohl ich niemandem etwas sagte,
spürten doch mehrere Personen, daß es der Beginn von etwas Neuem
war.
Das ist eine ganze Geschichte ... Gegnerische Kräfte hatten sich
verbündet und entschieden, daß ich gestern sterben sollte. Und es
stimmte, es gab tatsächlich einen Angriff. Dann, auf dem Balkon, trug
ich wirklich einen Sieg davon. Aber nichts Sichtbares.
Wenn jetzt diese ... (wie soll ich sagen?) diese „Botschaften" wahr
sind, wenn sie wahr bleiben, werde ich weiterhin so sein *(Geste in*
der Schwebe zwischen zwei Positionen), bis zu meinem hundertsten
Geburtstag, das heißt, bis 1978, und dann (immer angenommen, diese
Stimme sagt die Wahrheit), dann beginnt die supramentale Transformation des Körpers.
Stimmt das? Ich habe keine Ahnung. Dies ist mir jedenfalls gesagt
worden.
Ich habe keine Ahnung.
Ich bleibe so *(Geste mit offenen Händen)*.

(Schweigen)

Wird mein Körper das durchstehen? – Das ist die Frage.
Er ist so *(die gleiche Geste)*: Was Du willst, Herr, was Du willst ...
Aber offensichtlich muß er eine Transformation durchmachen.
Und was hast du gestern gespürt?

Ich kann es nicht sagen, liebe Mutter. Es gab zu viele Störungen
in der Atmosphäre[2].

---

1. Siehe das Gespräch vom 2. August, S. 225 (die zwei gegensätzlichen „Formationen").
2. Zehntausend Leute und eine Mischung aus Rummelplatz mit Räucherstäbchen und
die Atmosphäre von Lourdes heraufbeschwörende „Schaubuden", ohne von den
„Ausschmückungen" des Samadhi und den „Verschönerungen" in Sri Aurobindos
Zimmer zu sprechen: der Steinboden, auf dem er seine Fußspuren hinterlassen
hatte und wo er so lang auf und ab gegangen war, war mit blauem Linoleum
überklebt worden.

Oh, ja.

Es ist schwer zu sagen ... Offensichtlich Sri Aurobindos Gegenwart.

Oh, ja! Sehr stark ...

(langes Schweigen)

Ich bleibe so *(gleiche Geste mit offenen Händen).*

(Mutter geht in sich, man hört den Lärm der Menge und die Lautsprecher)

Man sagte mir, ich müsse heute morgen zweihundert Leute sehen – zweihundert. Heute morgen.

Zum Glück gibt es dich, liebe Mutter!

Mein Kind ... *(Mutter nimmt Satprems Hände)*
Der nächste Monat wird besser sein, wir werden mehr Ruhe haben. Es wird ruhiger sein ...

19. August 1972

(Mutter sieht sehr blaß aus. Sie hat gerade 175 Leute empfangen.)
Was hast du zu sagen?

Und du, liebe Mutter, sagst du etwas?

Ich habe gerade mehr als hundert Leute gesehen.

Ja, du bist müde.

Nicht müde ... Benommen.
Ich sage nichts.
Aber wenn du Fragen hast.

Du solltest dich ausruhen, Mutter.

Ich werde mich ausruhen. Aber frage mich, wenn du etwas hast!

Ich habe den Eindruck, ich finde innerlich nicht die richtige Bewegung. Ich finde nicht die richtige Haltung.

Ach! ... Du bist zu aktiv.

Wärest du ... Immer mehr habe ich den Eindruck, wenn wir uns nicht so verhalten *(Mutter öffnet ihre Hände nach oben in einer Geste der Hingabe)* und alles der göttlichen Gnade überlassen, mit einem INTENSIVEN Glauben, dann ist es ... unmöglich.

In der Art *(die gleiche Geste).*

> *(Mutter geht in sich, öffnet dann ihre Augen weit und schaut Satprem an. Die Kontemplation setzt sich mit offenen Augen fort, ohne einen Lidschlag)*

26. August 1972

Ein Suppenpäckchen! *(lachend)* Das ist eine Seltenheit geworden *(Lachen).*

> *(Mutter gibt Satprem ein Päckchen Trockensuppe und Blumen)*

Wie geht es dir?

Es geht, es geht!

Nicht allzusehr bedrängt?

Ooh! Schrecklich ... es sind zwischen hundertfünfzig und zweihundert Personen an einem Tag – zweihundert Personen täglich.

Die einzigen Tage, an denen es weniger sind, sind deine Tage.

Ach, gut!

> *(Mutter „schaut" lange)*

Hast du nichts zu fragen?

Was siehst du, Mutter?

> *(nach einem langen Schweigen)*

Ich möchte sagen: Nichts! Nichts, ich sehe nichts ... Es ist kein „Etwasdassieht" mehr da, aber ich BIN eine unzählige Menge von Dingen.

Ich lebe eine unzählige Menge von Dingen.

Das sind so viele, daß es nichts mehr gibt ... Ich finde keine Worte dafür.

Ja.

(langes Schweigen)

Der Körper beginnt die Kraft zu fühlen, die durch ihn hindurchströmt *(Geste durch die Finger).*
Auf diese Weise *(gleiche Geste).* Fühlst du es?

Oh, ja! Ganz bestimmt.

(Mutter geht in sich)

30. August 1972

Wie geht es dir?

Ich glaube, gut.

Mir auch! *(Lachen)*

(Schweigen)

Ich kann deutlich sehen: Anstatt des Denkens wird das Bewußtsein das Leben leiten. Wenn das Bewußtsein ruhig und offen dem Göttlichen gegenüber ist, geht alles gut. Doch ständig gelangen Dinge ins Bewußtsein, als kämen sie aus der ganzen Welt *(Geste eines von allen Seiten kommenden Ansturms)*: alles, was die göttliche Aktion leugnet oder ihr widerspricht. Ständig kommt dies so *(gleiche Geste).* Wenn ich still bleiben kann *(Geste der Darbietung mit offenen Händen)* in der Haltung... *(lächelnd)* einer Nichtexistenz, eine Art ... Ich weiß nicht, ob ich Transparenz oder Reglosigkeit sagen soll, aber etwas im Bewußtsein ist so *(gleiche Geste der Darbietung mit offenen Händen).* Auf die Weise geht es gut; sobald es jedoch anfängt, sich zu bewegen, das heißt, wenn die Person sich irgendwie manifestiert, wird es abscheulich. Das ist sehr stark.

Weißt du, die tausendjährigen Erfahrungen des physischen Körpers sagen: „Ach, dieser glückselige Zustand ist unmöglich" – genau diese Dummheit verzögert alles. Dies kommt gleichsam aus den Zellen des Körpers, die daran gewöhnt sind, zu kämpfen und zu leiden, und die nicht anerkennen können, daß die Dinge so geschehen *(dieselbe Geste der Darbietung mit offenen Händen)*. Wenn es dann doch so ist, wird alles wunderbar.

Leider ist das nicht beständig. Es dauert nicht ständig an. Immer dringen Dinge ein *(Geste eines Angriffs)*.

Aber jetzt sehe ich sehr deutlich und klar: Das Bewußtsein wird das Denken ersetzen.

Ja.

Und … (wie soll ich sagen?) ich sehe den Unterschied: Das Denken ist so *(hektische und wirbelnde Geste)*, es rührt sich unentwegt; das Bewußtsein hingegen verhält sich so *(Geste mit offenen Händen in einer Darbietung nach oben)*. Ich kann das nicht erklären.

(Mutter schließt die Augen und verharrt mit offenen Händen)

Hast du etwas zu sagen oder zu fragen?

Ich fragte mich, was ich tun könnte, um die Bewegung zu beschleunigen. Im praktischen Leben wird man von so vielen Dingen bestürmt … Was kann man tun, um die Bewegung zu beschleunigen?

Wenn es dir gelingt, davon unberührt zu bleiben, würde das einen großen Unterschied machen.

Ja.

Einen großen Unterschied.

Verstehst du, mein Körper beginnt – beginnt – zu wissen, daß die göttliche Seite ein Leben bedeutet, das … *(Mutter breitet die Arme in einer Unermeßlichkeit aus)* fortschrittlich und leuchtend ist; aber eine Ansammlung vergangener Erfahrungen sagt: „Ach, das ist unmöglich!" – Und dieses idiotische „Unmöglich" verzögert und beeinträchtigt die Dinge.

Dies liegt an der Tatsache, daß, sobald der Körper die wahre Haltung verläßt, alles schmerzlich wird: alles tut weh, alles ist unangenehm – überall spürt man Tod und Auflösung. Und das bestärkt sozusagen die Dummheit der Materie.

243

Um die Wahrheit zu sagen, möchte ich lieber nicht sprechen, es sei denn, um eine präzise Frage zu beantworten.

Ich frage mich, auf welchen genauen Punkt ich meine Aufmerksamkeit richten soll.

(nach einem Schweigen)

Fühlst du, daß du das Denken überschritten hast?

Oh, ja, ganz und gar. Das einzige, was noch bleibt, ist ein mechanisches Denken, aber sonst … Ich kann sagen, daß ich mich nie des Denkens bediene: ich habe immer das Gefühl, von oben zu schöpfen. Das spekulative Mental ist mir zum Beispiel unmöglich.

Nun, dann ist es gut, dann bist du auf dem richtigen Weg.

Ja, aber praktisch hat man den Eindruck, daß man kämpft und … daß man sich etwas verheddert.

Bei mir ist es so, als ob alles, worauf ich mich für mein Handeln zu stützen pflegte, ABSICHTLICH zusammenbricht, damit ich bei allem, selbst bei den kleinsten Dingen, nur noch sagen kann: Was Du willst! Das ist gleichsam meine einzige Zuflucht geworden.

Weißt du, ich erinnere mich an nichts mehr. Das heißt, wenn man mir aufträgt: „Sagen Sie folgendes zu dieser Person!", antworte ich sehr aufrichtig: „Ja." Und ein, zwei Minuten später weiß ich nicht mehr, was es ist[1] … Ich erinnere mich an nichts – nichts.

Manchmal kann ich stundenlang in einer Art friedlicher und leuchtender Kontemplation verharren – und glauben, es seien bloß einige Minuten verstrichen.

Man muß in Kauf nehmen, daß man einem gewöhnlichen Beobachter, der nicht Bescheid weiß, erscheint wie ein … Gewiß denken neunundneunzig Prozent der Leute, daß ich … *(lächelnd)* verrückt geworden bin.

Nein, nein! Das nicht …

Es hat nicht die GERINGSTE Bedeutung.

Ich sehe es in ihrem Bewußtsein, und ich kann darüber nur lächeln. Ich muß es hinnehmen.

Aber nicht wenige sehen auch das Licht, weißt du.

---

1. Aber wenn auch nur die geringste tiefere Wahrheit in dem lag, was man Mutter zu sagen bat, erinnerte sie sich bestens.

Das ist möglich. *(Lachend)* Um so besser für sie.

(Schweigen)

Sehr häufig frage ich den Herrn: Wie kann ich jetzt helfen, wo ich nicht mehr klar sehe, nicht mehr gut höre, nicht mehr deutlich sprechen kann und Hilfe brauche, um mich zu bewegen? Das ist ein Zustand … Und der Körper spürt keinen Verfall. Er ist überzeugt, daß er seine Aktivität morgen wieder aufnehmen könnte, wenn der Herr es wollte.

Die Kraft ist da *(Mutter berührt ihre Arme, ihre Muskeln)*, eine zuweilen schreckliche Kraft … Warum nur? …

Dieser Zustand ist gewollt, damit … *(lächelnd)* damit man mich in Ruhe läßt.

Ja, das glaube ich auch, Mutter.

Sonst läßt man mir keine Ruhe.

Du würdest im Nu mit einer Welt belangloser Probleme überhäuft.

Ja, ihre Probleme sind alle belanglos. *(Mutter lacht)* Und von einer solchen Schamlosigkeit: keine Treue mehr in der Ehe und mangelnde Ehrlichkeit in der Arbeit. So ist das. Unglaublich – unglaublich. Die Leute stellen mir Fragen … *(lachend)*, die unwahrscheinlichsten Fragen.

Alle Regeln … ach, als seien alle moralischen Regeln über den Haufen geworfen worden. Dem Anschein nach zu urteilen … Ich gebe dir ein Beispiel: Jemand [vom Ashram] hat ein „Reisebüro" eröffnet. Man gibt ihm Geld, um Fahrkarten zu bestellen. Er steckt das Geld in seine Tasche und kauft die Fahrkarten nicht *(Lachen)*. Das ist doch unerhört!

(Schweigen)

Weißt du, das ist sicher ein gewollter Zustand, denn so, wie ich es in meinem kleinen Maßstab wahrnehme, habe ich den Eindruck, daß du in deiner Reglosigkeit eine gewaltige Sendestation bist.

Ja, das weiß ich. Das weiß ich. Gewaltig! Ja, eine Kraft … Aber selbst in meinen Händen: eine gewaltige Kraft.

(Schweigen)

(Lächelnd) Häufig sehe ich … (wie soll ich sagen?) … Du bist in diesem Bewußtsein, und ich schaue, um zu sehen, welchen Platz du

245

im Bewußtsein einnimmst. Und ... *(Mutter verharrt mit geschlossenen Augen, lächelnd)* Mein Kind, ich möchte nicht, daß du ... *(Mutter macht eine Geste des sich Aufplusterns)*, ich sage dir das nicht, um dir Komplimente zu machen, das will ich nicht. Aber immer ... du bist wie ein leuchtender Garten ... mit klaren Formen *(Mutter zeichnet etwas wie ein Rechteck)*, leuchtend und in Farben, die von leuchtendem Rosa bis ins Goldene gehen. So ist das. Und das bist du – so sehe ich dich. Immer.

Da ist eine grenzenlose Atmosphäre ... Eine unermeßliche Atmosphäre, in Sri Aurobindos Aura gehüllt: blau ... das helle, leuchtende Blau, das seine Farbe ist. Und darin sehe ich dich ... Du bist wie ein deutlich angelegter Garten *(gleiche Geste)* und von einer Farbe ... ein leuchtendes Rosa bis ... eine leuchtende, goldene Atmosphäre. Ein leuchtender Garten. Genau das sehe ich – ich sehe ihn so *(Mutter deutet auf ihre offenen Augen)*. Das ist sehr gut.

Es gibt noch einige verhärtete Punkte, das heißt Dinge ... (wie soll ich sagen?) persönliche Starrheiten, aber ... allmählich verschwindet das und transformiert sich. Das sehe ich.

(Mutter geht bis zum Ende in sich)

(Sujata:) Liebe Mutter, mein Onkel[1]*, der dich gestern gesehen hat, sagte mir: „Ich weiß nicht, ob du es siehst, aber ich sah ein Licht aus Mutters Gesicht kommen ..."*

(Mutter lacht)

*Da habe ich ihn gefragt: „Und welche Wirkung hat das auf dich?"
Er sagte: „Weißt du, ich habe keinerlei Wünsche, nichts; ich habe ganz einfach das Verlangen, mich ... davor zu verneigen."*

(Mutter lächelt)

---

1. Später hat diese Person Auroville sehr bei der indischen Regierung geholfen, als die Hochstapler die Aurovillianer ins Gefängnis stecken und deportieren wollten.

September

6. September 1972

(Das Gespräch beginnt um halb elf anstatt um zehn Uhr.)

An deinen Tagen – mittwochs und samstags – empfange ich nur die Geburtstagsbesucher des Ashrams, aber stell dir vor, wir sind jetzt mehr als zweitausend Leute! Folglich … die anderen „birthdays" sehe ich an anderen Tagen als Gruppe, und trotzdem kommen so viele Leute an deinen Tagen – besonders nächsten Samstag, dem 9. (viele Leute vom Ashram sind am 9. geboren).

Ja, ja, Mutter, ich habe verstanden! (Lachen)

Deshalb werde ich gezwungen sein, dich um halb elf anstatt um zehn Uhr kommen zu lassen.[1]
Und wie geht es dir?

Etwas besser [ein entzündetes Auge].

Aber die Welt scheint vollkommen in einem wilden Chaos zu stecken. Sogar an den Olympischen Spielen bekämpfen sie sich … Ein Athlet wurde erschossen.[2]

Ja, ein Israeli wurde getötet.

Ja, das sind die Araber.

Die Moslems haben etwas ganz und gar … etwas, das verschwinden muß, Mutter. Sie sind so fanatisch!

Sie sind sehr gewalttätig.

Ja, fanatisch.

Sehr gewalttätig.

Ich weiß nicht, was sie im universellen Gleichgewicht darstellen, aber man hat den Eindruck …

Die Kraft.

Die Kraft … Aber sie verbringen ihre Zeit damit, sich gegenseitig zu erstechen.

(nach einem Schweigen)

---

1. In Wirklichkeit um elf …
2. Elf israelische Athleten wurden von arabischen Terroristen ermordet.

Sie sind überzeugt, daß man nach dem Tod des Körpers weiterlebt – für sie bedeutet der Tod des Körpers keineswegs das Lebensende.

Sie glauben nur an ein „Paradies", das ist alles.

(*Lachend*) Das Paradies der Mörder!

(langes Schweigen)

Es wird mir fast unmöglich zu essen. Und gleichzeitig weiß ich überhaupt nicht, wodurch die Nahrung ersetzt werden soll. (*Mutter wischt sich über die Stirn*) Ich sehe nichts.

Alles wird ... ich kann nicht sagen ein Leiden, aber ein Unbehagen – ein ständiges Unbehagen –, als ließe man meinen Körper alles durchleben, was verschwinden soll. Und dies hält ständig an. Von Zeit zu Zeit, für einige Sekunden ... (*Mutter öffnet ihre Augen weit wie vor einem Wunder*) nicht einmal lange genug, um es definieren zu können. Aber das ist sehr selten. Das andere ist fast ein Dauerzustand. Alles: die äußeren Angelegenheiten, die inneren Angelegenheiten, das, was man „die anderen" nennt, das, was den Körper betrifft, alles, alles: schrecklich ...

Buddha sah die Dinge sicherlich auf diese Art, als er sagte, das Leben sei eine Lüge und müsse verschwinden. – Ich WEISS, daß es keine Lüge ist. Aber es muß sich ändern ... Es muß sich ändern ... Und unterdessen ...

Nur wenn ich innerlich und in allen Bereichen völlig schweigend bin (*Geste mit offenen Händen*), erst dann wird es erträglich.

(Schweigen)

Ich habe das Gefühl einer gewaltigen Kraft (*Mutter berührt ihre Fingerspitzen*), aber ... zusammen mit der Wahrnehmung der kleinen Person (wie soll ich sagen?), die absolut alles enthält, was verschwinden soll. Als hätten sich alle Negationen vereint, damit ich das Nötige tue, und ich weiß nicht einmal, wer dieses „Ich" ist.

Dieser arme Körper ist nicht glücklich – er ist nicht unglücklich. Er hat das Gefühl, nicht zu existieren. Alles, was auf ihn zukommt, die ganze Organisation, sein ganzes Leben ist die Verleugnung dessen, was ihm ... als die zu realisierende Schönheit erscheint.

(Mutter geht in sich)

9. September 1972

(Am gleichen Morgen erzählte jemand Mutter, er habe sie nachts auf der Straße gehen sehen.)

... Ich werde auf der Straße gehen, wenn ich hundert bin.

*
* *

(Mutter betrachtet Satprem mehr als eine Viertelstunde lang mit einem Lächeln.)

Hast du nichts zu fragen?

Ich fühle Sri Aurobindo sehr stark.

Ach!

(Mutter geht in sich)

13. September 1972

Dies hatte ich neulich geschrieben *(Mutter zeigt einen Zettel)*, und Pranab sagte mir: „Oh, das wäre doch eine gute Botschaft für das neue Jahr!" Aber es ist auf englisch ... Kannst du es lesen?

„When you are conscious of the whole world at the same time, then you can become conscious of the Divine."

Ich will damit nicht sagen, daß man automatisch, wenn man sich der Welt bewußt ist, auch des Göttlichen bewußt wird, sondern: Wenn man ein ausreichend weites Bewußtsein hat, um die gesamte Welt erfassen zu können, dann kann man auch die Fähigkeit erlangen ...

Wie soll ich sagen? ... Ich will es nicht zu deutlich sagen, sondern jeder soll es seinem Vermögen entsprechend verstehen – verstehst du?

Weißt du, was ich sagen will?

Ja, ja.

Ein Leser mit einem oberflächlichen Bewußtsein wird es so verstehen, und ein anderer mit einem tiefen Bewußtsein wird tiefer verstehen.

Ich werde es auf französisch sagen *(Mutter diktiert:)*

Wenn ihr euch der gesamten Welt gleichzeitig bewußt werdet, dann seid ihr fähig, euch des Göttlichen bewußt zu sein.

Ist das gut so?

Ja, liebe Mutter, aber das „dann" ist nicht notwendig: „Wenn ihr euch der ganzen Welt gleichzeitig bewußt werdet, seid ihr fähig, euch des Göttlichen bewußt zu sein."

Ich habe absichtlich „dann" gesagt, denn sonst bedeutet es, daß man sich automatisch des Göttlichen bewußt wird, sobald man sich der gesamten Welt bewußt wird – das stimmt nicht. Dies ist nur ein Aspekt des Göttlichen. Deshalb habe ich „dann" gesagt.

Ist es so gut?

Ja, ja, liebe Mutter. Aber wenn man dies wörtlich liest, bedeutet es, daß man sich der gesamten Welt bewußt werden muß ...

...um fähig zu sein, sich des Göttlichen bewußt zu sein. Das ist die Idee. Aber ich möchte es nicht so sagen. Verstehst du, ich will, daß jeder ...

... es auf seine Weise versteht, seinem Niveau entsprechend.

Ja, denn durch die Arbeit entwickelt sich das wahre Bewußtsein – das will ich hier aber nicht sagen.

Ist das Französisch?

Ja, ja! Das ist sehr gut! Das geht sehr gut.

(Schweigen)

Und du machst Fortschritte?

Nun, das frage ich mich.

(Mutter lacht) Ich auch!

(Schweigen)

Das ist eine unglaubliche Sache: in jedem Augenblick ist da entweder das wahre Bewußtsein oder das Gefühl einer unmittelbaren und allgemeinen Gefahr. Verstehst du, alles: essen, ein Bad nehmen, alles ist eine Gefahr. Man kann nur ... *(Mutter öffnet die Arme und Hände in einer Geste kontemplativer Hingabe).*

Bis jetzt ist nur das Ruhen gut: das ist die Entspannung im Göttlichen. Diese beiden Zustände: sich ausruhen und die stille Reglosigkeit (in einer Position, wo mir mein Körper nicht allzu weh tut), auf die Weise scheint es, als könnte ich Jahrhunderte verweilen. Und dann ... mich damit beschäftigen (wie soll ich sagen? es ist keine Arbeit): das Göttliche durch mich wirken lassen, durch meinen Körper. Wenn jemand da ist, kommt mehr und mehr im Schweigen ... *(Geste der Kraft, die durch Mutter fließt)* ... den Zustand erreichen, wo nur noch das Göttliche existiert.

Diese beiden Dinge gehen sehr gut. Am schwierigsten ist das Essen. Es ist weder Abscheu noch Mißfallen oder etwas Ähnliches (das sind keine Gefühle): es ist materiell unmöglich.

Das ist ein Problem. Etwas muß gefunden werden, aber was?

Ich hoffe, du hast diese Schwierigkeit nicht.

Für das Essen, nein. Aber man könnte glauben, der Fortschritt bestehe darin, ständig all das zu bemerken, was nicht gut ist ...

Ja, ja.

... alles, was schief geht, alles, was mangelhaft ist.

Ja, ja, das stimmt genau.

Aber das ist schrecklich negativ und düster.

Hast du denn nicht ... *(Geste einer Verinnerlichung)*? Schläfst du nachts?

Schlecht – nicht gut.

Ich schlafe überhaupt nicht mehr, aber es ist ... einfach wunderbar! Dies ist das einzig Wunderbare ... *(reglose Geste, Arme und Hände geöffnet in einer völligen Hingabe)* Weißt du, es ist absolut so, als bade man im Herrn: auf die Weise *(dieselbe Geste)*. Keine aktiven Empfindungen, kein ... nichts. Nichts. Nur ein leuchtender Friede.

Gewiß soll das den Schlaf ersetzen. Der Schlaf, dieser Fall ins Unbewußte muß verschwinden und ersetzt werden durch ... *(gleiche Geste mit offenen Armen, mit einem Lächeln)*.

Für den Körper ist das ... ja, man könnte sagen: ein Bad des Herrn.

Das Gefühl einer Person gibt es überhaupt nicht mehr – absolut nicht. Es ist ein BewußtseinsZUSTAND.

Ein Bewußtseinszustand.

(Mutter geht in sich, Arme und Hände geöffnet)

16. September 1972

Hier ist eine „Grace"-Blüte für euch beide.

(Mutter gibt eine weiße Hibiskus)

Ich habe eine materielle Frage ... Ein Gedanke kam mir, und ich wollte wissen, was daran ist. Vor zwei oder drei Jahren schickte ich mein Buch Der Sannyasin *nach Europa; ich vertraute es P.L. an, um zu versuchen, es in Europa zu veröffentlichen. Jetzt kümmert sich „Auropress" darum. Aber als ich es nach Europa schickte, fragte mich P.L.: „Was sind Ihre Bedingungen?" Ich schrieb P.L., was mir kam: „Dieses Buch gehört Indien, ich schulde es Indien, und wenn es irgendwelche Einkünfte geben sollte, gehört dieses Geld Indien." Da man es in Europa nicht haben wollte, kümmert sich nun Auropress darum. Jetzt stellt sich die Frage der Finanzen: zu wissen, wohin das Geld geht. Natürlich sagte ich: „Das ganze Geld soll Mutter zukommen, es gehört Mutter." Dann ist mir später wieder der alte Gedanke gekommen: „Dieses Buch soll nach Indien gehen, die Einkünfte dieses Buches gehören Indien." Ich würde gern wissen, ob diese Idee irgendeinen wahren Grund hat oder ob ich es wie immer handhaben soll, d.h. alles Geld des Buches soll dir zukommen?*

(Schweigen)

Wohlverstanden mache ich keinen Unterschied zwischen Indien und dir ...

Ja, ja. Das dachte ich auch *(Lachen)*.

Das ist offensichtlich. Und ich bin absolut überzeugt, daß das Geld bei dir in besseren Händen sein wird als bei den Regierungsleuten.

Oh, ja!

Das ist sicher. Jedenfalls wollte ich es dir unterbreiten, nachdem mir dieser Gedanke gekommen war.

Ach, ich kann es nicht sagen, aber mir scheint, daß ... ich der beste Repräsentant bin!

Ja, Mutter, ohne Zweifel.[1]

---

1. Dieses Geld wird schließlich in die Taschen des Mannes gehen, der „Auropress" damals leitete.

(Schweigen)

Wie geht es P.L.?

Keine Neuigkeiten.

(Mutter tritt in Kontemplation)

*

20. September 1972

(Satprems Augen betreffend, die in schlechter Verfassung sind.)

Wie geht es deinen Augen?

Und du, wie geht es dir?

Ich … Das Bewußtsein schreitet fort.

*(Satprem legt seinen Kopf auf Mutters Schoß.
Mutter legt ihre linke Hand auf Satprems rechtes Auge.)*

Wenn du zehn Tage lang nichts tätest … deine Augen nicht zum Lesen oder Schreiben benützt – nichts anschaust und nur siehst, was unerläßlich ist, um zu essen, um dich zu bewegen. Ich weiß nicht, es gibt eine automatische Sicht, die nicht ermüdet. Wenn man „hinsieht", ermüdet es. Ich wünsche dir zehn Tage dieser automatischen Sicht.

Verstehst du, für die Arbeit bist du jetzt meine Augen, du mußt sie in gutem Zustand bewahren. Ich selbst sehe alles wie durch einen Schleier. Aber ich habe dabei eine Wahrnehmung gewonnen. Ich sehe überhaupt nicht mehr auf dieselbe Weise – als sähe ich mehr innen, ich kann es nicht erklären. Das steigert sich. Es nimmt zu. Aber es dauert sehr lange.

*

30. September 1972

Ich habe ein interessantes Zitat von Sri Aurobindo gefunden.

Welches?

Dies hier:

„Das Prinzip der mechanischen Wiederholung ist sehr stark in der materiellen Natur, so stark, daß wir leicht dazu neigen zu denken, es sei unheilbar. Das ist aber nur ein Trick der Kräfte dieses materiellen Unbewußten; indem sie diesen Eindruck erwecken, versuchen sie fortzubestehen. Wenn man stattdessen beharrt und sich weigert, deprimiert oder entmutigt zu sein, und sogar im Augenblick des Angriffs die Gewißheit des letztlichen Sieges bekräftigt, wird der Sieg selbst sehr viel leichter und eher kommen."

(Letters on Yoga, XXIV.1336)

Oh, das ist ausgezeichnet!

(Lachend) Es trifft sehr gut auf dich zu.

(Schweigen)

Das Schwierige ist, das Bewußtsein stetig zu halten ...

(Mutter stimmt lebhaft zu)

Solange man alle Aktivitäten einstellt, ist es sehr leicht: alles wird still und konzentriert – die Kraft fließt. Aber sobald man irgendeine Aktivität aufnimmt, verschwindet alles.

(Mutter nickt lebhaft)

Ich weiß nicht, welche Art von Kraft oder innerer Öffnung diese automatische Stabilität bringen würde?

In meinem Fall war es eine radikale Aktion: Das Mental und das Vital wurden einfach weggeschickt. Deshalb mußte sich der Körper Schritt für Schritt eine neue mentale und vitale Aktivität erschaffen. Das war sehr interessant, denn dies geschah erst, als es gebraucht wurde. Natürlich ist es noch unvollkommen – besonders die Sprache. Das ist das Hinderlichste, denn ich habe Mühe, mich auszudrücken; aber das übrige, oh ... *(schweigende Geste zur Stirn, dann ausgebreitete*

und reglose Arme, als schwebte alles in einer unwandelbaren Ewigkeit).
Sobald dieser Zustand eintritt, wird es WEIT, leuchtend, ruhig ...
Und die Zeit zählt nicht mehr.

(Mutter geht bis zum Ende des Treffens in sich)

Du mußt dich ausruhen, bis deine Augen geheilt sind – völlig geheilt.

Oktober

7. Oktober 1972

Deine Augen?

Ich kann nicht aufhören. Alles ist vorherbestimmt. Aber ich sorge mich nicht.

> *(Satprem liest Mutter Auszüge aus dem Gespräch vom 30. August für die nächsten „Notizen auf dem Weg" vor.)*

Ist das alles?

Findest du das gut so?... Ich habe einiges gekürzt, aber ist der Rest in Ordnung?

Es ist sehr persönlich.

Ich habe vieles gekürzt; aber verstehst du, wenn wir alles Persönliche herausnehmen, bleibt nicht mehr viel übrig ...

(Lachend) Es bleibt nichts mehr!

Dasselbe gilt für die Bemerkungen, die ich dir gegenüber machte [in diesem Gespräch vom 30. August], als du mich fragtest, ob ich mich des Denkens bediene. Ich glaube, daß ich keine „Person" sondern eine „repräsentative" Stimme bin, und die Antwort, die ich dir gab, kann anderen Leuten weiterhelfen.

Oh, sicherlich!

Außerdem ist dies alles, was ich für das Bulletin habe, ich habe nichts anderes.

Das genügt! Die Novemberausgabe ist immer kürzer.

Ja, aber du sprichst auch nicht viel. Seit einiger Zeit sagst du nicht viel über deine Erfahrung.

Ich kann nicht sprechen.
Im übrigen habe ich nichts zu sagen.
Was da ist, ist gerade ... Es ist so *(Geste der Darbietung, mit geöffneten Händen).* Es ist wirklich so, ich habe nichts zu sagen.
Wenn ich es ausdrücken will: Ständig, ständig ist es, als sagte ich einerseits zum Herrn: „Was willst Du, daß ich tue?" und andererseits ...

> *(Schweigen mit geschlossenen Augen,*
> *die Hände in einer totalen Hingabe geöffnet)*

Das ist es.

Das Gefühl ... so transparent und unpersönlich wie möglich zu sein, damit das Göttliche hindurchdringen und handeln kann. Und hier *(Geste zur Stirn)* ist es absolut still ... *(Geste offener Hände, unbeweglich)*. Das ist alles. Mein ganzes Leben ist so.

Und je mehr der Körper diese Haltung einnehmen kann *(die gleiche Geste)*, um so günstiger sind seine Lebensbedingungen. Das heißt, ein ... „Wohlwollen" trifft es nicht, wir bräuchten ein neues Wort ... Auf englisch würde ich wirklich sagen: *the care the Divine takes of my body* [die Sorge, die das Göttliche für meinen Körper trägt] ... Verstehst du? Das übersteigt alle Worte. Und vor allem übersteigt es alle physischen Dummheiten des Körpers.

Alle Worte schmälern die Sache auf eine lächerliche Weise. Ich möchte lieber nichts mehr sagen.

(Meditation)

11. Oktober 1972

(Nachdem Mutter sich über Satprems Gesundheit erkundigt hatte:)

Geht es denn im allgemeinen besser?

Ja. Ich weiß nicht, was findest du denn?

(Mutter lacht) Ich will sagen: Ist es insgesamt besser?... Hörst du nicht?

Doch, doch, ich höre! Aber du willst sagen, bei ...

Bei dir.

Oh, ich ... Ich bin ein Atom ... ich weiß nicht, ein Atom, das versucht, zu etwas nütze zu sein, das ist alles.

(Mutter nickt)

Aber ich weiß nicht, was „Ich" ist. Wenn ich dieses Ich sehe, wirkt es völlig lächerlich und finster.

(Mutter lacht)

Alles Gute daran bin überhaupt nicht „ich".

Das verstehe ich.

Folglich weiß ich es nicht.

Das ist sehr gut.

Ja, aber derjenige, den ich irgendwie „bewohne", erscheint so düster, so klein, so … ach! … so uninteressant.

Hör zu, das Göttliche hat uns so geschaffen, wie wir sind …

Ja, Mutter.

… Nur unsere Unbewußtheit bewirkt, daß wir nicht wissen, sonst müßten wir immer in einer Art leuchtendem Frieden sein und einfach sagen: Was Du willst, Herr, was Du willst … *(Mutter öffnet ihre Hände in totaler Hingabe).* Auf die Art.

Für mich – das heißt für diese Art von … *(Mutter zwickt die Haut ihrer Arme)*, das so viele Jahre gelebt hat, kann ich nur sagen, daß es nichts mehr weiß und nichts mehr kann, nur … *(die gleiche Geste der Hingabe, die Hände zum Herrn gewendet).*

Und alles, was an bewußtem Willen übrigbleibt, ist darauf gerichtet, sehr aufmerksam zu sein – aufmerksam, völlig ruhig und friedlich *(Geste eines Horchens nach oben).* Eine Bemühung, kein Hindernis und keine Entstellung dem gegenüber zu sein, was der Herr … *(Mutter berichtigt sich)* was das Göttliche will. Und kein persönliches Göttliches: das in der Welt wirkende Göttliche Bewußtsein.

Wir wissen nichts, wir wissen absolut nichts, wir sind wirklich völlig idiotisch, aber wenn man so sein kann *(Geste mit offenen Händen)*: aufnahmefähig – aufnahmefähig in einem Schweigen, in einer Verehrung für … das Licht, das Licht … für die vollkommene Erkenntnis, für einen Willen, der sich nicht täuscht …

(Mutter öffnet ihre Hände, langes Schweigen)

Hast du nichts zu sagen?

Nein, liebe Mutter.

Nichts zu fragen?

Man hat stets den Eindruck … ja, daß man ständig in allerlei Problemen steckt. Das ist die Kluft, der immer schmerzhaftere Abgrund zwischen einer Existenz, von der man weiß, daß sie ruhig und weit ist, und einer Person, die… Die Diskrepanz zwischen den beiden erscheint einem immer krasser.

Ja, genau das lebe ich.
Aber nun habe ich gelernt, daß es nur eine Art gibt:

(Mutter öffnet ihre Hände)

Das ist es, verstehst du?

(Mutter geht in sich)

14. Oktober 1972

Am 30. ist dein Geburtstag?

Ach, ja.

Was wünschst du dir zum Geburtstag?

Die Befreiung.

Gut.
Wie alt wirst du?

Neunundvierzig.

Baah! ... *(mit einem Gesichtsausdruck, daß sie dies sehr jung findet)*

(Mutter geht in sich und „schaut")

Hast du etwas in mir gesehen?

Ich finde, es geht sehr gut.
Es herrschte Friede, ein leuchtender Friede *(umhüllende Geste)*. Ich finde, es geht sehr gut.
Es ist gut.

18. Oktober 1972

(Es ist die Zeit der „Pujas", der Riten der universellen Mutter.)

Möchtest du, daß wir still bleiben?

Ja, liebe Mutter, wenn du willst ... Ich wollte dich fragen, ob Durga in diesem Jahr einen Sieg errungen hat?

Man darf nicht darüber sprechen.
Ich glaube, es war ein WIRKLICHER Sieg.

(Mutter geht bis zum Schluß in sich. Dann nähert sich Sujata)

Habe ich dir gestern die Päckchen [mit Segenswünschen] gegeben?

Für den „Sieg", ja.

(Zu Satprem:) Wurde der Sieg errungen?

(Satprem:) Ja, liebe Mutter, ich hoffe doch! (Lachen)

(Sujata:) Welcher Sieg, liebe Mutter?

Welcher Sieg? Es gibt nur einen, mein Kind.

Und welcher ist das?

Es ist der Sieg ... wir können ihn nennen, wie wir wollen: der Sieg der Wahrheit über die Lüge, der Sieg des Herrn über seine Schöpfung.

Bedeutet dies, daß sich die Schöpfung bewußt dem Göttlichen zuwendet?

Oh!

Ja, Mutter? Oder nicht? ... Noch nicht?

Noch ist dieser Sieg nur für einige Individuen.
Daß die Schöpfung bewußt auf ihren göttlichen Ursprung zugeht und bereit ist, diesen Ursprung zu manifestieren, das gilt immer noch für wenige. Ich glaube, es wird noch Jahrhunderte dauern, bis das allgemein wird – Jahrhunderte, ach, vielleicht Jahrtausende.
Aber wir müssen zu diesen wenigen gehören, die bewußt sind, die auf bewußte Weise ... *(Schweigen, Mutter öffnet ihre Hände)* ... das Göttliche manifestieren. Das ist für einige von uns der Sieg, den wir erringen und ausdrücken können und sollen – dies zu „erringen" ist nur eine kleine Frage des materiellen Widerstands im Körper *(Mutter zwickt die Haut ihrer Arme)*. Wir haben die Macht und die Pflicht, diesen

Sieg zu erringen – ich spreche von den dummen und unbewußten Widerständen. Die müssen überwunden werden. Das ist unsere Arbeit, sie muß sich darinnen vollziehen *(Mutter deutet auf ihren Körper).*

(Schweigen)

Du sagst, es wird noch Jahrhunderte oder sogar Jahrtausende dauern? Kann es denn nicht durch Ansteckung schneller gehen?

Wir werden sehen, mein Kind. Laßt uns zuerst tun, was wir zu tun haben! Nur das geht uns an.

Laßt uns tun, was wir zu tun haben!

Ja, liebe Mutter.

21. Oktober 1972

Sieh, wie hübsch sie ist!

(Mutter gibt Satprem eine weiße Lotosblüte)

Und wie geht es dir, liebe Mutter?

(nach einem langen Schweigen)

Verstehst du, entweder müßte man in jeder Minute alles erzählen, was geschieht, oder es gibt nichts zu sagen.

Wenn ich nichts sage und so bin *(Geste mit offenen Händen)* … in der Haltung einer vollkommenen Hingabe, dann geht alles gut. Beim GERINGSTEN Anlaß, der mich aus dem herausreißt, fühlt es sich an, als müsse ich sterben.

Das ist außerordentlich.

Solange ich darin bin, habe ich den Eindruck, als sei es das ewige Leben.

(Schweigen)

Und wenn ich da heraustrete, ist es ein schreckliches Unbehagen. So ist mein Zustand.

(Schweigen)

Was möchtest du jetzt tun?

Was du willst.

(Mutter geht bis zum Ende in sich)

Keine Neuigkeiten? Sag mir, was immer du willst.

In Italien möchte David, der junge Mann, der einen Dokumen-tarfilm über „Sri Aurobindo" gedreht hatte, den „Goldgräber" verfilmen. Er möchte dies im wahren Geist und mit deiner Hilfe tun, um zu zeigen, daß der Weg unvermeidlich zu Sri Aurobindo und dir führt.

Oh, sehr gut, sehr gut!

25. Oktober 1972

(Satprem gibt Mutter eine Blume, und Mutter gibt sie Satprem.)

Es ist die „Macht der Wahrheit im Unterbewußten".

Wie geht es?

Physisch geht es gut, glaube ich.

Der Gouverneur wollte kommen, um sich von mir zu verabschieden, aber er ist noch nicht da. Ich habe gebeten, daß man uns benach-richtigt, wenn er eintrifft; dann setzt du dich dort drüben hin, und nachher kommst du zurück.

(nach einem Schweigen)

Im Unterbewußten sind alle Widersprüche angesammelt.

Ja.

Und das steigt so hoch *(Geste eines Heraufquellens)*, ständig, ständig.
Und deswegen hat man den Eindruck, man sei absolut dumm, unbewußt, verstockt. Und all das ... *(gleiche Geste eines von unten Hochsteigens).*

Das Bewußtsein ist da *(Geste um den Kopf herum)*, friedlich, außerordentlich friedlich … *(Mutter öffnet ihre Hände)*: Möge Dein Wille geschehen, Herr! Und „Das" übt einen Druck auf die von unten hochsteigenden Dinge aus.

Als würde die Schlacht der Welt in meinem Bewußtsein ausgefochten.

Es ist jetzt so weit, daß ein Vergessen des Göttlichen für eine bloße Minute eine Katastrophe auslöst.

Und wie geht es dir?

Die Reinigung des Unterbewußten erscheint endlos.

Ja, es ist nicht das Unterbewußte einer einzelnen Person sondern das DER ERDE. Es ist endlos. Dennoch muß man …

Das abzubrechen hieße, die Arbeit einzustellen. Das fortzusetzen bedeutet, daß es Zeit braucht … Ich weiß nicht … Es ist endlos.

Wenn man das abbräche, wäre das ganz offensichtlich das Ende der Arbeit. Es ist, als sei in diesem Bewußtsein *(Geste um Mutter herum)* das Zentrum der Dinge und der Aktion.

Dann habe ich nur ein Mittel, und zwar ruhigruhigruhig zu bleiben … *(Mutter öffnet die Hände nach oben)*. Man muß spüren, daß die Individualität nichtsnichtsnichts ist – sie dient ausschließlich dazu, die göttlichen Strahlen hindurchgehen zu lassen. Das ist die einzige Lösung. Das Göttliche muß … die Schlacht austragen.

(Schweigen)

Das letzte Mal hattest du gesagt: „Ach, es mag Jahrhunderte, ja, vielleicht Jahrtausende brauchen, bis die Menschen sich bewußt dem Göttlichen zuwenden." Aber …

Vielleicht nicht.

Man hat den Eindruck, daß diesmal etwas Entscheidendes vollbracht werden soll.

Ja … Weißt du, ich habe den Eindruck, daß meine Person nur wie ein Bild ist, um die Aufmerksamkeit in die richtige Richtung zu lenken (die Menschen brauchen immer etwas, das ihrem Maßstab entspricht, um ihre Aufmerksamkeit daran heften zu können). Und der Körper tut sein Bestes, um der durchdringenden göttlichen Kraft kein Hindernis entgegenzusetzen. Er bemüht sich, sich selbst auszulöschen, um nicht davon abzulenken, und gleichzeitig sieht er, daß er … wie ein Bild ist, das die Menschen brauchen, um ihre Aufmerksamkeit darauf zu sammeln.

(Der Gouverneur J tritt ein, setzt sich schweigend vor Mutter, bleibt einige Minuten in Meditation, macht dann sein „Pranam" und verläßt den Raum)

(Mutter geht die restliche Zeit in sich, Sujata nähert sich)

(Sujata:) Liebe Mutter, gestern morgen zwischen vier und halb fünf Uhr war es, als gäbest du allen deine Segenswünsche. Du saßest auf einem sehr hohen Stuhl, in einen weißen Sari geklei- det (wenn ich mich recht erinnere). Ich war eine der ersten, die sich dir näherte, um mein Pranam zu machen. Ich kniete vor dir nieder, faltete meine Hände und senkte meinen Kopf. Dann nahmst du meinen Kopf – und plötzlich merkte ich, daß ich meinen Kopf nicht mehr heben konnte. Da verstand ich, daß du meinen Kopf nach unten zwangst: du drücktest mit deinen Händen, und mein Kopf senkte sich immer tiefer. Dann sah ich deine Füße – ich war ganz nah bei deinen Füßen – es waren so schöne Füße, Mutter! Ganz weiß und ... wunderbar. Fast durchscheinend.[1]

28. Oktober 1972

Was wünschst du dir?... Nichts?

Glaubst du, daß ich bald zu einem anderen Leben übergehe?

Zu einem anderen Leben?

Ja, in ein anderes Bewußtsein?

(nach einem langen Schweigen)

Ich wollte dich etwas fragen. Du kennst doch das Mantra, das ich dir gegeben habe. Ich erinnere mich nicht mehr, ob das letzte Wort Bhagavati oder Bhagavaté lautet?

Bhagavaté, liebe Mutter.

---

1. Die Füße sind das Symbol der Materie.

Bhagavaté, aha! ... *(Mutter wiederholt das Mantra)* OM Namo Bhagavaté ...

Ja, liebe Mutter.

(Meditation)

Hast du bemerkt, daß dieses Mantra sehr stark auf das Unterbewußte wirkt? Es hat eine sehr große Macht über das Unterbewußte.

Wir sprachen darüber, wie lästig das Unterbewußte ist ...

Oh, ja!

Wenn man das Mantra so wiederholt, hat das eine sehr große Wirkung.

(Schweigen)

Man darf nicht ... man darf nicht ... [ungeduldig werden]. Wenn die Leute Vertrauen haben ...

Mein Kind, es ist mir fast unmöglich geworden zu essen. Folglich ... Mir geht es trotzdem gut, denn ich tue nichts, ich bleibe die ganze Zeit ruhig, und wenn ich nicht esse, hat das keine große Bedeutung, aber die Leute, die arbeiten und sich bewegen, die kommen und gehen, müssen Sorge tragen.

(Mit einem flehenden Ton:) Laßt mich meine Arbeit tun!

Ich hoffe ... ich hoffe, sie wird für die anderen nützlich sein.

Das ist ein fast unlösbares Problem geworden *(Mutter drückt ihre Kehle)*: manchmal ist es mir unmöglich zu schlucken.

(Schweigen)

Ich habe nur eine einzige Lösung gefunden: Was Du willst, Herr, was Du willst ... Und die Antwort auf das, was vom Unterbewußten hochsteigt, ist ständig: OM Namo Bhagavaté, OM ...

(Meditation)

30. Oktober 1972

(Satprems letzter Geburtstag bei Mutter)

Alles Gute zum Geburtstag!...

(Mutter verteilt Geschenke)

Dies sind Federn ...
Und hier Schokolade!

(Mutter hält Satprems Hände)

Mein Kind ...
(Zu Sujata:) Die Schachtel Schokolade ist für dich. Die Biskuits sind für ihn.

(Sujata gibt Mutter Blumen)

Dies ist „die Göttliche Gnade" ... und hier „die Macht der Wahrheit im Unbewußten".

(Mutter gibt Satprem Sujatas Blumen)

Ja, liebe Mutter, ja liebe Mutter ...

Alles Gute zum Geburtstag und ein gutes Jahr!

November

2. November 1972

(Gespräch mit Sujata)

Wie geht es Satprem?

Ich glaube gut, liebe Mutter.

Und wie geht es dir?

Aber ich wollte fragen: Wie geht es der lieben Mutter?

Mutter „geht" es nicht! Da ist keine Person mehr, um zu „gehen". Mutter geht dorthin, wo der Herr es möchte.

(Schweigen)

Verstehst du diesen Zustand? Im einen Augenblick das Gefühl, daß der Körper sterben wird; im nächsten Moment der Eindruck, daß er unsterblich ist. Nun, nach so einer Erfahrung kann man nicht … kann man nicht sagen, „wie es geht".
Verstehst du?

Ja, ich glaube, liebe Mutter. Nur bist du es, die uns trägt. Wenn wir also fühlen, daß die Dinge für dich gut gehen, geht es uns auch gut. So ist es doch, oder?

Es geht immer. Ich bin überzeugt, daß alles, was geschieht, vom Herrn gewollt ist. Nur unser Eindruck der Dinge wird mehr oder weniger durch unsere Unwissenheit verfälscht.

Ja, Mutter.

(Schweigen)

Und ich habe das Gefühl, daß alles, was wir sagen, selbst wenn es sehr weise erscheint, nur Dummheiten sind. Es wäre besser, gar nichts zu sagen *(Mutter legt ihre Hand auf ihren Mund)*. Das reduziert alles zu einem Nichts …

4. November 1972

Das ganze Unterbewußte ... *(Geste, etwas andeutend, das von unten hochsteigt)*

(Schweigen)

Und ... Wie soll ich sagen?... Es ist kein Gefühl, kein Wissen, sondern eine Art ... *(Mutter betastet die Luft)*, nicht einmal eine Überzeugung: eine Gewißheit – eine Gewißheit in der Wahrnehmung –, daß da eine Glückseligkeit ist, die BEREITS EXISTIERT und uns erwartet, aber eine ganze Welt von Gegensätzen, die ins Unterbewußte verdrängt wurden, hindert uns daran, sie zu fühlen. Deshalb ... könnte man sagen, daß es ein Schlachtfeld ist, aber in einer vollkommenen Ruhe.

Das läßt sich unmöglich beschreiben.

Unmöglich zu beschreiben.

Wenn ich mich nicht bewege und in dieses Bewußtsein eintrete, vergeht die Zeit mit einer ungeheuren Geschwindigkeit und in einer Art ... leuchtender Ruhe. Die geringste Sache, die mich da herauszieht, wirkt, als zerrte man mich in die Hölle.

Das Unbehagen wird so groß, daß man den Eindruck hat, man könne unmöglich eine Minute oder mehrere Minuten lang so leben. Dann ruft man das Göttliche ... Und so spürt man sich im Herrn geborgen.

Dann geht es.

(Mutter geht in sich, aber nach einer gewissen Zeit scheint sie sich unwohl zu fühlen)

8. November 1972

Einen Moment lang – nur für einige Sekunden – hatte ich das supramentale Bewußtsein. Das war so wunderbar, mein Kind! ... Ich verstand: Wenn man uns das jetzt kosten ließe, würden wir nicht mehr anders existieren wollen. Und wir sind dabei ... *(Geste eines Knetens)*, uns mühsam zu ändern. Die Änderung, der Vorgang der Änderung erscheint … Man kann ihn mit einer Art Gleichgültigkeit durchmachen (ich weiß nicht, wie ich das ausdrücken soll).

Aber das hält nicht lange an. Insgesamt ist es … mühsam. Weißt du, dieses andere Bewußtsein ist so wunderbar!

Und das ist so interessant, denn es gleicht einer ÄUSSERSTEN Aktivität in einem vollkommenen Frieden.

Aber es hielt nur für einige Sekunden an.

> *(Schweigen mit nach oben gekehrten Händen)*

Und du?

> *Ist das ein totales Bewußtsein?*

Außerordentlich! Wie eine Harmonisierung der Gegensätze. Ja, eine ungeheure totale Aktivität und ein vollkommener Friede.

Aber das sind bloße Worte.

> *(Schweigen)*

> *Ein materielles Bewußtsein?*

Die Aktion ist materiell – aber eben nicht auf dieselbe Art.

> *(Schweigen)*

> *Wodurch könnten wir denn leichter mit „Dem" in Kontakt treten? … Wodurch gelangt man dorthin, oder wie kann man dort sein?*

Ich weiß es nicht, denn bei mir ist das ganze Bewußtsein, einschließlich das des Körpers *(Geste eines Darbietens)*, ständig hingewendet zu … zu dem, was er als das Göttliche empfindet.

Und zwar, ohne „zu versuchen", verstehst du?

> *Ja, ja.*

> *(Mutter geht in sich)*

11. November 1972

(Mutter scheint es nicht gut zu gehen)

Wir bräuchten eine Botschaft für den November-Darshan.

*(Mutter verharrt schweigend
und schreibt dann mit geschlossenen Augen)*

Jenseits aller Vorlieben und aller Begrenztheiten gibt es einen Bereich des Einverständnisses, wo alle zusammenkommen und harmonieren können: in der Aspiration zu einem göttlichen Bewußtsein.

(Mit einem charmanten Lächeln) Hast du nichts zu fragen?

*(Satprem schüttelt den Kopf,
Mutter verharrt mit geschlossenen Augen)*

15. November 1972

(Mutter wirkt sehr unpersönlich und fern)

Und?

Ich habe den Eindruck, dich manchmal in der Nacht zu sehen.

(Geste mit dem Kopf: ja)

Und du, deine Arbeit?

Was?

Deine Arbeit?

„Meine" Arbeit ...
Man könnte dichterisch werden: einige Sekunden des Paradieses und Stunden der Hölle.
Es ist besser, nicht darüber zu sprechen.

(Mutter stöhnt in Trance)

18. November 1972

Ich möchte verschwinden, um die Arbeit besser verrichten zu können.

(Mutter geht für die ganze Zeit in sich)

Dort [in Nandanam], wird es dir besser gehen.

22. November 1972

Was möchtest du tun?

Ach, weißt du, man möchte immer fragen, wie die Dinge stehen.

Oh!... Es ist besser, nicht darüber zu sprechen.

Ja. Man versteht, daß dies ein endloser Vorgang ist und ...

Ja. Man muß alles sagen oder nichts. Und alles zu sagen ... Weißt du, es ist zugleich eine Anstrengung und ... *(Mutter öffnet die Hände)* eine Entdeckung in jeder Minute. Das würde nie enden, auch wäre es ohne Interesse.

Ach! Das glaube ich nicht!

Nun ...

(Schweigen)

Das körperliche Bewußtsein wird etwas weiser, und nun sagt es auch völlig ... mehr als aufrichtig: „Möge Dein Wille geschehen!" Die Leute, ihre Meinung, ihre Art, die Dinge zu sehen, all das erscheint ihm so lächerlich!

Ja, das verstehe ich.

„Möge Dein Wille geschehen!"

Ja, in deiner Sicht müssen wir in einer völlig absurden Welt schwimmen.

Absurd!

Das verstehe ich sehr gut: diese ganze physische Welt ist absurd. Das ist sicher.

Aber sogar die Leute ...

Ja.

... die man für weise hält und die einen seit so vielen Jahren kennen – ihre Reaktionen auf die Dinge erscheinen DERARTIG absurd.

Deshalb ... *(Mutter öffnet die Hände)* Möge Dein Wille geschehen! Das heißt, daß der Körper sehr gut versteht (nicht, als ob er je daran gezweifelt hätte, daß Sein Wille geschehen wird: DAS wird immer geschehen), aber er möchte lediglich ... kein Hindernis für diesen Willen sein, keine Komplikation: daß die Dinge sich leuchtend und friedlich vollziehen – bewußt, leuchtend, friedlich ... in einem Verstehen.

Nicht zu den Hindernissen gehören. So sein ... *(Mutter öffnet die Hände)* die höchste Weisheit hindurchlassen ... Etwas, das kein Hindernis hinzufügt. Das ist es.

25. November 1972

(Tags zuvor war Mutter anläßlich des „Darshans" vom 24. November auf ihren Balkon gekommen.)

Wie war es gestern auf dem Balkon?

(Mutter gibt die Frage zurück) Wie fandest du es?

Ich weiß nicht ... Es schien jedenfalls gut.

Wo warst du?

An der Tür von Sujatas Haus: dort unten. Und wie war es für dich?

(langes Schweigen)

(Lächelnd) Das Erlernen der persönlichen Nichtexistenz. Ich weiß nicht ...

Es ist schwierig.

Ja.

Ein wachsendes Gefühl, daß es ohne das Göttliche keine Existenz gibt.

Verstehst du: Das Göttliche auch nur eine Minute zu vergessen wird zur Katastrophe.

Von Zeit zu Zeit kommt für einige Sekunden das wahre glückselige Bewußtsein – aber nur von Zeit zu Zeit und für einige Sekunden. Sonst ... *(Geste mit geschlossenen Fäusten, wie um sich im Kampf anzuklammern).*

(Schweigen)

Und du?

Ich habe große Schwierigkeiten mit meinem äußeren Bewußtsein. Ich habe das Gefühl, daß ich es nicht öffnen kann.

(Mutter nickt lebhaft)

Das ist sehr schmerzlich – dadurch wird alles schmerzlich.

Genau das ist es! Man spürt die Unfähigkeit der Erfahrung des äußeren Bewußtseins, ... auf der Höhe zu sein.

Ja, so ist es.

Das ist meine ständige Verfassung.

Wie ... Einmal am Tag – einmal, zweimal, für einige Sekunden *(Ton einer wunderbaren Überraschung)*: „Ach!..." Und dann, weg!

Muß ich ... diesen Körper lassen und einen anderen aufbauen? Ich weiß es nicht ... Das entspricht nicht ... Mir wurde nicht gesagt, daß es so sein muß.

Nein.

Mir wurde aber auch nicht gesagt, daß dieser Körper fähig ist, sich zu transformieren. Also weiß ich es nicht.

Sri Aurobindo sagte dir doch, daß du die Arbeit ausführen werdest.

(In einem unsicheren Ton:) Ja, das sagte er mir ...

Wenn du weggingest, was würden wir dann hier tun? Wir tun hier gar nichts. Dann können wir alle nur noch fortgehen. Denn der einzige Ort ...

Aber er möchte nicht fortgehen.

Ja, ich weiß, liebe Mutter.

Er kennt die Antwort nicht. Nur ... ich kann nicht sagen, es sei ein Leiden, aber es ist ein ständiges Unbehagen.

Offensichtlich ist es ein Unbehagen für dich, aber wir haben den Eindruck, daß der einzige Augenblick, in dem wir atmen, der ist, wo wir bei dir sind.

Ach, mein Kind ... *(Mutter nimmt Satprems Hände)*

Es ist wahr, so ist es. Wir fühlen die Gnade, hier zu sein.

(langes Schweigen, Satprems Hände haltend)

Diese Überzeugung muß der Körper haben: daß er wirklich zu etwas nütze ist.[1]

Aber ja!

(Schweigen)

Verstehst du, wenn wir in deiner Nähe sind, ist das der einzige Moment, wo wir den Eindruck haben ... Ja, DAS ist es! Verstehst du: DAS ist es.

(Mutter geht in sich, Satprems Hände haltend)

---

26. November 1972

(Notiz Mutters)

Bevor sie stirbt, erhebt sich die Lüge mit ihrer ganzen Macht. Aber die Leute verstehen nur die Lektion der Katastrophe. Muß sie eintreten, damit sie ihre Augen für die Wahrheit öffnen? Ich verlange eine Anstrengung von allen, damit dies nicht nötig ist.

---

1. Mutter brauchte diese Überzeugung so sehr. Und als man uns die Tür zu Mutter verschloß, verurteilte man sie zum Tode. Das ist die schlichte Wahrheit. Kein einziger hat das verstanden oder wollte das verstehen. Woraus war denn ihr Herz gemacht?

Nur die Wahrheit kann uns retten: Wahrheit in den Worten, Wahrheit in den Handlungen, Wahrheit im Willen, Wahrheit in den Gefühlen.

Dezember

2. Dezember 1972

(Mutter hat gerade mehr als eine Stunde damit verbracht, ihr „Frühstück" einzunehmen.)

Hast du etwas Neues?

Nein, nichts Besonderes, liebe Mutter.

Dann werde ich dir nur zehn Minuten geben. Es gibt ein seltsames Phänomen, das ich nicht verstehe, und es wird immer stärker: ich brauchte mehr als eine Stunde, um mein Frühstück einzunehmen. Vorher sagte ich mir: In zwanzig Minuten muß ich fertig sein. Und ich glaubte es tatsächlich in zwanzig Minuten geschafft zu haben.

Die Zeit ... ich habe das Zeitgefühl vollkommen verloren.

Ich war überzeugt, daß ich es in zwanzig Minuten geschafft hatte, aber ich hatte mehr als eine Stunde gebraucht – um so gut wie gar nichts zu essen.

Ich nehme einen Bissen oder einen Schluck, und dann vergehen zehn Minuten ... *(Geste, das Glas oder einen Löffel in der Luft zu halten, während Mutter wegtritt)* ... Ich weiß nicht wo und wie.

Der Widerspruch ist wirklich bemerkenswert. Gewöhnlich denke ich nicht daran, aber da es dein Tag ist und es schon spät war, sagte ich mir: Ich muß in zwanzig Minuten fertig sein – und ich brauchte mehr als eine Stunde.

Da gibt es etwas zu verstehen. Offensichtlich muß sich der Stellenwert der Zeit ändern. Aber das ist sehr lästig.

Geschieht das denn in einem ... (wie soll ich sagen?) reglosen oder in einem aktiven Bewußtsein?

(Mutter schließt für einen Augenblick die Augen) Ich habe das Gefühl, in einem Licht zu sein. Aber ein Licht ...

Wenn ich da eintrete, geht das gut und gerne eine Stunde!

Dasselbe geschieht nachts. Ich schlafe nicht. Wenn ich mich zuerst hinlege, hab ich einen Schmerz hier und einen Schmerz da ... Dann trete ich in das Bewußtsein ein, wo ich keine Schmerzen mehr habe, und plötzlich erwache ich ... Ich war nicht „eingeschlafen", sondern es ist ... ein Licht – ein Licht ohne Form. Danach habe ich das Gefühl, daß ich seit einer Stunde im Bett liege, dabei sind fünf oder sechs Stunden verstrichen.

Ich trete in ... *(Mutter schließt die Augen)* oh, es kann lange andauern – ich sage dir, es genügt, daß ich so mache *(Mutter schließt die Augen)*, ... und ich würde dich eine Stunde warten lassen, ohne es zu merken.

Heute bin ich schon so spät dran, daß ich dich nicht hier behalten kann.

Ich bedaure das, aber etwas muß da gefunden werden.

Ist dieses Licht denn aktiv? Oder bist du ...

Oh, ja, es tut eine FÜLLE von Dingen. Aber nicht ... nicht auf diese Weise. Es ist ...

(Mutter schließt für einen Augenblick die Augen)

Hast du etwas gespürt?

Ja, liebe Mutter[1]!

So ist es. Und die Stunden vergehen, ohne es zu bemerken. Ich muß dir einen Tag geben, wo wir zusammen dahin gehen.

Ja, liebe Mutter.

Nicht heute. Aber an einem Tag, wo ich nicht zu spät dran bin, werden wir zusammen gehen. Vielleicht wirst du es dann erfahren.
Wir müssen geduldig sein, mein Kind.

(Satprem gibt Mutter eine Girlande von „Aspirations"-Blüten.)

Oh, das duftet gut!
Welchen Tag haben wir heute?

Samstag.

Nächsten Mittwoch ist der ...?

Der sechste, liebe Mutter.

Am sechsten kommen sicher viele Leute ...

Und am neunten ist auch eine Meditation.

Dann müssen wir bis zum Samstag danach warten. Welches Datum wird das sein?

Der 13. Dezember.

(Zur Assistentin:) Für den 13. nimmst du so wenig Leute wie möglich.

(Die Assistentin:) Ich nehme keine Leute.

---

1. Stets diese Masse von Macht, die von innen hervorzudringen scheint und alles in einem massiven Feuer erfaßt.

288

Ich will eine Erfahrung machen.

(Die Assistentin:) Ich nehme keine zusätzlichen Besucher.

Gut. Wir müssen uns also gedulden!

(Satprem legt seine Stirn auf Mutters Knie)

Es ist völlig neu ... Etwas ganz und gar Neues, das ich nicht verstehe. Wir werden sehen. Es wird mich interessieren, dies mit dir zu tun, und wir werden sehen, was deine Erfahrung ist. Aber wir müssen warten. Auf Wiedersehen!

6. Dezember 1972

(In der Nacht vom 5. zum 6. verwüstete ein heftiger Orkan Pondicherry. In Nandanam erblühte mitten im zerstörten Garten eine weiße Hibiskus. Satprem legt die Blume auf Mutters Schoß.)

Mitten im Orkan erblühte eine „Grace"-Blume, liebe Mutter.

(Schweigen)

(Man hört die Axtschläge der Gärtner, die die abgebrochenen Äste des gelbblühenden großen Flamboyanten entfernen – der „Service"-Baum über Sri Aurobindos Grab.)

Der Baum, der mir alle meine „Transformations"-Blüten gab [bei Satprem] ist verschwunden. Und auch der „Service"-Baum: es sind Äste abgebrochen.

Früher passierte hier so etwas nicht ... Das Bewußtsein muß sehr gesunken sein.

(Schweigen)

Seltsame Dinge geschehen: Mein Bewußtsein ist klarer und weiter als je zuvor – eine weiterreichende Schau ... und präzise: ich kenne die Ereignisse (ohne zu denken: das kommt einfach so). Aber absolut kein Gedächtnis. Ich weiß nicht – eine halbe Stunde später weiß ich nicht mehr, was ich getan habe. Absolut nicht.

(Schweigen)

289

Das Bewußtsein der Präsenz – der allgegenwärtigen Präsenz, in allem.

> *(Mutter geht in sich, kommt dann zurück*
> *und gibt Satprem die „Grace"-Blume)*

Mein Kind ...

> *Ich wünsche mir die Gnade, ausschließlich dir zu gehören.*

9. Dezember 1972

> *(Mutter liebkost die Blumen, die ihr Sujata gebracht hat)*

Meine Erkältung geht weiter ...

> *(Satprem:) Aber es scheint dir besser zu gehen, liebe Mutter.*

Ja. Das ist keine „Erkältung".

> *Ja, das glaube ich auch ... Ich hatte den Eindruck, daß ein Orkan im Innern stattfand.*

(Mutter lacht) Innen WAR ein Orkan.

> *(Schweigen)*

Offensichtlich verbündet sich alles, damit ... (ich kann das auf französisch nicht ausdrücken) die *reliance*, damit der Stützpunkt nur noch im Göttlichen liegt. Und man sagt mir nicht, was das „Göttliche" ist – einfach fabelhaft! ... Alles andere bricht zusammen, und nur das ... was? Das Göttliche, irgend etwas – was? ...
Man spürt ... Das läßt sich nicht beschreiben oder definieren ... nichts von alledem.

> *(Schweigen)*

Wie ein Versuch, einen fühlen zu lassen, daß zwischen Tod und Leben kein Unterschied besteht. Daß es weder der Tod noch das Leben ist – weder das, was wir Tod nennen, noch das, was wir als Leben bezeichnen. Es ist ... etwas.

290

Und das ist etwas Göttliches.

Oder vielmehr: es ist unsere nächste Etappe zum Göttlichen hin.

10. Dezember 1972

*(Gespräch mit Sujata, die Mutter einen Brief
von Satprem vorliest)*

10.12.72

Liebe Mutter,
*Seit einigen Nächten ist es, als würde mein Körper die ganze
Nacht hindurch physisch gefoltert. Ich drehe und winde mich
ständig wie im Schmerz. Und dann fühle ich etwas wie Krallen
in meinem Bauch. Ich habe den Eindruck, wenn das so weitergeht, werde ich wirklich krank werden. Wenn ich morgens
da herauskomme, habe ich das Gefühl, mein Körper sei voller
Gift[1].*
Möge ich ganz und ausschließlich dein Kind werden!

Satprem

Für mich ist das Leben eine Folter, wenn ich nicht ausschließlich
dem Göttlichen zugewendet bin. Dies ist das einzige Heilmittel; sonst
ist es wirklich so, das Leben ist eine Folter. Die Existenz wird unerträglich.

Das einzige Heilmittel ist, so zu sein ... *(Geste, die Hände nach oben
gekehrt, in einem kontemplativen Schweigen)* ... dort, wo die Zeit nicht
existiert.

---

1. Ich frage mich heute, ob da nicht auch für mich, in meinem kleinen Maßstab, die
schmerzhafte Lehre der Einheit einsetzte – beginnend mit dem schlechten Willen
der Umgebung. Und ich verstehe jetzt gut, daß es keine „Person" mehr geben darf,
um all das auszuhalten. Wenn da „jemand" ist, ist es schmerzhaft und gefährlich.

13. Dezember 1972

Wir wollten eine Meditation abhalten ...

Eine Meditation?

Ja, du hattest gesagt, daß du eine Erfahrung mit mir machen wolltest, daß du mich in dieses Bewußtsein führen wolltest ...

Willst du?

Wenn du willst, ja!

Ich bin immer darin ... Deshalb ... Das Schwierige für mich ist im Gegenteil, mir der Welt, wie sie ist, bewußt zu werden.
Was habe ich dir letztes Mal gesagt?

Du hattest mir gesagt, daß du eine Erfahrung machen wolltest. Du wolltest, daß wir zusammen in dieses Bewußtsein gehen, um zu sehen, was ich fühlen würde.

Aha. Gut! Willst du?

Ja, sicher, wenn du es willst.

Gib mir deine Hand!

> *(Mutter nimmt Satprems Hand für einen Moment und geht dann eine Stunde lang in sich)*

Geht es gut? ... Hast du etwas gefühlt?

Vor allem spüre ich stets eine große Macht. Aber erst gegen das Ende habe ich etwas wie ... etwas Ewiges gefühlt, ich weiß nicht. Hast du den Eindruck, daß ich der Bewegung ein wenig folge?

(Mutter nickt bestätigend) Es geht gut. Es geht gut.

16. Dezember 1972

(Mutter gibt Satprem ein Ei)

Ich habe nichts ... Ich bin arm geworden!

Dann ist die Welt arm!

(Mutter lacht) Wie geht es?

Es geht gut, liebe Mutter, ja, ja, es geht gut.

Innen weiß ich es.

Wie erscheint dir die Welt in diesem anderen Bewußtsein?

(Mutter scheint nicht gehört zu haben)

Wie gesagt, ich bin zufrieden – geht's gut?

Oh, ja, sicherlich!

Also gut, dann stimmt es.
Ich finde, du machst Fortschritte.

So Gott will!

Willst du, daß wir zusammen gehen? ...

Ja, liebe Mutter. Aber ich möchte dir folgen können.

*(Mutter lächelt, mit einer Geste andeutend,
daß sie Satprem wie an einer Schnur mitzieht)*

Hm! ... ich werde dich mitziehen.

Gut.

*(Meditation, dann öffnet Mutter die Augen,
als wolle sie sprechen)*

Was, liebe Mutter?

(Lächelnd) Ich habe dich gesehen: du bist ganz jung geworden. Als wärest du zwanzig.

(Mutter geht wieder in sich)

20. Dezember 1972

Hast du nichts zu fragen?

Ich stellte mir eine Frage Sri Aurobindo betreffend. Ich hatte mich gefragt, welches Stadium er erreicht hatte, als er fortging, welches Stadium der Transformation? Welcher Unterschied besteht zum Beispiel zwischen der Arbeit, die du jetzt tust, und dem, was er damals machte?

Er hatte eine große supramentale Kraft in seinem Körper angesammelt, und als er fortging ... Er lag auf seinem Bett, und ich stand neben ihm, und auf ganz konkrete Weise – so spürbar konkret, daß man meinte, es müsse sichtbar sein – ging diese ganze supramentale Kraft von seinem Körper in den meinen über. Ich spürte die Reibung beim Übergang. Außerordentlich! Eine außerordentliche Erfahrung. Lange, lange ging das so (*Geste der Übertragung der Kraft in Mutters Körper*). Ich stand neben seinem Bett, und die Kraft ging in mich über.
Fast materiell spürbar.
Während langer Zeit.
Das ist alles, was ich weiß.

Ich meinte, welches Stadium der inneren Arbeit – zum Beispiel der Reinigung des Unterbewußten und all dies – hatte er erreicht? Welcher Unterschied besteht, wenn man so will, zwischen der Arbeit, die er damals ausführte, und jener, zu der du jetzt gelangt bist? Ich will sagen: Ist das Unterbewußte weniger unbewußt oder ...?

Oh, ja, das sicherlich! Gewiß!
Aber das ist eine mentale Sichtweise – die habe ich gar nicht mehr.

Ja.

(Schweigen)

Der Unterschied besteht vielleicht eher in einer allgemeinen oder kollektiven Intensität dieser Macht, dieser Kraft.

Es besteht ein Unterschied in der MACHT der Handlung.
Er selbst hat jetzt eine größere Handlungsfähigkeit, eine größere Handlungsmacht als früher in seinem Körper. Deshalb ist er ja auch fortgegangen, denn es war nötig, so zu handeln.
Das ist sehr konkret. Seine Aktion ist sehr konkret geworden. Offensichtlich etwas, das überhaupt nicht mental ist. Es liegt auf einem

anderen Gebiet. Aber es ist keineswegs ätherisch … es ist konkret, man könnte fast sagen, materiell.

Ich habe mich oft gefragt, welche Bewegung man machen muß, um in diese andere Region zu gelangen. Es gibt zwei mögliche Bewegungen: eine Bewegung nach innen, zur Seele hin, und eine andere Bewegung, wo man die Individualität auslöscht und eher in eine Weite ohne Individuum gelangt.

Beides ist nötig.

Beides …

Ja.

(Mutter geht in sich)

23. Dezember 1972

Die Wertigkeit der Zeit ist vollkommen durcheinander geraten – wenn ich glaube, fünf Minuten seien vergangen, ist es eine Stunde, und wenn ich den Eindruck habe, eine Stunde sei verstrichen, waren es nur fünf Minuten. Ganz und gar … Und ich weiß wirklich nicht, woher das kommt. Es ist eine andere Zeit. Und es entspricht nicht meinem bewußten Willen. Vor dem Essen sage ich mir: „Ich will das in zwanzig Minuten hinter mich bringen" – ich brauche eine Stunde. Ein andermal denke ich nicht an die Zeit: in fünfundzwanzig Minuten bin ich fertig. Ich verstehe das nicht.

In äußerer Hinsicht scheine ich verrückt zu werden!

Was die Nacht betrifft (ich verbringe lange Nächte, und ich schlafe nicht), habe ich den Eindruck, daß sie in einer Minute vorbei ist … Ich lege mich hin und sage mir: „Ach, jetzt habe ich Zeit …" – und ich habe den Eindruck, daß es nach fünf Minuten vorbei ist.

In einem anderen Augenblick will ich mich beeilen, und es dauert … fast eine Stunde. Ich verstehe das nicht.

Gehst du in der Nacht noch Tätigkeiten nach?

Ja. Aber ich habe keine „Träume". Das heißt … es ist nicht von dieser Art.

Manchmal identifiziere ich mich mit Leuten, und dann habe ich ganz den Eindruck ... ich habe nicht den Eindruck, daß es eine „andere" Person ist, sondern es erscheint mir, als sei ich das selbst. Und manchmal bei Leuten, die ich gar nicht kenne. Allerlei Dinge geschehen.

Das Bewußtsein ist SEHR WEIT. Es ist nicht auf eine Person oder auf einige Personen begrenzt: es ist sehr weit.

(Schweigen)

Aber ich verstehe das Zeitgefühl nicht ... Ich glaubte, es sei kaum neun Uhr, und man sagt mir: es ist schon zehn Uhr. Ich weiß nicht, wie die Zeit vergangen ist.

Vor dem Frühstück sage ich mir: „Ach, ich beeile mich, ich bin spät dran..." – und ich brauche eine Stunde.

Nur spreche ich nicht darüber, denn die Leute sind so dumm, sie würden sagen, ich werde verrückt. Das ist es nicht ... ich lebe in einem anderen Bewußtsein.

Wahrscheinlich muß dein Körper in einer Art Ewigkeit leben.

Oh, ja, ich fühle, ich weiß – ich habe die Gewißheit, daß man meinen Körper an etwas anderes gewöhnt.

Denn sicherlich muß das Zeitgefühl auch die Abnutzung mit sich bringen.

(Schweigen)

Ich habe nur ein Mittel: äußerlich wiederhole ich das Mantra: OM Namo Bhagavaté (mir erscheint dies wie ein äußeres Wesen, das da spricht); und innerlich bin ich so *(Mutter öffnet die Hände nach oben in einer völligen Reglosigkeit)*. Wenn ich jetzt so verharre, können Stunden vergehen, und ich weiß es nicht mehr.

Wie spät ist es?

Halb elf, liebe Mutter.

Wenn du mich um elf Uhr aufweckst („aufwecken" ist eine Redensart!), kann ich dir ein Beispiel geben.

Ja, liebe Mutter.

Willst du?

Sicherlich!

(Mutter geht vierzig Minuten lang in sich.
Satprem berührt leicht ihre Hände, um sie zurückzurufen)

Hast du etwas gespürt?

Man fühlt sich wohl.

(Mutter lacht und nimmt Satprems Hände)

Ja. Unglücklicherweise erscheint alles Übrige recht unerfreulich.

26. Dezember 1972

(Auszug aus einer Unterredung mit den Lehrern der Schule. Am Ende der Versammlung kommt Pranab nach seiner Gewohnheit ins Zimmer, geht direkt zu Mutter und ergeht sich in heftigen Ausbrüchen gegen französische Fernsehreporter, die Mutter am Vortag empfangen hatte: sie hatten „entgegen seiner Anordnung" Sri Aurobindos Grab gefilmt. Mutter versucht ihn zu beruhigen.)

Was sie [die Reporter] nicht vom einen bekommen können, versuchen sie, vom andern zu erhalten – und sie haben Erfolg damit. Jedenfalls empfange ich niemanden mehr.

(Pranab explodiert:) Wenn ich sie treffe, zerbreche ich ihre Kamera.

Ich will hier keine gewalttätigen und häßlichen Szenen.

(Pranab zieht sich ans Zimmerende zurück,
man hört ihn vor Zorn grollen)

(Mutter nimmt ihre Stirn in die Hände) Ich habe mein ganzes Leben dafür gearbeitet, daß die Leute etwas bewußt werden. Und dann diese Gewalttätigkeit ...

(Mutter richtet sich in einer Art Verzweiflung
an einen der Lehrer)

Die Leute sagen, ich sei alt und ich könne mich nicht mehr ausdrücken, ich schwafele, aber das Bewußtsein war noch nie so klar ... Eine Minute des Schweigens und ...

*(Die Lehrer ziehen sich schweigend zurück,
Mutter bleibt allein mit ihrem Wächter und ihrer Assistentin)*

27. Dezember 1972

*(Champaklal gibt Satprem den französischen und den englischen
Text der Weihnachtsbotschaft, damit Mutter sie in ihrer
Handschrift abschreibt.)*

Auf französisch sagst du:

Wir wollen der Welt zeigen, daß der Mensch ein wahrer Diener
Gottes sein kann. Wer will in aller Aufrichtigkeit mitarbeiten?

*(Champaklal:) Mutter, soll ich Ihnen Papier geben? Wird Mutter
schreiben? Um es zur Druckerei zu schicken?*

(Satprem:) Ist das nötig?

Ich kann nicht schreiben ...

(Champaklal ist nicht zufrieden)

... Es ist besser, ich schreibe.

*(Mutter verbringt zwanzig Minuten damit, den Text abzuschrei-
ben, dann nimmt sie Satprems Hände und geht in sich)*

30. Dezember 1972

(Mutter überreicht Geschenke)

Übermorgen ist Neujahr ...

Fühlst du etwas für dieses neue Jahr?

(nach einem Schweigen)

Die Dinge haben eine extreme Form angenommen. Einerseits erhebt sich die Atmosphäre wie zu einer fast unvorstellbaren Pracht ... und gleichzeitig das Gefühl, daß man in jedem beliebigen Augenblick sterben kann – nicht „sterben", aber der Körper kann aufgelöst werden. Und beides zusammen schafft ein Bewußtsein *(Mutter schüttelt den Kopf)* ... alle alten Dinge erscheinen kindlich, kindisch, unbewußt. Innen ... ist es ungeheuerlich und wunderbar.

Der Körper hat ein Gebet – und es ist immer das gleiche:

Laß mich würdig werden, Dich zu erkennen!
Laß mich würdig werden, Dir zu dienen!
Laß mich würdig werden, Du zu sein!

Ich kann fast nicht mehr essen, und ich habe keinen Hunger. Ich fühle eine wachsende Kraft in mir ... aber von einer neuen Beschaffenheit ... im Schweigen und in der Kontemplation.

Nichts ist unmöglich *(Mutter öffnet ihre Hände nach oben)*.

(Schweigen)

Wenn du keine Fragen hast ... Möchtest du das Schweigen ... das bewußte Schweigen?

Aber ich weiß nicht, ob ich die richtige Bewegung mache.

Welche Bewegung machst du denn, wenn du mit dem Göttlichen in Beziehung treten willst?

Ich setze mich zu deinen Füßen.

*(Mutter lächelt, nimmt Satprems Hände
und geht eine halbe Stunde lang in sich)*

Hast du etwas gefühlt?

299

Ich wurde der Sonne dargeboten.

1973

CHRONIK DES WELTGESCHEHENS

1973

1. Januar	EWG: Dänemark, Irland und Großbritannien treten dem Gemeinsamen Markt bei.
27. Januar	Beendigung des Vietnamkrieges: US-Sicherheitsberater Kissinger schließt ein entsprechendes Abkommen in Paris ab.
7. Februar	Vereinigte Staaten: Einrichtung eines Senats-Komitees unter dem Vorsitz Senator Sam J. Erwins zur Untersuchung der Watergate-Affäre. Kissinger reist nach Peking, Hanoi und Tokyo.
12. Februar	Vereinigte Staaten: zweite Dollarentwertung in 14 Monaten.
19. Februar	Frankreich: Schändung der Gedenkstätte General Pétains.
21. Februar	Mutter wird fünfundneunzig.
2. März	Sudan: palästinensische Terroristen ermorden drei Diplomaten.
15. März	Dürrekatastrophe im zentralafrikanischen Sahel.
29. März	Vietnam: die letzten US-Soldaten verlassen das Land.
4. April	Spanien: Studentenunruhen in Barcelona.
8. April	Tod des Malers Pablo Picasso.
30. April	Erste Geständnisse Nixons in der Watergate-Affäre.
9. Mai	Erste Aufnahme diplomatischer Beziehungen zwischen der BRD und der DDR.
14. Mai	Start des US-Raumlaboratoriums „Skylab".
1. Juni	Griechenland: Abschaffung der Monarchie und Ausrufung der Republik.
22. Juni	Nixon und Breschnew unterzeichnen ein Abkommen zur Verhinderung eines Atomkrieges.
27. Juni	China zündet seine 15. Atombombe.
29. Juni	Vereinigte Staaten: Nixon erklärt vor dem Kongreß, daß die USA „einem ernsten Energieproblem gegenüberstehen".
5. Juli	Eine Verlautbarung des Heiligen Stuhls bestätigt die Unfehlbarkeit des Papstes.
16. Juli	Vereinigte Staaten: Enthüllung der Tatsache, daß Nixon alle seine Gespräche auf Tonträger aufzeichnen läßt.
17. Juli	Afghanistan: Staatsstreich, der König wird abgesetzt und die Republik wird erklärt. Sowjetunion: Der russische Historiker Amalrik wird wegen Verleumdung des Sowjetstaates verurteilt.
23. Juli	Nixon weigert sich, der Justiz die Tonbänder seiner Gespräche zu übergeben.
3. August	Iran: Der Schah verstaatlicht die ortsansässigen Ölfirmen.
5. August	Griechenland: Palästinensische Terroristen eröffnen das Feuer auf Touristen im Flughafen von Athen.
6. August	Vereinigte Staaten: Vizepräsident Agnew wird der Steuerhinterziehung beschuldigt.
10. August	Pakistan: Ali Bhutto wird Präsident.
15. August	Kambodscha: Aufgrund des Drucks des US-Kongresses beendet Washington die Bombardierungen.
18. August	Großbritannien: Gewaltkampagne irischer Extremisten in England.
21. August	UDSSR: Pressekonferenz des Physikers Sacharow sowie Interview mit dem Schriftsteller Alexander Solschenitzyn, in denen beide den Westen „vor der Illusion der Entspannung" warnen.

22. August	Vereinigte Staaten: Henry Kissinger wird US-Außenminister. 28. August Frankreich zündet fünf Atombomben in Polynesien.
	Indien läßt 90 000 pakistanische Kriegsgefangene frei.
1. Sept.	Libyen: Verstaatlichung der ortsansässigen Ölfirmen.
11. Sept.	Chile: Staatsstreich und angeblicher Selbstmord Salvator Allendes.
28. Sept.	Österreich: Palästinensische Terroristen greifen einen Zug jüdischer Rußlandemigranten auf dem Weg nach Israel an.
6. Oktober	Naher Osten: Beginn des Yom-Kippur-Krieges gegen Israel durch Ägypten und Syrien. Ägyptische Truppen überqueren den Suez-Kanal.
10. Oktober	Vereinigte Staaten: Rücktritt von Vizepräsident Agnew, Gerald Ford tritt an dessen Stelle.
13. Oktober	Thailand: Blutige Unterdrückung von Studentenunruhen in Bangkok.
17. Oktober	Kuwait: Ölembargo gegen die Vereinigten Staaten und die Niederlande, „um Israel zur Rückgabe der besetzten Gebiete zu zwingen".
20. Oktober	Vereinigte Staaten: US-Justizminister Richardson erklärt seinen Rücktritt unter Protest gegen Nixons Weigerung, der Justiz seine Tonbänder zu übergeben.
25. Oktober	Vereinigte Staaten: Das US-Militär wird aufgrund der Nachricht einer möglichen Sowjetintervention im Nahen Osten in Alarmbereitschaft versetzt.
11. Nov.	Feuereinstellung zwischen Israel und Ägypten.
14. Nov.	Griechenland: Studentenunruhen.
16. Nov.	Kissinger erhält den Friedensnobelpreis.
17. Nov.	Mutter verläßt ihren Körper.
29. Nov.	Indien: Breschnew besucht New Delhi; Militär- und Wirtschaftsabkommen zwischen Indien und der Sowjetunion.
3. Dez.	Die US-Raumsonde „Pioneer 10" passiert den Planeten Jupiter.
17. Dez.	Italien: Palästinenser-Attentat auf dem Leonardoda-Vinci-Flughafen in Rom.
23. Dez.	Iran: Die OPEC verkündet die Verdoppelung des Ölpreises.

Januar

1. Januar 1973

(Botschaft für das neue Jahr:)

Wenn man sich der gesamten Welt zugleich bewußt wird, dann ist man fähig, sich des Göttlichen bewußt zu sein.

3. Januar 1973

(Zum Schluß des Gesprächs:)

(Sujata:) Liebe Mutter, ich habe ein Gebet. Weiß du, Satprem ist sehr gequält; mein Gebet lautet deshalb, daß du seine Sorgen entfernst.

Warum gequält?

(Lachend:) Das ist seine Natur, liebe Mutter!

(Satprem zieht eine Grimasse)

Weißt du, ich habe nur eine Lösung – immer dieselbe für alles: so *(Geste offener Hände).* Nicht mehr existieren, so sein *(dieselbe Geste),* etwas Transparentes, das vom Göttlichen bewegt wird. Dann geht es.

(Mutter nimmt Satprems Hände und geht mit einem sanften Lächeln in sich)

10. Januar 1973

Guten Tag, liebe Mutter!

(Mutter schenkt uns einen Korb)

Dies hier ist Zahnwasser, und da sind Eier!
Was hast du mir zu erzählen?

Ich, nichts.

Nichts?

Nein, es ist schwierig. Eine schwierige Zeit.

Für mich auch.

Ja.

(Schweigen)

Nun ...

Woher kommt das?

... möchtest du, daß wir ruhig bleiben?

Ja, sicherlich! Aber ich fragte, woher dies käme?

(nach einem Schweigen)

Bei mir weiß ich es: Es liegt daran, daß alles, was transformiert
werden soll, vom Unterbewußten hochsteigt, und das ist schier endlos
... Das kommt und kommt und kommt ...
Und bei jeder Sache erscheint die mögliche Katastrophe. So leben
wir unter der ständigen Suggestion von Katastrophen – ich weiß, woher
das kommt, ich weiß, was es ist, aber es ist nicht amüsant.

Ja.

Mit einem neuen Unbehagen. Etwas Neues. Wie ich dir sagte,
herrscht eine so wunderbare neue Freude. Aber sie kommt, weißt du,
als würde einem etwas vorgeführt ... *(Mutter läßt etwas an ihren Fingerspitzen tanzen wie ein Glöckchen oder eine imaginäre Verlockung):*
„Siehst du, du könntest dies haben." Voilà. „Es könnte so sein", und
dann, hopp! ist es verschwunden.
Deshalb möchte ich wirklich lieber nichts sagen.

Ja, liebe Mutter.

(Mutter geht für zwanzig Minuten in sich,
verläßt dann ihr Zimmer und kommt zurück)

Willst du noch etwas bleiben?

Du wirst dich verspäten, liebe Mutter. Es ist elf Uhr.

Man hat dich spät kommen lassen.

Das macht nichts.

Hast du etwas anderes zu tun?

Nein, nein! Du bist es, die zu tun hat!

Ich, ach! … *(Mutter hebt die Arme)* Das ist ein ständiger Widerspruch – ständig, ständig … Mit Suggestionen: „Auf diese Weise kann man sterben; auf jene Weise kann man sterben …" Dann antworte ich: „Das ist mir doch egal!" Dann beruhigt es sich.
Anfangs tröstete mich die Vorstellung, daß ich dies für alle tue – hätte ich dies einmal durchgestanden, wäre es getan –, aber viele andere Leute sind selbst in diesem Zustand.

Ja, aber wenn du es durchgestanden hast, wird es auch für die
anderen beendet sein.

Hoffen wir es!

(Schweigen)

Um mich zu trösten, ist da oben eine Art Gewißheit, daß es, wenn ich meinen hundertsten Geburtstag erreiche, danach wieder aufwärts gehen wird. Aber das ist noch lange. Wie viele Jahre?

Fünf Jahre, liebe Mutter.

Mein Kind, fünf Jahre in dieser Hölle! …

Wir werden versuchen, bis zum Ende mit dir zu gehen.

Ach, du … *(nach einem Schweigen)* Du wirst auf jeden Fall bis zum Ende gehen.

Aber ich kann nur bis zum Ende gehen, wenn du auch gehst.

(Mutter lacht, Schweigen)

Gleichzeitig weiß ich, daß die göttlichen Kräfte so hindurchgehen *(Geste durch den Körper)*: ich setze dem so wenig Hindernisse wie möglich entgegen. Und das hat außerordentliche Ergebnisse: ständig eine Art … „Wunder", wie die Leute es nennen.

Mir erscheint es allerdings noch nicht so, wie es sein könnte – wie es sein MÜSSTE.

Zum Beispiel diese Möglichkeit des Leidens – der Schmerz ... all das, rein physisch (alles, was nicht physisch ist: *Mutter macht eine reglose und ruhige Geste, um die inneren Zustände anzuzeigen*), aber rein physisch: die Möglichkeit des Leidens muß wirklich verschwinden. Nicht, weil ich nicht leiden will, aber ... das ist kein Geschenk, das man den Leuten machen möchte.

Fünf Jahre ...

Die Jahre sind lang-lang-lang-lang ...

Das ist so: zwei, drei Stunden vergehen wie eine Sekunde, und dann wieder zieht sich eine halbe Stunde stundenlang hin. Alles ist umgekehrt.

(Mutter macht eine Geste: Was tun? Schweigen)

Und dann ... ach! das habe ich dir nicht erzählt: Gestern oder vorgestern (ich weiß nicht mehr) fühlte mein Körper plötzlich für zwei oder drei Minuten den Schrecken des Todes – die Vorstellung, so in ein Grab geworfen zu werden *(Geste)*, das war so schrecklich! Schrecklich... Das hätte ich nicht für mehr als einige Minuten aushalten können. Das war FURCHTBAR. Nicht, weil man mich lebendig begraben hatte, sondern mein Körper war bewußt. Die Leute glaubten, er sei „tot", weil das Herz nicht mehr schlug – doch er war bewußt.

Das ... das ... das war eine schreckliche Erfahrung ... Ich hatte alle Anzeichen des „Todes", das heißt, das Herz arbeitete nicht mehr, nichts funktionierte mehr – und ich war bewußt. Er war bewußt.

(Schweigen)

Man müßte ... sie müssen vorgewarnt werden, daß man sich ja nicht beeilt ... *(Geste, den Körper in ein Loch zu stecken)*

Ja, Mutter.

Oh! ...

Ja, darüber wird man wachen, sei beruhigt! Wir werden gut darüber wachen.

(Schweigen, Mutter hält Satprems Hände, lächelt dann)

Du bist lieb.

Oh, Mutter ...

(Mutter sucht auf dem Tisch neben sich) Ich würde dir gern etwas geben, das dir Freude bereitet.

Ich wünsche mir nur deine ständige Gegenwart.

Oh, das ... mehr und mehr.
(Zu Sujata:) Wie geht es dir, mein Kind?

Es geht gut, kleine Mutter.

Gut?

Ja, Mutter.

13. Januar 1972

(Das Gespräch beginnt mit einer Stunde Verspätung.)

Nichts zu sagen ... Hier herrscht das reinste Chaos.
Offensichtlich hat das Supramental nichts mit unserer gewohnten Zeitauffassung gemeinsam.

(Schweigen)

Ich habe den Eindruck, von der alten und der neuen Welt in entgegengesetzte Richtungen gezogen zu werden ...

(Mutter schüttelt den Kopf und geht in sich)

311

17. Januar 1973

Da wäre die Botschaft für den 21. Februar, liebe Mutter.

Hast du sie?

Nein! [Lachen] Z schlägt zwei Texte von Sri Aurobindo vor, aber mir scheint, es wäre besser, etwas von dir selbst zu nehmen.

Ja. Hast du denn etwas?

Nein. Könntest du etwas sagen?

(nach einem Schweigen)

Je mehr man fortschreitet, desto mehr wird die Notwendigkeit einer göttlichen Gegenwart zwingend und … unvermeidlich. „Unvermeidlich" ist nicht das richtige Wort, aber …

Unerläßlich?

Ja, genau: unerläßlich.
Ist das gut?

Ja, Mutter. „Je mehr man fortschreitet, desto mehr wird die Notwendigkeit einer göttlichen Gegenwart zwingend und unerläßlich."

(Mutter schreibt die Botschaft)

21. Februar …

1973.

(Mutter unterschreibt)

Wie möchtest du es auf englisch sagen?

Es müßte so lauten:

„The more we advance on the way, the more the need of a divine Presence becomes indispensable – imperative and indispensable."

(Mutter schreibt mit geschlossenen Augen)

Ein Punkt auf dem „i" hier [Satprem führt Mutters Hand]. Das ist alles. Wenn du einen Punkt ans Ende setzen willst und deine Unterschrift.

Ist die Schrift gut?

Ja, Mutter, sie ist gut herausgekommen.

(Mutter tritt in Kontemplation)

(Sujata:) Liebe Mutter, morgen empfängst du doch den Dalai Lama. Satprem wäre sehr interessiert zu wissen, was du denkst – was du gesehen hast.

Welcher Tag ist morgen?

(Sujata:) Donnerstag.

Also Samstag? Ich werde dir sagen, welchen Eindruck ich hatte.

20. Januar 1973

(Am 18. Januar empfing Mutter den Dalai Lama. Es sei erwähnt, daß Mutter seit langem einige tibetanische Flüchtlinge im Ashram und in Auroville aufgenommen hatte.)

Hast du nichts zu sagen?

Es würde mich interessieren zu erfahren, was du mit dem Dalai Lama gefühlt hast …

Ein wirklich wohlwollender Mensch. Weißt du, er praktiziert das buddhistische Wohlwollen auf eine wirklich wunderbare Art.
Er scheint keinerlei Eigensucht zu haben. Das heißt, eine ständige Bemühung, das Wahre zu tun.

(Schweigen)

Sehr aktiv [mental] – wir hatten keinen sehr tiefen Kontakt.
Aber nach dem, was mir gesagt wurde, war er mit seinem Besuch zufrieden. Hast du etwas gehört?

Ja, man sagt, er sei zufrieden gewesen.

Hast du ihn nicht gesehen?

Nein.[1]

Er ist ein junger Mann ...

Aber ich sah ihn vor einigen Monaten im „Traum".

Sieh an!

Wir trafen uns – warum? Ich weiß es nicht.

Sehr wohlwollend – sehr wohlwollend.

Man sagte mir (ich weiß nicht, ob es wahr ist), er habe bemerkt: „Sri Aurobindo und die Mutter sind heute die wichtigsten Personen auf der Welt." – Ich weiß nicht, ob das stimmt.

Er scheint mit seinem Besuch zufrieden gewesen zu sein. Er war sehr zufrieden mit der Schule und den Schülern.

Auf der Ebene, wo ich lebe, scheint er nicht sehr bewußt zu sein. Aber ich weiß es nicht, auf jeden Fall ist seine Persönlichkeit überhaupt nicht belastend – er drängt sich nicht auf.

Ich hatte den Eindruck eines sehr starken Mannes – sehr stark. Und harmonisch stark. Sein rechter Arm war nackt, und er erweckte den Eindruck einer ruhigen, starken Kraft. Aber ... ich hatte keinen sehr tiefen Kontakt ... Ich weiß nicht.

Und hast du etwas für Tibet gesehen – siehst du etwas für dieses Land?

Ich habe ihm gesagt, daß Tibet wieder unabhängig sein wird. Er fragte mich wann. Ich sagte: „Das weiß ich nicht."[2]

Sri Aurobindos Vorstellung war ein unabhängiges Tibet und eine Art große Föderation mit Indien. Aber wann? Ich weiß es nicht.

Tibet war in einen niedrigen Tantrismus eingeschlossen, und wahrscheinlich kamen die Chinesen, um sie von dieser Gefangenschaft zu befreien ...

Ja.

Und wenn sie davon gereinigt sind (unglücklicherweise mit großen Verlusten), können sie vielleicht frei werden.

---

1. Satprem mag keine Menschenmengen, und der ganze Ashram war in Aufruhr. Der Dalai Lama hatte den Wunsch geäußert, Mutter allein zu sehen, aber die Würdenträger des Ashrams klebten buchstäblich wie Kletten an ihm. Sie blieben während des ganzes Interviews im Zimmer anwesend. Unter diesen Bedingungen konnte er keinen „tiefen" Kontakt mit Mutter haben.
2. Mutter antwortete: „Alles wird von der Empfänglichkeit der Welt für das supramentale Bewußtsein abhängen." Im Addendum werden die Fragen des Dalai Lama und Mutters Antworten wiedergegeben.

(Mutter nickt zustimmend)

Er gab mir dies *(Mutter zeigt einen tibetanischen Buddha aus Kupfer).* Ein Buddha. Steht dort etwas geschrieben [unter der Statue]?

Ja, eine Zeichnung.

Ich glaube, das ist Tibetanisch.
Es ist gut.

Ja, er hat ein gutes Gesicht.

(Schweigen)

Du hast ihn nicht gesehen?

Nein. Ich habe nur Fotos gesehen. Ich fand, er hat eine gewisse Ähnlichkeit mit Pavitra.

Sieh an!

Ja, sozusagen von derselben „Linie".

*
* *

Addendum

(Bericht des Besuchs vom Dalai Lama. Die Fragen des Dalai Lama wurden Mutter indirekt von Kireet, dem Sekretär des Universitätszentrums, gestellt.)

(Dalai Lama:) Mein Traum ist eine ideale wirtschaftliche Entwicklung in Tibet, eine ideale Organisation und Leistungsfähigkeit, wie man sie im Kommunismus findet, aber all das basierend und gründend auf den buddhistischen Tugenden von Mitgefühl und Liebe, so daß die Leute in Machtpositionen nicht in Korruption entarten. Was ist Mutters Ansicht über diesen Traum, und kann so etwas in Tibet verwirklicht werden?

Dies ist kein Traum. Es wird ganz natürlich geschehen. Aber ich weiß nicht, wieviel Zeit es beanspruchen wird. Das entspricht dem, was Sri Aurobindo über das Supramental gesagt hat.

Wahrheit, Liebe, Mitgefühl werden die Basis für die neue Schöpfung sein. Nicht die Umstände seiner Geburt sondern der wahre Wert eines Menschen soll ihm ein Recht auf Autorität verleihen.

Wenn Sri Aurobindos Lehre sich auf der Welt ausbreiten kann und wenn das Supramental sich voll manifestiert, dann wird das Supramental die Macht zur Befreiung Tibets sein.

Es wird unvermeidlich geschehen, es wird kommen; aber wenn es so wie jetzt weitergeht, wird es Jahrhunderte dauern. Wenn das Supramental jedoch manifestiert wird, kann es schnell kommen. Schnell bedeutet allerdings nicht in zehn oder zwanzig Jahren – das käme fast einem Wunder gleich.

(Kireet:) Aber das Supramental arbeitet jetzt sehr machtvoll.

Das tut es, es wirkt. Es wird sich mit genügend Macht manifestieren, wenn die richtigen Leute die Autorität haben.

Im Augenblick scheint es so, als würde die Opposition und Falschheit mit voller Macht angreifen, bevor sie stirbt. Noch nie haben die Menschen so viel gelogen wie jetzt. Diese alte Gewohnheit scheint spontan hervorzukommen. Sie muß gebrochen werden.

Wir sind sozusagen in einem sehr unangenehmen Augenblick der Weltgeschichte. Es ist interessant, denn die Aktion ist sehr machtvoll, aber ich kann diese Zeit nicht als erfreulich bezeichnen.

Aber das sagte ich dir schon; ich habe es geschrieben.[1]

(Kireet:) Ja, Mutter. Du hast die Botschaft gegeben.

(Dalai Lama:) Ich selber habe keinen Wunsch, in der Regierung an der Macht zu bleiben, denn jegliche Regierung beinhaltet so viele Konflikte zwischen den verschiedenen Parteien, und als Regierender muß man stets für die eine oder andere Seite Partei ergreifen …

Man kann regieren, ohne sich auf die eine oder andere Seite zu stellen. Das ist der Fehler aller Regierungen; sie mindern dadurch ihre Fähigkeit ungeheuer.

Jenseits des Mentals gibt es ein höheres und tieferes Bewußtsein – sie würden dort ein Bewußtsein vorfinden, das alle Fähigkeiten voll einsetzen kann. Man muß ein Bewußtsein haben, das weit genug ist, so daß jede Fähigkeit an ihren Platz gesetzt werden kann, um eine allgemeine Harmonie zu schaffen.

---

1. Botschaft vom 26. November 1972: „Bevor sie stirbt, erhebt sich die Lüge mit ihrer ganzen Macht. Aber die Leute verstehen nur die Lektion der Katastrophe. Muß sie eintreten, damit sie ihre Augen für die Wahrheit öffnen? Ich verlange eine Anstrengung von allen, damit dies nicht nötig ist. Nur die Wahrheit kann uns retten: Wahrheit in den Worten, Wahrheit in den Handlungen, Wahrheit im Willen, Wahrheit in den Gefühlen. Man muß der Wahrheit dienen oder zugrundegehen."

(Dalai Lama:) Es gibt guten Willen und Aufrichtigkeit bei Leuten überall auf der Welt, aber die Anzahl dieser Leute ist nicht groß. Werden sie eine Wirkung haben und die Bedingungen in der Welt verändern können?

Es muß sich ändern – es wird sich ändern. Wenn die Leute aufrichtig sind, wird das jedoch die Zeit verkürzen; wenn die Leute aufrichtig sind, wird es schneller gehen.

Der erste und unerläßliche Schritt besteht darin, aller Falschheit ein Ende zu setzen. Falschheit ist all das, was in uns der Gegenwart des Göttlichen widerspricht.

24. Januar 1973

Hast du etwas?

Nein.

Je weiter ich gehe, um so mehr Widersprüche entdecke ich in mir – schreiende Widersprüche. Sie erscheinen mir wie Unmöglichkeiten.

Nein, keine Unmöglichkeiten – dies kann nur bedeuten, daß man tiefer oder höher gehen muß, zu einem Ort, wo sich das verbindet. Die Gegensätze werden immer heftiger, bis man den Ort findet, wo sie sich... wo eine Einheit entstehen kann.

Man muß immer tiefer gehen oder immer höher – das ist das Gleiche.

(Schweigen)

Alle unsere alten Auffassungen taugen NICHTS mehr – nichts. Alle unsere Werte taugen NICHTS mehr.

Wir stehen auf der Schwelle von etwas absolut Wunderbarem, aber ... wir können es nicht bewahren – es kommt so *(Geste eines vorbeiziehenden Vogels)* ... Wir wissen nichts.

Ich hatte noch nie zuvor so stark den Eindruck, nichts zu wissen, nichts zu können, nichts ... ein Sammelsurium von schrecklichen

Widersprüchen zu sein, und ich weiß – zutiefst und ohne Worte –, daß dies so ist, weil ich den Ort nicht finde, wo sich das ... harmonisiert und vereinigt.

Ich vermag absolut nichts, ich weiß absolut nichts – im Grunde bin ich nichts ... als eine lügenhafte Erscheinung.

Ich erinnere mich an nichts, ich weiß nicht einmal mehr, was ich gesagt habe ... Alles ist so *(Geste eines Zerfalls)*.

Und ganz seltsam, fast gleichzeitig – wirklich fast gleichzeitig: Folter und Glückseligkeit.

(Mutter hustet,
Schweigen)

Sonderbarerweise scheint die menschliche Natur eher dafür angelegt zu sein, die Folter zu verstehen als die Glückseligkeit.

Da ist noch etwas Seltsames: Weil man jetzt gewisse Bücher veröffentlicht [von Mutter], komme ich in Verbindung mit Dingen, die ich gesagt habe. Als ich das sagte, war ich natürlich völlig überzeugt; aber jetzt ... frage ich mich: „Wie konnte ich bloß so etwas sagen!"

Da ist „etwas" ... *(Mutter öffnet die Handflächen nach oben)*

(langes Schweigen)

Es bleibt nur noch ein einziger Wille: Möge das Göttliche sich ohne Entstellung durch diesen Körper ausdrücken können! Das kommt ständigständigständigständig ...

Sag mir: Wie lautet das Mantra?

Om ...

Om Namo Bhagavaté?

Ja, Bhagavaté.

(Mutter geht in sich. Die Uhr schlägt eine ewige Stunde)

31. Januar 1973

*(Langes Schweigen, Mutter schüttelt mehrmals den Kopf, als
verstehe sie nichts. Sie versucht zu sprechen und geht dann
wieder in sich.)*

Die genau gleichen Umstände, im gleichen Augenblick, können eine
wunderbare Glückseligkeit sein – einfach wunderbar! wie ich sie noch
nie fühlte – und eine Hölle. Die genau gleichen Umstände und im
selben Augenblick.

Während Stunden hat man den Eindruck, fast verrückt zu werden,
und während einigen ... (vielleicht auch Stunden, vielleicht Minuten
– die Wahrnehmung der Zeit ist nicht die gleiche, aber nun ...): ein
Wunder. Eine wunderbare Gegenwart.

Das hängt wirklich nicht von den Umständen ab: die Umstände sind
immer gleich und ...

Und in diesem neuen Bewußtsein hat die Zeit überhaupt nicht mehr
den gleichen Wert: ich habe den Eindruck, daß einige Minuten vergangen sind, und man sagt mir, fast eine Stunde sei verstrichen. So geht
das.

(Schweigen)

Ganz wie du willst. Wenn du meditieren willst ...

*Ich habe einen seltsamen Eindruck. Früher, vor Jahren, hatte
ich den Eindruck, daß ein Teil meines Bewußtseins sehr weit
war, es war „dieses" und „jenes"; doch jetzt verstehe ich sehr
gut, wenn du von einer „alten Rinde" sprichst. (Du sagst: „Es
bleibt eine alte Rinde.") Ich habe den Eindruck, nur noch eine
Ansammlung von Fehlern, Unvollkommenheiten, düsteren
Dingen usw. zu sein, aber die andere Seite entzieht sich mir
vollkommen. Es bleibt nur noch diese Fassade voller unangenehmer, widersprüchlicher und falscher Dinge. Aber der andere
Teil, das andere Ich ... ich weiß nicht, das entzieht sich mir. Ich
weiß, daß er da ist, aber ich bin mir vor allem dessen bewußt,
was vor mir steht.*

(Mutter geht in sich)

Februar

3. Februar 1973

Die Zeit ist nicht dieselbe … Und ich kann nicht mehr essen. Was wird geschehen? Ich weiß es nicht.

Lauter gute Dinge!

(Mutter lacht und nimmt Satprems Hände)

Du bist lieb.

Aber ich bin mir sicher, liebe Mutter!

Ja natürlich! Ich auch! *(Lachen)*

(Mutter schließt die Augen und nimmt eine der Blumen neben ihr)

Was ist das?

Das ist die „Gnade", liebe Mutter …

Sie ist für dich.
Das …

(Mutter öffnet die Hände nach oben und geht in sich)

Ich kann nicht sprechen.
Kann nicht mehr sprechen, nicht mehr essen … Und die Zeit vergeht in Blitzesschnelle.

(Mutter geht wieder in sich)

7. Februar 1973

(Einen Text betreffend, den Mutter für das nächste „Bulletin" gewählt hat:)

Es gibt nur ein Mittel, der Lüge ein Ende zu setzen: Wir müssen in unserem Bewußtsein alles auslöschen, was der Gegenwart des Göttlichen widerspricht.

(31.12.1972)

Das möchte ich unbedingt veröffentlichen. Es ist sehr wahr – sehr wahr. Vielleicht ist es nicht leicht verständlich, aber es ist ZUTIEFST wahr.

Alles in uns, was die Dinge verschleiert, entstellt und die Manifestation des Göttlichen verhindert, DAS ist die Lüge.

Eine Welt von Arbeit!

Ich tue das ständig – jeden Tag und den ganzen Tag über, wenn ich nicht ... Selbst, wenn ich Leute sehe. Das ist die einzige Sache, die es wert zu leben ist.

8. Februar 1973

(Auszug aus einem Gespräch mit einigen Lehrern der Schule. Wir verdanken die Aufnahme der Freundlichkeit von einem unter ihnen.)

Was ist die beste Art, uns vorzubereiten? Denn es ist offensichtlich, daß all dies einer recht langen Vorbereitung bedarf.

Die beste Art ist natürlich, euer Bewußtsein zu erweitern und zu erhellen. Aber wie ist da vorzugehen? ... Erweitert und erhellt euer eigenes Bewußtsein. Und wenn jeder von euch sein Psychisches finden und sich mit ihm vereinigen könnte, wären alle Probleme gelöst.

Das psychische Wesen ist der Repräsentant des Göttlichen im menschlichen Wesen. Das ist der springende Punkt: Das Göttliche ist nicht etwas weit Entferntes und Unerreichbares; es ist in euch, aber ihr seid euch dessen nicht ganz bewußt. Ihr habt eher ... Bis jetzt wirkt es eher wie ein Einfluß anstelle einer Gegenwart. Es muß eine bewußte Gegenwart sein, damit ihr euch in jedem Augenblick fragen könnt, wie das Göttliche die Dinge sieht.

Dies ist die Entwicklung: zuerst, wie das Göttliche sieht, und dann, wie das Göttliche will, und schließlich, wie das Göttliche handelt. Es geht ganz und gar nicht darum, in unerreichbare Regionen aufzusteigen: es ist unmittelbar HIER. Allerdings wird es im Moment noch von all den alten Gewohnheiten und der allgemeinen Unbewußtheit verdeckt, so daß man es nicht sehen und spüren kann. Man muß ... das muß man entfernen.

Im Grunde besteht unsere Aufgabe darin, bewußte Instrumente des Göttlichen zu werden.

Normalerweise erfordert dies ein ganzes Leben, für manche sogar mehrere Leben. Hier, unter den aktuellen Bedingungen, könnt ihr es in einigen Monaten tun. Jene, die eine brennende Aspiration haben, können es in wenigen MONATEN tun.

(Mutter bleibt für einige Minuten konzentriert)

Habt ihr etwas gespürt?

(Einer der Lehrer:) Gab es eine spezielle Herabkunft?

Nein, keine „Herabkunft". Das ist wieder eine falsche Vorstellung. Es ist keine „Herabkunft". Es ist etwas, das IMMER da ist, ihr fühlt es nur nicht.

Wißt ihr, was die vierte Dimension ist?

Wir haben darüber gesprochen ...

Habt ihr die Erfahrung?

Nein, liebe Mutter.

Ach! Aber die vierte Dimension ist gerade die beste Annäherung der modernen Wissenschaft. Für uns ist das Göttliche die vierte Dimension.

Es ist ... im Innern der vierten Dimension. Es ist überall – überall, immer. Nicht etwas, das kommt und geht: es ist immer hier ... überall. Nur unsere eigene Dummheit hindert uns daran, es zu fühlen. Man braucht überhaupt nicht fortzugehen ... ganz und gar nicht.

Um euch eures psychischen Wesens bewußt zu sein, müßt ihr einmal die vierte Dimension spüren können, sonst könnt ihr nicht wissen, was es ist ... Mein Gott!

Seit siebzig Jahren weiß ich, was die vierte Dimension ist – mehr als siebzig Jahre.

(Schweigen)

Das ist unerläßlich. Das Leben fängt damit an. Sonst lebt man in der Lüge – in einem Ameisenhaufen von Chaos und Finsternis ... Ihr seid einfach zu mental!

Um euch eures eigenen Bewußtseins bewußt zu sein, müßt ihr es sonst mentalisieren. Und das ist schrecklich!

Das neue Leben ist nicht die Folge des früheren, sondern ein Hervorquellen von innen.

Ja! Ja!

Es gibt nichts Gemeinsames zwischen ...

Doch, aber ihr seid euch dessen nicht bewußt. Man muß ... ja, das Mental hindert euch daran, es zu spüren. Man muß SEIN. Ihr mentalisiert alles – alles. Was ihr „Bewußtsein" nennt, besteht darin, die Dinge zu denken; genau das nennt ihr Bewußtsein. Aber das ist es ganz und gar nicht! Das ist nicht Bewußtsein. Das Bewußtsein ... es muß völlig transparent und OHNE Worte sein können.

(Mutter schließt die Augen)

Alles wird leuchtend und warm ... STARK!

Und ein Friede ... der wahre Friede, der nicht Trägheit und Unbeweglichkeit ist.

Mutter, kann man dies allen Kindern als Ziel geben?

Allen? ... Nein. Sie haben nicht alle dasselbe Alter, selbst wenn sie physisch gleich alt sind. Manche Kinder sind unentwickelt. Ihr müßtet... Wenn ihr euch eures eigenen Psychischen voll bewußt wäret, würdet ihr wissen, welche Kinder ein entwickeltes Psychisches haben. Bei manchen Kindern ist das Psychische noch embryonal – das psychische Alter ist nicht dasselbe, ganz und gar nicht. Normalerweise braucht das Psychische mehrere Leben, um sich voll zu entwickeln. Das Psychische ist der Teil des Wesens, der von einem Körper zum nächsten übergeht. Wenn man sich seines Psychischen nicht bewußt ist, erinnert man sich deshalb auch nicht an die vergangenen Leben. Manchmal hat das Psychische jedoch in einem gewissen AUGENBLICK an einem Ereignis teilgehabt: es ist bewußt geworden, und das formt eine Erinnerung. Manchmal hat man eine bruchstückhafte Erinnerung: die Erinnerung an einen Umstand oder ein Ereignis oder einen Gedanken oder sogar an eine Tätigkeit ... auf die Art. Da war das Psychische bewußt.

(Schweigen)

Was wollt ihr! Bald bin ich hundert, es fehlen nur noch fünf Jahre; und ich begann mein Bemühen, bewußt zu werden, als ich fünf war. Ihr seht also ... Ich fahre fort, es geht weiter. Ein besonderer Umstand ist natürlich, daß ich jetzt an den Zellen des Körpers arbeite, aber die Bemühung hat schon vor langer Zeit begonnen.

Dies nicht, um euch zu entmutigen, sondern um euch zu sagen, daß sich das nicht einfach so tut.

Der Körper ... der Körper ist noch aus einer sehr schwerfälligen Materie gebaut. Und die Materie selbst muß sich ändern, damit sich das Supramental manifestieren kann.

14. Februar 1973

(Die schlechten französischen Übersetzungen der Texte Sri Aurobindos in der „Gazette Aurovilienne" betreffend. Mutter hatte Satprem gebeten, einige Nummern zu lesen und in Zusammenarbeit mit seinem Freund Luc in Auroville zu versuchen, die Situation zu verbessern, was sehr heftige Reaktion ausgelöst hatte.)

... Nein, liebe Mutter, das habe ich gesehen: Alle Übersetzer, ob Franzosen, Engländer, Deutsche oder von sonst einem Land, haben ein kolossales Übersetzer-Ego. Sobald man an ihre Übersetzung rührt, fassen sie das so auf, als stelle man ihre ganze Person in Frage. Sei es nun Y, T, C.S. und alle, mit denen ich zu tun hatte: die Übersetzer sind unantastbar. Das ist die Wahrheit der Sache. Man kann sie nur machen lassen. Ich glaube, eine sehr spezielle Gnade wäre nötig, damit sie verstehen.

Ich selbst war auch nie zufrieden mit dem Ergebnis meiner Übersetzungen.

Ja, es ist sehr schwierig, Mutter. Darüber bin ich mir ganz im Klaren. Aber sobald man einen Übersetzer anrührt, ist die Hölle los.

(Mutter lacht) Dann müssen wir sie einfach machen lassen.

Ja, es ist „hopeless" [hoffnungslos]. Ich werde Auropress benachrichtigen, daß deine Notiz annulliert ist[1]. Sei's drum. Die Über-

---

1. Mutter hatte eine Notiz an die „Gazette" geschickt, in der sie sagte, daß alle Übersetzungen von Sri Aurobindos Texten dem Ashram zur Genehmigung vorgelegt werden sollten.

*setzerin wird sich von innen heraus ändern müssen – du mußt
uns alle von innen heraus ändern, darauf läuft die Geschichte
hinaus.*

Ich glaube, sie hat mir gesagt, wenn sie etwas schwierig fände,
werde sie es mir mitteilen. Sie sagte mir: „Wenn ich Zweifel habe,
werde ich es dir sagen."

Das Schlimme ist, daß sie meistens keine Zweifel haben!

(Mutter lacht)

*Nein, Mutter, ich sage das in aller Bescheidenheit, denn ich
verrichte diese Arbeit seit achtzehn Jahren; somit sehe ich klar,
wieviele Jahre nötig waren, wieviele Dummheiten ich begehen
mußte und welche Hilfe Sri Aurobindo mir geben mußte, um
zu beginnen, in den Geist der Sache einzutreten. So habe ich
wirklich Mitgefühl mit den anderen, ich verstehe gut, daß sie
Irrtümer begehen. Mich ärgert nur, daß sie sich in ihrer Arbeit
so sicher sind. Das ist schade.*

Manchmal verstehen die Leser eine schlechte Übersetzung besser
als eine gute.

*Das ist gut möglich, Mutter ... Aber manchmal bedeutet es
offensichtlich nichts mehr.*

Ich kann nicht alles noch einmal durchsehen, das nimmt zu viel
Zeit in Anspruch.
Du mußt dich irgendwie mit ihnen arrangieren.

*Oh je! Da brauche ich wirklich eine Gnade! ... Für mich ist das
eine zusätzliche Last, eine weitere Komplikation – daran ist mir
gar nicht gelegen, verstehst du.*

Hin und wieder, wenn es gar keinen Sinn ergibt ...
Ich glaube, wir müssen uns etwas ...

*Ja, ich habe auch den Eindruck, wir müssen sie machen lassen
– die Leute müssen wirklich von innen heraus etwas verstehen,
das ist alles.*

In Nirods Buch[1] höre ich Dinge, die Sri Aurobindo gesagt hat, und
er sagt, daß er sich etliche Male selbst widersprochen hat ...

Ja, genau!

---

1. *Correspondence with Sri Aurobindo.*

... und daß natürlich die zwei oder drei verschiedenen Standpunkte gleich wahr sind. Folglich sollten wir genauso offen sein wie er.

Im Grunde war seine Auffassung sehr flexibel – sehr. Wenn ich die Dinge hörte, die er sagte, hatte ich selbst den Eindruck, sehr wenig von dem, was er sagen wollte, verstanden zu haben. Und jetzt, wo ich mehr und mehr mit dem supramentalen Bewußtsein in Beziehung stehe, sehe ich, daß es äußerst flexibel ist – plastisch und komplex – und daß nur unser enges menschliches Bewußtsein die Dinge so starr und entschieden sieht *(Mutter zeichnet kleine geometrische Rechtecke in den Raum)*.

Ja, gewiß!

Wir sind immer noch vom Mental beherrscht, und das Mental ist so starr *(die gleiche Geste kleiner Vierecke)*. Und ich sehe, sobald man aus dem Mental heraustritt, wird es wie Wellen auf dem Meer.

Im Grunde müssen wir noch alles lernen. Wir wollen stets auf mentale Weise verstehen, und so verstehen wir nichts. Man schafft bloß kleine Unterteilungen *(dieselbe viereckige Geste)*, und das nennen wir verstehen.

Wenn wir die Dinge sorgfältig in eine Schachtel gesteckt haben, sagen wir, wir haben verstanden.

(Mutter geht in sich)

17. Februar 1973

(Mutter bleibt lange versunken, schüttelt dann den Kopf)

Ach! ... Ich werde mit allem konfrontiert, was in der Vergangenheit und Gegenwart dem Göttlichen widerspricht ... in diesem Körper. Das heißt, die ganze Vergangenheit steigt aus dem Unterbewußten hoch, und alles, was verdrängt worden war, wird jetzt ... Und das ist nicht etwas, das ich „fühle" oder „spüre" sondern eine Wahrnehmung. Eine Wahrnehmung ... ja, wie vergeblich und irreal alle unsere Auffassungen von Gut und Schlecht, von Wohl und Übel in der göttlichen Schau erscheinen.

Alle menschlichen Begriffe sind so eng, borniert – bruchstückhaft, mit moralischen Vorlieben.

Als zeigte man mir alles im Bewußtsein, was der Unendlichkeit, der göttlichen Unendlichkeit entgegensteht. Alles ist so eng, so klein ...

(Schweigen)

Wie spät ist es?

Zehn Uhr vierzig.

Willst du bleiben ...?

(Mutter geht in sich)

18. Februar 1973

(Auszug aus einem Gespräch mit den Lehrern der Schule. Einer von ihnen beschwert sich über die Gewalttätigkeit mancher Kinder.)

Die Gewalt ist eine Notwendigkeit, solange die Menschen von ihrem Ego und seinen Begierden beherrscht werden. Aber Gewalt darf nur als Verteidigungsmittel angewendet werden, wenn man angegriffen wird. Das von der Menschheit angestrebte Ideal, das wir realisieren wollen, ist ein Zustand eines leuchtenden Verständnisses, wo die Bedürfnisse eines jeden und die allgemeine Harmonie berücksichtigt werden.

Die Zukunft wird keine Gewalt mehr benötigen, denn sie wird vom göttlichen Bewußtsein gelenkt werden, in dem sich alles harmonisiert und ergänzt.

Bis heute sind wir in einem Zustand, wo Waffen noch nötig sind. Aber man muß verstehen, daß dies ein Übergangsstadium ist, das heißt nicht endgültig, und daß wir auf den höheren Zustand hinarbeiten müssen.

Der Friede ... Friede und Harmonie müssen das natürliche Ergebnis eines Bewußtseinswandels sein.

In Indien herrscht die Idee von Gandhis Gewaltlosigkeit, wodurch die materielle Gewalttätigkeit durch eine moralische Gewalttätigkeit ersetzt worden ist, was noch viel schlimmer ist.

Wenn man jedoch gegen Gandhi spricht, oh, dann ...

Man braucht seinen Namen nicht zu erwähnen, man kann den Kindern erklären, daß es nicht besser ist, wenn man die materielle Gewalttätigkeit durch eine moralische Gewalttätigkeit ersetzt. Sich vor einen Zug zu legen, um ihn am Weiterfahren zu hindern, ist eine moralische Gewalttätigkeit, die mehr Schaden schaffen kann als physische Gewalt.

Es gäbe vieles zu sagen ... Das hängt vom Einzelfall ab. Ich habe stets Übungen im Fechten befürwortet, denn das fördert die Wendigkeit, die Kontrolle über die Bewegungen und die Disziplin in der Gewalt – früher habe ich das Fechten sehr befürwortet. Ich lernte auch zu schießen; ich schoß mit einem Gewehr, denn das fördert die Stabilität und Geschicklichkeit und gibt einem ein ausgezeichnetes Auge. Es zwingt einen, inmitten der Gefahr ruhig zu bleiben. Alle diese Dinge ... Ich sehe nicht ein, warum man *hopelessly nonviolent* [unverrückbar gewaltlos] sein soll, das führt zu einem schwachen Charakter.

Man muß die Regungen der Gewalt in Kunstfertigkeit umwandeln. Sie zu einer ruhigen Wendigkeit und Selbstbemeisterung umentwickeln. Man braucht überhaupt keine Schreie auszustoßen, wie Gandhi es tun würde. Das ist gar nicht gut, ganz und gar nicht. Ich bin überhaupt nicht dafür. Man muß die Verteidigungsmittel meistern, und zu diesem Zweck muß man sie üben.

Vor allem muß man den Kindern verständlich machen, daß eine moralische Gewalt genauso schlecht ist wie die physische Gewalt – sie kann sogar schlimmer sein, denn die physische Gewalt zwingt einen wenigstens, stark zu werden, sich selbst zu bemeistern, während die moralische Gewalt ... Man kann so sein [äußerlich ruhig] und eine schreckliche moralische Gewalttätigkeit in sich tragen.

21. Februar 1973

Mutter wird fünfundneunzig.

28. Februar 1973

*(Seit zehn Tagen verliefen die „Gespräche" in Schweigen und in
Kontemplation – mit dem Eindruck, als wolle Mutter Satprem
etwas durch andere Mittel zu verstehen geben. Aber was?
Überdies ist Mutters Pflegerin jetzt fast ständig anwesend – sie
tut nicht einmal mehr so, als habe sie im Badezimmer zu tun.
Sie unterbricht die Gespräche, gibt ihre Kommentare ab – Mutter
ist ja „taub" … Leute kommen und gehen im Zimmer nach
Belieben und setzen ihre Unterhaltungen fort. Die Atmosphäre hat
sich sehr verändert. Aus diesem Grund sucht Mutter vielleicht
nach einem anderen Kommunikationsweg mit Satprem, nach
einer anderen Brücke. Aber das Schweigen … ist sehr still. Und
Satprem verstand nicht mehr sehr gut, was sich vor seinen Augen
abspielte.)*

Nun? … Wie geht es?

Ich weiß nicht recht.

Nicht gut?

Ich weiß nicht.

(Mutter lacht)

*Tatsächlich hat man den Eindruck, überhaupt nicht zu wissen,
welchen Weg man geht.*

Ich auch nicht … Ich auch nicht.

Aber ich weiß, daß dies absichtlich so ist. Es beunruhigt mich nicht,
denn ich weiß, daß es absichtlich so ist. Wir verstehen die Dinge immer
auf mentale Weise, und das ist wertlos – wirklich wertlos. Sri Aurobindo sagte: Das Mental bedeutet, von der Lüge zur Wahrheit gelangen

zu wollen – während das Supramental von Wahrheit zu Wahrheit schreitet. Aber das hat nichts mit der mentalen Weise zu tun, das weiß ich: Wenn ich völlig ruhig bin und niemand da ist und ich nicht gestört werde …

(Mutter schließt die Augen), dann … tritt ein Zustand ein … und man fühlt, wenn sich das entwickelt … *(Mutter lächelt im Schweigen)*

Man tritt in eine leuchtende Unermeßlichkeit ein, … die keine Fragen mehr stellt.

(Mutter nimmt Satprems Hände und geht in sich)

333

März

3. März 1973

Wir haben nichts für das nächste Bulletin, keine „Notizen".

(Schweigen)

Man wünschte sich zu wissen, ob man auf dem Weg ist …

Welcher Weg?

Dein Weg, der Weg des neuen Bewußtseins.

(Mutter macht eine Bewegung, nicht sprechen zu wollen)

Im Augenblick liegt die wahre Kraft – die wahre Kraft – im Schweigen.

(Mutter geht in sich)

7. März 1973

Wie geht es?

Die Frage stelle ich mir selbst … Du mußt es besser wissen als ich.

(Mutter lacht) Ich höre immer: Frieden-Frieden-Frieden …

(Mutter geht in sich, während sie Satprems Hände hält)

10. März 1973

> *Wir bräuchten etwas für das Bulletin ... die „Notizen auf dem Weg".*

Hast du etwas?

> *Fast nichts. Ich habe zwei kleine Stückchen.*

Dann lies!

> *(Lektüre)*

Ist das alles?

> *Ja. (Lachen) Offensichtlich möchtest du gar nicht mehr sprechen.*

Nein. Ich kann nicht sprechen, es kommt nicht klar heraus.

> *Aber doch! Das stimmt nicht! Es kommt sehr gut heraus.*

Wenn du etwas zu fragen hast, können wir es versuchen.

> *Ich weiß nicht, wenn ich mit diesem Bewußtsein in Kontakt zu treten versuche, habe ich immer den Eindruck, wie du sagst, von einer leuchtenden Weite.*

Ja.

> *Aber ich habe den Eindruck, daß sich nichts rührt, verstehst du, daß man da ist – man kann für alle Ewigkeit so verharren, aber ...*

So ist es, das ist mein Eindruck.

> *Genügt es denn, sich davon durchdringen zu lassen? Muß man nichts anderes tun?*

Ja, so scheint es mir. Ich denke, das ist das einzige. Ich wiederhole ständig: „Was Du willst, was Du willst, was Du willst ... Möge es sein, wie Du willst, möge ich tun, was Du willst, möge ich mir dessen bewußt sein, was Du willst."
Und auch: „Ohne Dich ist es der Tod; mit Dir ist es das Leben." Und unter „Tod" verstehe ich nicht den physischen Tod – obwohl auch das eintreten kann; es ist möglich, daß es, wenn ich jetzt den Kontakt verlöre, das Ende wäre – aber das ist unmöglich! Ich habe den

338

Eindruck, daß es ... daß ich DAS BIN – mit allen Widerständen, die das gegenwärtige Bewußtsein noch haben mag, das ist alles[1].

Wenn ich dann jemanden sehe ... *(Mutter öffnet die Hände, als biete sie diese Person dem Licht dar)*, wer immer es ist: so *(gleiche Geste)*.

(Schweigen)

Ich habe ständig (das ist amüsant) ständig den Eindruck von einem Baby, das sich an den Herrn schmiegt – es schmiegt sich an ... (wie soll ich es nennen?) an ein göttliches Bewußtsein ... *all-embracing* [allumfassend].

(Mutter bleibt reglos)

Und der geringste Widerspruch, der in die Atmosphäre kommt, erzeugt in mir ein ganz und gar unerträgliches Unbehagen.

So ist das.

Gerade vorhin war ich so weggetreten, dann verspürte ich plötzlich ein Unbehagen, und das hat mich herausgezogen. Aber das ist keineswegs mental formuliert, es ist keine Idee, nicht einmal ein Gefühl, es ist... ich weiß nicht. Wie eine Negation, eine schmerzhafte Negation. Wie der Eindruck eines akuten Leidens, das mich zu diesem physischen Bewußtsein hinzieht.

(Mutter geht in sich, scheint sich dann aber unwohl zu fühlen, Champaklal kommt und schwenkt seine Glocke)

14. März 1973

(Auszug aus einem Gespräch mit den Lehrern der Schule. Es geht um die Auseinandersetzungen in der Schule und die Rivalitäten zwischen Gruppen von Lehrern.)

Ich verstehe nichts von all diesen Dingen ... Ich kann nicht mehr helfen, denn ich verstehe nichts von all den mentalen Machenschaften.

---

1. Dieses „wenn ich den Kontakt verlöre" und „das ist unmöglich" führt immer zum gleichen Mysterium. Und wir erinnern uns noch an Mutters Worte: „Nur eine Gewalttat könnte die Transformation aufhalten, sonst wird sie unaufhaltsam weitergehen ..." (4. Dezember 1971, *Agenda* Band 12)

Ich habe den Eindruck, in der Schule hat sich ein Geist der Verwirrung breitgemacht.

Sie wollen dasselbe sagen, drücken sich aber verschieden aus, und die Ausdrucksweisen ... prallen aufeinander. Ich persönlich weiß, daß sie eine sehr ähnliche Aspiration haben, aber jeder spricht in seiner Sprache, und die Sprachen stimmen nicht überein, und so streiten sie sich für nichts.

Ich glaube, das Beste wäre, wenn alle für eine Weile schweigen würden.

Auch bei mir, wenn Leute bei mir sind, gab es nie Schwierigkeiten, aber jetzt ist es, als spräche man eine andere Sprache.

(Schweigen)

Das hat eine seltsame Wirkung auf mich: es gibt mir den Eindruck, krank zu sein – ich habe nichts, mir geht es gut, aber das gibt mir ständig das Gefühl, krank zu sein.

In Wahrheit ist es der Übergang vom gewöhnlichen mentalen Bewußtsein zum supramentalen Bewußtsein. Das mentale Bewußtsein gerät in Panik angesichts der Gegenwart des supramentalen Bewußtseins. Ich habe den Eindruck, daß man in jeder Minute sterben kann, so unterschiedlich ist die Schwingung. Nur wenn ich ruhig bleibe ...

Das alte Bewußtsein (das ganz und gar kein mentales Bewußtsein ist, aber nun ...) das alte Bewußtsein fährt fort, sein Mantra zu wiederholen – es gibt ein Mantra –, es wiederholt sein Mantra, und das ist wie ein Hintergrund oder wie ein Ort des Kontakts. Seltsam. Jenseits davon gibt es etwas, das voller Licht und Kraft ist, aber derart neu, ... daß es fast ein Erschrecken hervorruft. Ich habe schon eine lange Erfahrung, und wenn es sogar in mir ein Erschrecken hervorruft ... Wenn so etwas in den anderen geschieht ... ich habe den Eindruck, wir werden alle verrückt!

Ich glaube, wir müssen uns alle sehr ruhig verhalten, um nicht den Faden zu verlieren.

(es folgen noch langwierige Argumente der Lehrer)

Aber unsere Sprache ... steckt gleichsam in einer Hülle, einer mentalen Hülle, deren sie sich nicht entledigen will.

Es ist wirklich ein schwieriger Augenblick. Ich glaube, wir sollten SEHR STILL sein, sehr still – sehr still.

(dann wendet sich Mutter an einen der Lehrer und an alle Lehrer)

Ich werde dir mein altes Mantra sagen. Es hält das äußere Wesen sehr ruhig: OM Namo Bhagavaté ... Diese drei Worte.

Für mich bedeuten sie folgendes:

> OM: Ich rufe den Höchsten Herrn an.
> Namo: Gehorsam ihm gegenüber.
> Bhagavaté: Laß mich göttlich werden.

(Schweigen)

Für mich hat das die Kraft, alles zu beruhigen.

17. März 1973

Ich hätte eine Frage.

Welche denn?

Ich hatte mich gefragt, worin der Unterschied besteht ... Weißt du, früher gingst du oft in Trance, in innere Zustände – worin besteht der Unterschied zwischen der Trance, die du früher gekannt hast, und der jetzigen Trance?

Völlig anders.

Jetzt ist es keine „Trance" mehr.

Nein.

Nein, es ist eine andere Art von Bewußtsein. Es ist so anders, daß man sich fragt ... Manchmal frage ich mich, wie es möglich ist – zuweilen ist es so neu und unerwartet, daß es fast schmerzhaft ist.

Ach ...

Dann frage ich mich: „Was?" Und ich sehe nur eine Lösung – äußerlich wiederhole ich das Mantra: OM Namo Bhagavaté. Ständig – für das äußere Wesen –, und innerlich ... *(Geste offener Hände in einer reglosen Kontemplation)* ...

(Schweigen)

341

... ein außerordentliches Schweigen. Und mir selbst erscheint es, als seien bloß einige Minuten vergangen, während es manchmal eine Stunde dauert ... Und das Gegenteil auch: Die Zeit erscheint mir lang-lang-lang – und es sind nur einige Minuten. Das bedeutet, daß die Zeit nicht mehr dieselbe ist. Wenn sich nun der Wert der Zeit ändert ... Hier richten wir uns nach der Sonne, dort muß es also etwas anderes sein.

Ja, das heißt, daß du nicht wirklich aus der Materie austrittst?

Nein – keineswegs.

Es ist ein neuer Zustand IN der Materie.

Ja, so ist es. Und es orientiert sich an etwas anderem als der Sonne – ich weiß nicht, was es ist ... Wahrscheinlich das supramentale Bewußtsein.

(Schweigen)

Bei den Mahlzeiten habe ich manchmal den Eindruck, sehr schnell gegessen zu haben, und es hat mehr als eine Stunde gedauert. Ein anderes Mal habe ich das Gefühl, daß ich sehr lange gebraucht habe – und es waren bloß einige Minuten. Vom gewöhnlichen Standpunkt aus gesehen hat man den Eindruck, daß die Leute denken werden, man sei verrückt. Deshalb gibt es etwas wie eine Empfehlung: Schweigen-Schweigen-Schweigen-Schweigen ...

Nicht zu sehr bei mir!

(Mutter lacht)

Ich hätte gern gewußt, ob ... ob ich persönlich in diese Richtung gehe?

Ich werde schauen.

(Mutter vertieft sich einige Sekunden)

Die Antwort war sofort JA, und diese Antwort kam nicht von mir selbst.

*(Mutter vertieft sich erneut,
kommt aber fast sofort zurück
mit einer Geste des Erstickens)*

Da siehst du, wie es ist: Jetzt, wo ich zu wissen versuche, spüre ich eine so erstickende Hitze, daß ich das Gefühl habe zu sterben. Verstehst du?

Ja.

So geht das.

Ja, liebe Mutter. Ja, man darf nicht „suchen", das ist es.

(Mutter geht in sich)

19. März 1973

(Notiz Mutters)

Hier haben wir keine Religion.
Wir ersetzen die Religion durch das spirituelle Leben, das zugleich wahrer, tiefer und höher ist, das heißt, dem Göttlichen näher. Denn das Göttliche ist in allen Dingen, wir sind uns dessen nur nicht bewußt.
Diesen ungeheuren Fortschritt müssen die Menschen machen.

21. März 1973

Was gibt es Neues?

Letzte Nacht habe ich dich gesehen.

(In einem begeisterten Ton) Aha!

Es ist seltsam: ich versuchte, ein neues Bett für dich zu erfinden oder herzustellen, als sei deines nicht bequem. Ein Bett, das dir eine etwas bessere … ja, eine bequemere Haltung ermöglichen könnte. Ich weiß nicht, was das bedeuten soll.

Ich schon. Das ist sehr gut! *(Lachen)*
Das ist sehr gut.

(Schweigen)

343

Wie spät ist es?... Was möchtest du tun?[1]

Was du willst.

Nein, *(lachend)* ich stehe dir zur Verfügung.
Hast du nichts zu sagen?

Ich habe bemerkt, daß ich sehr empfindlich werde. Sobald eine Störung in der Atmosphäre auftritt, bekomme ich Stöße.

Oh, ich auch. Das geht so weit, daß es mich krank macht.
Ja, das ist lästig. Aber es muß eine radikale Heilung dafür geben, ich will sagen, etwas, das einen völlig davor schützt. Das wäre ...
Meine Lösung ist, mich materiell an das Göttliche zu schmiegen. Aber das ist schwierig. Es ist ... Man kann es tun, aber all dies *(Geste, die Atmosphäre in allen Richtungen andeutend)* kommt ständig und stört.

(Mutter geht in sich, Satprems Hände haltend)

24. März 1973

Guten Tag!... Ißt du Kaviar?

Kaviar!

Das ist sehr nahrhaft ...

Ja.

Früher aß ich welchen, aber jetzt nicht mehr ... Vor kurzem habe ich nochmals davon gekostet, aber es läßt meine Augen anschwellen[2]. Deshalb esse ich keinen mehr.
Ist es lange her, seit du welchen gegessen hast?

Oh, sicherlich vor ... dreißig Jahren.

(Mutter lacht) Versuche ein wenig, du wirst sehen!

Gut, ich werde sehen.

---

1. Mutter meint natürlich ein kontemplatives Schweigen.
2. Alles Salzige, wie der Arzt meint.

(Schweigen)

Hier, ich bringe dir eine Blume aus dem Garten: es ist „Das Abdanken der Falschheit"[1].

Oh! ...

*(Mutter nimmt die Blume und legt sie gegen ihre Stirn,
wo sie sie lange schweigend hält)*

Ich nehme das im tiefsten und weitesten Sinne auf ...

(Schweigen)

Hast du nichts zu fragen?

Nein. Möge die „Falschheit" verschwinden!

Höre ... Wenn die Falschheit verschwunden ist (selbst wenn es nur in einem Individuum ist – wenn es keine mehr gibt ...), dann muß das ein Licht, ein Friede sein ... *(Mutter breitet die Arme aus)* ... eine Fülle ... ein vollkommenes Verständnis ... die WAHRE Vision der Welt und der Dinge, und die Vereinigung, die bewußte Vereinigung mit dem göttlichen Bewußtsein.

(Mutter geht in sich)

26. März 1973

*(Fragment eines Gesprächs mit den Lehrern. Einer von ihnen
beschwert sich über den Mangel an „Zusammenhalt".)*

Zusammenhalt! ... Weil man daran gewöhnt ist, alles mit Hilfe des Mentals organisieren zu wollen, kennt man nur das: die Organisation, wie sie vom Mental bewerkstelligt wird. Wir versuchen, das zu ändern. Wir streben eine Änderung der Führung an – und die neue Führung ist noch nicht recht bekannt – da liegt die Schwierigkeit.

Möglicherweise will ich zu schnell vorangehen.

---

1. Doppelter roter Oleander.

Ja, ich sehe ... wahrscheinlich neige ich dazu, zu schnell zu gehen.

28. März 1973

(An diesem Tag spürte Satprem, daß eine neue Phase eingetreten war und daß Mutter sich immer mehr nach innen „zurückzog". In der Tat hörte Mutter einige Tage später fast ganz auf, Leute zu empfangen, außer den wenigen privilegierten Schülern.)

Ißt du nicht?

Doch, liebe Mutter.

Was gibt es Neues?

Gehen die Dinge voran?

Ich nehme es an.

Ich richte mein Bewußtsein so wenig wie möglich auf mich selbst, denn das ist ... eine SEHR unangenehme Empfindung.

Es ist nur erträglich, wenn ich mein Bewußtsein einzig dem Göttlichen zuwende und das materielle Bewußtsein „OM Namo Bhagavaté" wiederholt ... Auf diese Weise. Wie ein Hintergrund hinter allen Dingen.

OM Namo Bhagavaté ...

Weißt du, ein Hintergrund, der einen materiellen Halt gibt.

OM Namo Bhagavaté ....

(Mutter geht für vierzig Minuten in sich)

30. März 1973

(Auszug aus einem Gespräch mit den Lehrern der Schule. Am Schluß einer langen bedauerlichen Diskussion, in der sich die Streitereien des einen mit dem anderen entluden, wo die Rede war von den Problemen einer Lehrerin mit ihrer Zimmernachbarin, ausmündend in zornigen Worten, gefolgt von Bitten um „Segenswünsche" für ein Transportunternehmen, mit dem Foto eines Lastwagens, auf das zu schreiben Mutter gebeten wird, verkündet einer der Lehrer schließlich, daß in der Schule eine Röteln- und Mumpsepidemie herrscht und daß einer von Typhus befallen ist. Mutter hört sich all das an ... Dies wird das letzte Gespräch mit den Lehrern sein.)

Ich hoffe, ihr bringt mir nichts von all dem hierher?

(die Lehrer lachen, ohne wirklich zu verstehen)

Trefft ihr Vorsichtsmaßnahmen? ... Das wäre wirklich katastrophal.

(Schweigen)

Ich hoffe, daß ihr alle nötigen Vorsichtsmaßnahmen trefft, um nichts hierher zu bringen ...

(Schweigen, einer der Lehrer erklärt, daß die Inkubationszeit drei bis vier Wochen betrage)

Wenn ihr es nicht tut, ist das wirklich sträflich *(Mutter hat eine fast angsterfüllte Stimme)*, denn ... Das bedarf keiner Erklärungen. Es ist sträflich. Ich werde ÜBERHAUPT NICHT beschützt.

31. März 1973

Was hast du zu sagen?

Geht es dir gut?

Ich höre nicht. Fragst du mich, ob es mir gut geht?

Ja, du „hörst nicht"!

Was soll das bedeuten? Es kann nur gehen, wenn es ... kein Ich mehr gibt.

Ich habe mir eine Frage gestellt.

Ach?

Für das neue Bewußtsein verstehe ich gut (oder ich kann es erahnen), wie seine kontemplative und passive Seite beschaffen ist, aber viel weniger verstehe ich seine dynamische und aktive Seite. Ich sehe nicht recht, wie es HANDELT – ich verstehe, wie man in sich gehen kann, aber wie handelt es?

Ich weiß es nicht. Ich kann es nicht sagen.

Handelst du denn, oder bist du einfach in ...

Ja, ich handle. Aber was willst du sagen? ... Ich handle!

Wenn du zum Beispiel in einem inneren Zustand bist ...

Da handle ich sehr viel besser als ... – ich scheine verinnerlicht zu sein, aber das ist es gar nicht. Alle machen denselben Fehler.

Ja, das leuchtet mir ein.

Wenn ich so konzentriert bin, bedeutet das nicht, daß ich mich im Inneren befinde: ich bin in einem anderen Bewußtsein.
Es ist weit-weit-weit-weit – weit.

Ja, aber die aktive Seite dieses Bewußtseins verstehe ich nicht ...

Es hat keine „Seiten"! Es ist ein Bewußtsein ... *(Geste eines Drucks von oben)* ... Es hat keine Seiten, es ist weder passiv noch aktiv – es ist ein Bewußtsein ... *(gleiche Geste dieses Drucks von oben)* ein Bewußtsein, das auf die Welt drückt.

(Schweigen)

Nein, du versuchst es mental zu übersetzen, das ist unmöglich – unmöglich. Man muß in dieses Bewußtsein eintreten, und ... dann weiß man, wie es ist. Da gibt es kein Aktiv und Passiv, kein Innen und Außen – all das wird durch etwas anderes ersetzt ... Ich kann es nicht sagen ... Mir fehlen die Worte.

Wenn ich in dieses Bewußtsein zu gehen versuche, habe ich in erster Linie das Gefühl einer Nichtexistenz.

Aber nein!

Einer individuellen Nichtexistenz.

Nein …

Es ist weit, aber es gibt keine Person mehr – es gibt kein Indivi-
duum.

Nein. Das ist es nicht … Ich weiß nicht mehr, was die „Person" ist …
(Schweigen) … Ja, ich verstehe gut, was du sagen willst …

(Mutter geht in sich)

April

7. April 1973

(Seit einigen Tagen empfängt Mutter fast niemanden mehr und bleibt in sich gekehrt. Das letzte Gespräch am 4. April verlief in völligem Schweigen. Mutter gibt uns Blumen, hält Satprems Hand und bleibt einen Moment schweigend. Sie ist so bleich ...)

Ich scheine alle Widerstände der Welt zu vereinen ... Einer nach dem anderen kommen sie, und wäre ich nicht ... Wenn ich auch nur eine Minute lang nicht das Göttliche anrufe und in mir fühle, empfinde ich einen solch unerträglichen Schmerz, mein Kind! Inzwischen zögere ich sogar, den Leuten von „Transformation" zu erzählen, denn wenn dies das Resultat ist, dann muß man wirklich ein Held sein ... Etwas im Körper möchte ununterbrochen aufschreien.

Dabei scheint es mir, daß bloß etwas ganz Einfaches getan werden müßte, damit alles gut geht ... Aber ich weiß nicht, was.

(Schweigen)

Es ist seltsam, ich frage mich: „Möchte der Herr, daß ich fortgehe?" Ich bin *quite willing* ... [durchaus bereit dazu] (das ist nicht der richtige Ausdruck); oder möchte er, daß ich bleibe? ... Keine Antwort. Die einzige Antwort heißt stets: „Transformation." Und das ...

Ich habe wirklich so stark den Eindruck, daß etwas Bestimmtes zu tun wäre, und alles ginge völlig gut – aber ich weiß nicht, was.

(langes Schweigen)

Und du?

Ich stelle mir dir bezüglich viele Fragen ...

Dann stelle sie! Ich weiß nicht, ob ...

Nein, Fragen, die DICH betreffen.

Mich?

Ich habe den Eindruck einer immer stärker beschleunigten Bewegung, die ... dich absorbiert.

Ja, ja, das stimmt.

Verstehst du, ich hätte eine Lösung für die Transformation des Körpers, aber das ist ... So etwas hat noch nie stattgefunden, deshalb ist es so ... unglaublich. Ich kann nicht glauben, daß dies die Lösung ist. Aber es ist die einzige, die ich sehe ... Der Körper möchte einschlafen („einschlafen" auf eine bestimmte Weise: ich bin völlig bewußt im

353

Bewußtsein, in der Bewegung) und erst dann wieder aufwachen, wenn er transformiert ist ...

(Satprem, ohne Worte:) Dornröschen!

... aber die Leute würden niemals die nötige Geduld aufbringen, um ihn zu unterstützen und für ihn zu sorgen. Das ist eine kolossale Arbeit, eine Herkulesarbeit; sie sind lieb *(Mutter deutet auf das Badezimmer)*, sie tun ihr Bestes, und ich kann nicht noch mehr von ihnen verlangen.
Da liegt das Problem.
Dies ist das einzige, wo das Bewußtsein sagt: „Ja, das ist es."
Du verstehst also ... Es gibt einen Zustand – einen Zustand, ja, der so ist *(Mutter schließt ihre Faust)* in sich selbst absorbiert, wo man ... in Frieden ist.
Aber wer, wer? Das von den Leuten zu verlangen, die sich um mich kümmern, ist fast unmöglich.

Ich weiß nicht, seit einiger Zeit habe ich den Eindruck, daß du auf dem Wege bist, dich „zurückzuziehen", daß du immer mehr absorbiert bist und für eine gewisse Zeit einfach äußerlich so wenig Kontakt wie möglich haben solltest.

Ja. Ja, aber alle würden glauben, daß ... das Ende gekommen sei, und man wird sich nicht mehr um mich kümmern.

Oh, hör zu! Nein, nein!

(Sujata:) Nein!...

(Satprem:) Das ist unmöglich! – man wird verstehen. Einige werden jedenfalls verstehen.

Wie?

Einige werden verstehen – besonders jene, die hier sind.

Jene, die da sind, können verstehen.

Ja ... Aber ich bin sicher, daß sie verstehen.

Ich kann es ihnen nicht sagen.

Aber das kann man ihnen sagen – ich kann es ihnen sagen.

Ja ... Wird er[1] dir glauben?

---

1. Satprem hatte gehört: „Werden SIE dir glauben." Aber hieß „er" = Pranab.

(Verblüfft:) Nun, ich denke doch!

(Sujata:) Und dann sind sie hier, sie hören.

(Satprem:) Aber ich spüre das. Sicherlich hast du immer weniger Lust, Kontakt mit einer Menge äußerer Angelegenheiten zu haben, die unnütz für die wesentliche Arbeit sind.

Aber es muß … es muß … *(Mutter ringt nach Atem und stöhnt – Schweigen).*
Er wird kommen. Wenn du lange genug bleibst, wird er kommen, du wirst es ihm sagen können.

Pranab?… Ja.

Ich könnte – vielleicht könnte ich ihm sagen: „Ich habe Satprem gebeten, dir zu erklären …" Und du wirst ihm das gut erklären.

Ja, ja, liebe Mutter, sicherlich.

Ich kann dir sagen, daß sie schon jetzt wirklich wunderbar sind; sie tun ihr Bestes, deshalb wage ich nicht, ihn zu fragen. Du kannst ihm sagen, was ich dir gesagt habe.

Ja, liebe Mutter.

(Schweigen)

Ich erwecke den Anschein … *(lächelnd)* „fanciful" [launisch] zu sein, ich scheine von Launen beherrscht zu sein: ich sage „ja", und kurz darauf sage ich „nein". Da haben sie den Eindruck …

Nein, nein, liebe Mutter! Nein.

Der Kopf, das Bewußtsein ist klar, klar, klar … Aber ich kann nicht mehr sprechen.

(langes Schweigen)

Wenn er kommt, laß es mich wissen, denn ich will es ihm sofort sagen.

Ja, liebe Mutter.

*(Mutter will in sich gehen, dann merkt sie,
daß sie Blumen für Sujata auf ihrem Schoß hat.
Sujata nähert sich und gibt ihr einen Lotos)*

Und das?

Das ist ein weißer Lotos, Mutter[1].

Ach! ... *(Mutter gibt Satprem den Lotus)* Hier.

Was hast du lieber: meine Hand zu nehmen [um zu meditieren] oder nicht?

Im Gegenteil, ich habe es gern, wenn du meine Hand hältst!

Hast du es gern?

Ja, halte mich FEST.

Gut.

(Mutter geht in sich)

Was fühlst du: daß ich dir Kräfte entziehe oder daß ich dir welche gebe?

(Satprem etwas erstickt:) Aber du erfüllst mich! Du ... erweiterst mich, du beglückst mich!

Ach, gut!

Aber Mutter, es ist eine ...

Es ist im Bewußtsein, das weiß ich – es hängt von der Empfänglichkeit ab.

Es ist eine außerordentliche Gnade!

(Mutter geht wieder in sich, um dann plötzlich zurückzukommen und mit einem Ton wie von oben zu sprechen)

Wenn ich dich bitte, häufiger zu kommen, kannst du das einrichten?

In jedem beliebigen Augenblick, Mutter, jederzeit!

Jeden Tag.

Ja, Mutter.

So gegen elf Uhr.

Ja, liebe Mutter[2].

---

1. Der weiße Lotos der göttlichen Mutter (der rosafarbene Lotos ist Sri Aurobindos Blume).
2. Nach einer Intervention von Mutters Assistentin („es sind noch zu viele Besuche"), und vielleicht noch von anderen Leuten aus der Umgebung, wurde Mutters Anweisung „jeden Tag" auf dreimal in der Woche reduziert, dann auf zweimal und schließlich auf nichts.

Natürlich kommt sie mit dir, wenn sie will.

(Mutter geht in sich)

(Pranab tritt ein. Die Assistentin, die das ganze Gespräch mit-gehört hatte, teilt ihm kurz mit, Satprem wolle ihm auf Mutters Geheiß hin etwas erklären. Unmittelbarer Zornesausbruch. Man hört Pranab vom Zimmerende brüllen:)

(Pranab auf Bengali:) Unsinn! Niemand kann mich täuschen. Ich weiß alles. (Dann auf Englisch, einen bengalischen Spruch zitierend:) Unser Bett ist die See, was kümmert uns der Tau?

(Mutter tritt aus ihrer Konzentration heraus und sagt zu Satprem:)

Sag mir, wenn du müde bist.

(Satprem:) Nein, Mutter, Pranab ist hier.

Oh, er ist hier. Ruf ihn![1]

(Pranab in einem schrecklichen Ton:) Ja, Mutter?

Ich habe … Ich kann nicht sprechen.

(Pranab:) Sprich nicht, Mutter! [die Assistentin lacht]

Ich habe Satprem gebeten, dir zu erklären, was geschieht – warum ich eine Veränderung durchmachen muß …

(Pranab:) Mutter, das interessiert mich nicht, Mutter.

Nein?

Das interessiert mich nicht – was immer geschehen mag, geschieht. Ich bin dazu da, bis zuletzt durchzuhalten – was immer geschehen mag, geschieht.

(Mutter versucht zu sprechen, Pranab unterbricht sie)

… Ich suche keine Erklärungen oder sonst etwas. Und ich will auch nicht zuhören, Mutter. [Die Pflegerin lacht] Ich verstehe vollkommen. Und laß mich in meinem eigenen Licht weiter-gehen – mit meiner eigenen Überzeugung, meinem eigenen

---

1. Der Rest des Gesprächs verlief auf englisch. Die vollständige Tonbandaufnahme ist auf Kassette erhältlich.

Glauben, meiner eigenen Kraft, meinem eigenen Willen. [Pranab hebt seinen Kopf, als spreche er zu einer Menge.] Und ich will nichts hören, Mutter, nichts, von niemandem.

Aber willst du nicht wissen, ...?

Nein, Mutter, ich will nicht.

> *(Schweigen*
> *Mutter ist vollkommen still*
> *mit auf ihren Knien gefalteten Händen)*

(Pranab:) Es ist völlig in Ordnung. Ich bin mit etwas gekommen, ich stehe zu etwas, und wenn es sich nicht erfüllt, macht mir das nichts aus – ich bin ein Sportler, Mutter. Und ich will keine Erklärungen hören. Wenn das Ziel, für das ich gekommen bin, sich nicht materialisiert, kommt das für mich aufs gleiche hinaus, egal ob irgendeine Erklärung abgegeben wird.

Nein, aber der Versuch wird unternommen, den Körper zu transformieren ...

(Pranab:) Das wird geschehen – wenn es geschieht, werden wir sehen, Mutter ... Warum versuchen, das vorauszusagen?

(Satprem:) Nein, nein, inzwischen muß sie vielleicht für das Werk in eine Art inneren Schlaf gehen ...

(Pranab:) Laß sie gehen! Was ist da schon dabei!

(Satprem:) Deshalb müssen wir ...

(Pranab:) Das hat sie mir schon gesagt. Vor langer Zeit hat es mir Mutter gesagt. Das ist nichts Neues, Mutter. Du hast mir das schon gesagt, es mir erklärt.

Dann ist es gut.

(Pranab:) Ich will gar nichts hören, Mutter. Laß es geschehen! Was geschehen soll, wird geschehen, und wir werden unser Bestes tun. Das ist alles.

(Satprem:) Nein, die Sache ist, daß die Leute sie nicht zu sehr stören sollten.

(Hier explodiert Pranab. Halb stehend, halb kniend, seine Faust auf einem Knie, gießt er einen Sturzbach auf Mutter:)

(Pranab:) Wer stört sie? Wenn irgend jemand unter uns dich stört, Mutter, kann er machen, daß er verschwindet! [Die Pflegerin lacht] Niemand stört.

(Satprem, entsetzt[1]:) Nicht doch! …

> *(Mutter versucht etwas zu sagen,*
> *Pranab unterbricht sie:)*

(Pranab:) Mutter, tu es nicht, sag nichts! Mach du so weiter: Iß, schlaf und arbeite, und versuch nicht, irgend jemanden dazu zu bringen, mir etwas zu erklären. Ich weiß, was es ist, ich weiß alles. Besser alle halten den Mund!

Ist ja gut.

(Pranab:) Ich will von niemandem etwas hören.

Gut.

> *(Pranab geht ans andere Zimmerende.*
> *Er schimpft weiter und wendet sich an*
> *Dr. Sanyal, Champaklal, Mutters Pflegerin*
> *und Vasudha, die alle anwesend sind)*

(Pranab:) Ich habe meinen Glauben, ich habe meine Überzeugung, ich habe meine Aufgabe, und selbst, wenn ich nicht durchsehe …

(Satprem zu Mutter:) Soll ich morgen um elf kommen, Mutter?

(Pranab:) All diesen Unsinn mag ich nicht.

(Mutter zu Satprem:) Ja, mein Kind, du wirst etwas früher fortgehen [vor Pranabs Ankunft] … das ist alles.

(Satprem:) Soll ich um elf kommen oder etwas früher?

Für eine kurze Zeit bis 11:25.

(Satprem:) Gut, Mutter. Einverstanden, Mutter, auf Wiedersehen, Mutter!

(Pranab:) Alle, die sich wichtig tun wollen, mögen das tun.

---

1. Entsetzt darüber, was auf Mutter geworfen wird.

(Satprem steht auf, um wegzugehen,
Mutter nimmt seine Hand.
Ihre Stimme gleicht der eines Kindes)

Danke!

(Pranab:) Viele Leute spielen sich auf – ich glaube, die meisten
von ihnen.

(Sujata legt ihre Stirn auf Mutters Schoß)

Mein Kind ...

(Satprem mit erstickter Stimme:) Auf Wiedersehen, Mutter!

(Pranab:) In dreißig Jahren habe ich genug gesehen – genug
Unsinn!

*
* *

(Satprem verläßt das Zimmer. Er hält den weißen Lotos fest
in seiner Hand. Etwas Schreckliches ist geschehen – er weiß
nicht, was. Das war kein Mensch, der in diesem Zimmer stand
... Auf dem Weg nach draußen trifft er Sujatas Bruder und sagt
ihm spontan, als habe er plötzlich alles gesehen: „Eines Tages
werden sie uns Mutters Tür verschließen.")

8. April 1973

(Am nächsten Morgen kam Satprem wie verabredet. Mutters
Pflegerin wird sich kaum mehr zeigen, aber sie zeichnet die
Gespräche heimlich auf.[1] Die Zeit vergeht in Meditation. Immer
dieser Eindruck, daß Mutter eine andere Brücke zu uns aufzubauen
suchte. Zum Ende hin:)

Sehe ich dich morgen?

---

1. Mutter wußte dies sehr wohl und hatte sogar zu ihrem Sohn gesagt: „Sie macht
Aufnahmen, wenn sie es nicht tun soll."

Es scheint, es sind „immer noch zu viele Leute" …

Gut, liebe Mutter.

Und …

(Mutter geht wieder in sich)

10. April 1973

Pranab sagt zu P.B., einem der Ashram-Verwalter: „Bereitet euch auf Mutters Abschied vor!"
P.B. läßt uns fragen, was das zu bedeuten habe.

11. April 1973

(Mutter sucht Sujata)

Ist sie da?

(Sujata:) Ja, Mutter!

(Zu Satprem:) Wie geht es?

Sehr gut, Mutter … Mutter, du müßtest eine Botschaft für den Darshan geben [am 24. April].

(nach einem Schweigen)

Mir kommt folgendes:

Oberhalb des Bewußtseins,
Jenseits der Worte,
O Du, Höchstes Bewußtsein,
Einzige Wirklichkeit,
Unwandelbare Wahrheit …

(Mutter zögert und verbessert sich)

Göttliche Wahrheit.[1]

(Mutter geht in sich)

14. April 1973

(Mutter ist sehr außer Atem, sie scheint zu leiden.)

Jetzt wird mein Nervensystem dem Supramental angepaßt. Ich habe den Eindruck ... weißt du, die Leute nennen das „Neurasthenie" – man weiß nicht, was es eigentlich ist, aber das ganze Nervensystem ... Das ist schlimmer, als zu sterben[2].

Ja, liebe Mutter.

Aber ich glaube, daß ... Ich glaube, ich kann die göttliche Schwingung übertragen.

Oh, ja, gewiß!

Du sagst mir, wenn du es fühlst?

Wenn man in deiner Nähe ist, ist es gewaltig – man ist ... Eine solche Sturzflut ... Man hat den Eindruck eines reinigenden Feuers ... Das erweitert einen, es erfüllt einen – es ist DAS!

Willst du noch etwas bleiben [zum Meditieren]?

Weißt du, liebe Mutter, gerade weil du seit einiger Zeit äußerlich machtlos scheinst, habe ich angefangen, die Höchste Mutter zu spüren. Als dir noch all deine Kräfte zur Verfügung standen ...

Ich weiß, daß mein Körper ... Ich weiß, daß dieser Körper ... Hör zu, ich habe akzeptiert – der Herr hat mich gefragt, ob ich mich der Transformation unterziehen wolle, und ich sagte ja (ich hätte auf alle Fälle ja gesagt), aber ... für das gewöhnliche menschliche Bewußtsein bin ich dabei, verrückt zu werden[3].

---

1. Dies wird Mutters letzte Botschaft sein.
2. Siehe Addendum.
3. Wir erinnern uns, daß Mutter einmal sagte: „Wenn die Leute mit einem schlechten Gedanken eintreten, verspürt das ganze Nervensystem dies wie eine Folter."

Ja, ich verstehe, Mutter. Ich verstehe … Jeder andere hätte sich hundertmal eher aus dem Staub gemacht, als da drin zu bleiben und all das durchzumachen. Das verstehe ich.

Geht es dir denn gut?

Ja, ja, Mutter.

Wenn du so bist [in Meditation], geht es dir gut?

Oh, Mutter, es fühlt sich an, als hätte ich das Ziel meines Lebens erreicht!

Gut. Wieviel Uhr ist es?

Es ist zehn Uhr fünfundzwanzig.

Bis … ich weiß nicht, ob es elf Uhr oder zehn nach elf ist … behalte ich dich hier.

Ja, Mutter, halte mich!

(Mutter geht in sich)

*
* *

Addendum

Ein Reiskorn?

„Für das gewöhnliche menschliche Bewußtsein bin ich dabei, verrückt zu werden …" Was geschah am 17. November 1973? Oder vielleicht: Was geschieht jetzt?

Seit so vielen Jahren haben wir jedes von Mutters Worten unter die Lupe genommen – haben all das MITERLEBT, *mit klopfendem Herzen oder mit gebrochenem Herzen. Was ist geschehen? Warum? … Niemals werden wir eingestehen, daß sie fortgegangen ist, weil der Versuch scheiterte – ebensogut könnten wir sagen, die Menschheit sei gescheitert; auch nicht, daß sie aufgegeben hat oder daß es zu schwierig war – nichts war für sie zu schwierig, und sie kämpfte wie eine Löwin. Und zu sagen: „der Körper hat versagt", weil er zu alt war, wie die anderen erklärten, oder aus diesem oder jenem Grund – offensichtlich hat man nie diese Macht gefühlt oder berührt, um so etwas sagen zu können, denn „Das" kann einen Toten und alle Toten auferwecken … ohne daß es einen Unterschied machen würde. Was dann? In einem bestimmten Moment verlor Mutter den Kontakt mit ihrem Körper, oder vielmehr, „Das" verlor den Kontakt mit Mutters Körper. Ja, eines Tages (am 10. März) hatte sie gesagt: „Wenn*

363

ich den Kontakt verlöre – aber das ist unmöglich!" Und an einem anderen Tag, am 4.

Dezember 1971, hatte sie erklärt: „Nur ein gewaltsamer Tod könnte die Transformation aufhalten, sonst wird es unaufhaltsam weitergehen ..."

So stehen wir vor zwei möglichen Lösungen zu diesem Problem ... Wie in einem Krimi, und wenn es kein Krimi ist, was ist es dann? Welche andere Erklärung kann dieses Rätsel haben? Sicherlich waren da diese fürchterlichen Leute, aber sie waren nicht außergewöhnlich, weder im Guten noch im Schlechten: sie repräsentierten die mittelmäßige Menschheit und das gewöhnliche physische Bewußtsein, und sie hielten all das für fragwürdige Träume oder Halluzinationen. Sie glaubten alle, Mutter sei alt, senil oder sogar „verrückt", und daß sie sterben werde – aber kann dieser menschliche Pygmäenglaube ein solches Bewußtsein zugrunde richten? Eine solche Kraft? Einen solchen Willen? Kann das Unterfangen wirklich wegen unseres Glaubens oder Unglaubens scheitern?

Sie war also allein – sie wird es jedenfalls bald sein, am 19. Mai, fünfunddreißig Tage nach diesem Gespräch. Wir haben immer noch in den Ohren, wie Mutters Sohn uns einige Tage nach dem 19. Mai fragte: „Wie werden wir mit Mutter kommunizieren?" – „Es wird keine Kommunikation mehr geben." Er war fassungslos, wir nicht. Kommunizieren mit WEM? Doch wir waren überzeugt, daß mit oder ohne Kommunikation die Erfahrung weitergehen würde: Mutter wollte das Nahrungsbindeglied der alten Physiologie kappen – die anderen ließen es nicht zu. Blieb die kataleptische Trance, das Märchen, Dornröschen – auch das wollten sie nicht. Immer noch hören wir die Stimme des Rohlings: „Nein, ich will nicht."

Was dann?...

Hat sie entschieden, fortzugehen? – Niemand wird uns überzeugen können, daß Mutter dies „entschieden hat", oder daß sie alt oder verrückt war, oder daß sie nicht mehr konnte.

Hat „der Herr entschieden?" – Auf jeden Fall ist es Er, der entscheidet. Aber er bedient sich menschlicher Instrumente, sonst hätte diese Welt niemals bestanden, und diese menschlichen Instrumente haben die Freiheit der Wahl: sie sind nicht bloße kleine Marionetten in den Händen „Gottes". Das heißt, um genauer zu sein: wir können wählen, Marionetten Gottes zu sein oder Marionetten von Dämonen – und vielleicht führt uns das eine UND das andere gemeinsam zu einem unvorhersehbaren Ziel.

Die Menschen haben also entschieden. Sie wollten keine Trance, sie wollten keine Erfahrung, sie wollten kein Märchen, sie wollten nicht, daß es endlos so weiterging.

Eine Tatsache verfolgt uns seit sieben Jahren, und zwar ein gewisser Abschnitt in Pranabs Rede, einige Tage nach Mutters Weggang. (Wir

wollen hier niemandem den Prozeß machen: wir schreiben Geschichte;
wir wollen exakte Tatsachen berichten, die genauen Worte, genaue Por-
traits – ich bin Mutters Schreiber, das ist alles … und ich liebe sie, denn
es ist gut zu lieben.) In dieser Rede findet sich eine kleine Bemerkung,
„wie nebenbei" gesagt, wie etwas „völlig Natürliches". Er beschreibt „die
letzten Tage" – so erscheint es uns natürlich erst NACHHER, *wenn die*
Geschichte abgeschlossen ist – im Verlauf sind es Tage wie alle anderen:

In der Nacht vom 14. November sagte sie: „Helft mir aufzustehen und
zu gehen!" Wir zögerten sehr, aber da sie darauf bestand, hoben wir sie
hoch von ihrem Bett. Sie konnte nicht gehen, schwankte etwas, brach
fast zusammen. Als wir das sahen, brachten wir sie wieder zurück in
ihr Bett. Wir sahen, daß ihr Gesicht ganz weiß und ihre Lippen blau
geworden waren. Da beschlossen wir, daß, was auch immer sie sagen
würde, wir sie nicht mehr zum Gehen aus ihrem Bett nehmen dürften.
Sie brauchte ungefähr zwanzig Minuten, um sich zu erholen. Und wieder
sagte sie: „Hebt mich hoch, ich will gehen!" Wir weigerten uns. Sie fragte,
warum wir uns weigerten. Wir sagten: „Mutter, du bist in einer so schwa-
chen Verfassung, daß es dir schadet." Worauf sie sagte: „Nein, hebt mich
hoch!" Wir taten es nicht. Sie begann zu bitten, manchmal zu schreien.
All das ging so weiter bis Viertel nach eins. Da beschlossen wir, ihr
ein Beruhigungsmittel zu geben, damit sie ruhen könne. Wir gaben ihr
Psyquil, wie es der Arzt verschrieben hatte. Nach ungefähr 45 Minuten
beruhigte sie sich und schlief von 2 bis 4 Uhr, aber als sie aufwachte,
sagte sie erneut: „Pranab, heb mich hoch und laß mich gehen, sonst
werden meine Beine gelähmt sein; wenn du mir hilfst zu gehen, werden
sie in Ordnung kommen." Aber wir hörten nicht auf sie. Sie bat weiter bis
6 Uhr, bis sie einschlief.

Wie eine Löwin kämpfte sie bis zum Ende. Ist dies das Verhalten von
jemandem, „der beschlossen hat, fortzugehen"?

Es war der 14. November, drei Tage vor dem „Ende".

Am 15., so berichtet Pranab, wollte sie nachts wieder, daß wir ihr beim
Gehen behilflich seien, wir weigerten uns. Wir sagten: „Mutter, du darfst
nicht gehen." Sie gehorchte uns sofort … Von diesem Tag an wurde sie
vollkommen gehorsam.

Wie lange schon hatten sie ihr das Psyquil verabreicht? Und was ist
Psyquil¹? – Ein befreundeter Arzt hatte uns deutlich gesagt: „Das ist eine
gefährliche Droge." Aber wir konnten nicht an so etwas glauben, es war
zu schrecklich.

Sieben Jahre später, im September 1980, als wir von Madras zurück-
kamen, wollten wir es endlich wissen. Wir gingen in eine Apotheke und

---

1. Triflupromazin.

verlangten Psyquil, entnahmen die Gebrauchsanweisung und lasen mit Verblüffung:

„Studien ergaben, daß Übersedierung nicht immer erforderlich ist bei psychotischen Symptomen wie Erregung, Halluzinationen oder Delirium. Psyquil vereinfacht sehr die Hausbehandlung von emotional gestörten Patienten, von denen früher viele sonst hospitalisiert werden mußten. Diese Patienten nehmen ein realistischeres Verhalten an, werden zu einer geringeren Belastung für die Familien, sie werden fügsamer und können leichter diszipliniert werden. Psyquil ist besonders angebracht für die Behandlung von schweren akuten und chronischen Geistesstörungen wie Schizophrenie, Manie, Depression, Delirium, Alterspsychosen und durch organische Gehirnkrankheiten verursachte Psychosen.“

Dieser Körper also, dessen zellulares Bewußtsein durch Jahrzehnte des Yoga vorbereitet, verfeinert und ausgebildet worden war ...?

Da versagen einem die Worte.

Sie hatten genug. Sie waren sich alle einig.

Wir erinnern uns an einen „Traum“, zwölf Jahre früher, wo Mutter wie tot war, „weil sie ein Reiskorn gegessen hatte“. Was ist dieses „Reiskorn“? Etwa diese mikroskopische Sache, die diesen Körper hätte brechen können?

Wenn wir die physische Ursache für ihren Weggang gefunden haben, liefert uns das immer noch nicht die Realität – denn das Göttliche bedient sich aller Mittel, selbst unserer menschlichen Irrtümer, um sie in seinen unvorhersehbaren Honig zu verwandeln.

Und wir erinnern uns an Sri Aurobindos Worte:

„Die schreckliche Strategie des Ewigen.“[1]

Denn das „Ende“ Mutters hat sich noch nicht voll ausgespielt. „Wartet auf den letzten Akt!“ hatte sie gesagt.

Aber trotzdem ...

---

1. Savitri, I.II.17

18. April 1973

Was möchtest du tun?

So bleiben.

(Mutter nimmt Satprems Hände und geht unverzüglich in sich)

25. April 1973

(Seit zehn Tagen verlaufen die Zusammenkünfte in Meditation)

Wie geht es?

Es ist nicht leicht.

Nein – es ist mehr als schwierig … Ich bedaure, ich dachte, ich litte für alle – doch ich sehe, daß es nicht wahr ist.

(Schweigen)

Was möchtest du tun?

Ich möchte, daß du mich gut festhältst.

Ja, aber materiell? Daß ich dich so halte?

(Mutter nimmt Satprems Hände und schickt sich an zu meditieren)

Ja, liebe Mutter.

Sitzt du bequem?

Sehr, liebe Mutter, sehr!

Man darf nirgendwo Schmerzen haben.

(Mutter geht für eine halbe Stunde in sich, dann stöhnt sie plötzlich[1])

---

1. Ist es Zufall, daß Mutters frühere Pflegerin, die an Krebs litt, im selben Augenblick ins Zimmer trat?

Manchmal packt mich das Verlangen, laut aufzuschreien.

(Schweigen)

Was fühlst du denn?

Wie ein Feuer, das sich in deinem eigenen Feuer auflöst – in dem, was du bist.

Aber was fühlst du?

Ich weiß nicht – jedenfalls die große Macht.

Warum möchte ich am liebsten heulen?

Tue ich dir etwa weh?

Nein, mein Kind! Es geht mir ständig so – überhaupt nicht wegen dir. Es ist … Es ist gar nicht schmerzhaft, aber es ist … Ich glaube, daß es etwas so Neues ist, daß der Körper erschrickt. Ich sehe nur diesen Grund. Ich beginne zu heulen, und dann … es nützt nichts – man kann nur aufhören und sich ändern.
Etwas, das …
Ja, das muß es sein: etwas so Neues, daß der Körper … nicht weiß, wie er es nehmen soll.

(Schweigen)

Hast du keinerlei Wahrnehmung?

Nein, Mutter, ich spüre vor allem diese große Flamme, die in dich eindringt, und dann ist da eine weite Reglosigkeit – eine machtvolle Reglosigkeit.

Ach! Das ist es. Das muß es sein. Ja, der Körper muß von Furcht ergriffen sein. Ja, so muß es sein.

*(Mutter geht in sich,
Champaklals Läuten ertönt)*

Ist es Zeit? … Oh! mein Kind …

(Satprem legt seine Stirn auf Mutters Schoß)

29. April 1973

(Gespräch mit Sujata. Nachdem sie lange im Vorzimmer gewartet hatte, vertieft in die englische Übersetzung des „Sannyasin", tritt Sujata ein. Mutter nimmt ihre Hände.)

Der Kontakt mit dir ist sehr angenehm, mein Kind, das kann ich dir sagen.

Sehr angenehm.

30. April 1973

Hast du nichts zu fragen? ... Sag ...

Ich weiß nicht ... Man möchte Vertrauen haben, daß man all dies durchstehen wird ...

(Mutter hebt die Arme, Schweigen)

Vertrauen in was?

In den Ausgang der Schlacht.[1]

(Mutter hebt die Arme)

Der endgültige Ausgang ist offensichtlich.

Ja, liebe Mutter, das ist offensichtlich. Aber wenn man drinnen steckt, weiß man manchmal nicht und versteht nicht ...

Nein, du willst sagen, ob wir den Ausgang der Schacht in diesem Körper sehen werden – fragst du das?

Ja, in diesem Leben.

Ob wir den Ausgang der Schlacht IN diesem Körper sehen werden?

Ja, in diesem Körper und in diesem Leben.

---

1. Satprem dachte an seinen eigenen persönlichen Kampf im Unterbewußten, nicht an Mutters Kampf, der für ihn außer Zweifel stand.

(Mutter geht in sich)

Mai

5. Mai 1973

(Eines Tages – es war der 2. Mai –, als Satprem wie jeden Abend in den Canyons von Auroville wanderte, beschloß er, das Mantra in seinen Körper eindringen zu lassen.)

Willst du … [meditieren]? Hast du etwas zu sagen?

Ich mache den Versuch, das Mantra in das physische Mental eindringen zu lassen.

(Mutter beginnt das Mantra zu wiederholen – dreizehn Mal –, bis ihre Stimme nur noch ein gebrochener Hauch ist, wie das Seufzen eines Kindes:)

OM Namo Bhagavaté
OM Namo Bhagavaté
OM Namo Bhagavaté
OM Namo Bhagavaté
OM Namo Bhagavaté
OM Namo Bhagavaté
OM Namo Bhagavaté
Om Namo Bhagavaté
OM Namo Bhagavaté
OM Namo Bhagavaté
OM Namo Bhagavaté
OM Namo Bhagavaté
OM Namo Bhagavaté

(dann geht sie für eine halbe Stunde in eine tiefe Kontemplation)

Wieviel Uhr ist es?

Zehn nach elf, liebe Mutter.

(Satprem legt seine Stirn auf Mutters Schoß)

9. Mai 1973

(Mutter ist sehr verspätet, sie läßt Satprem vor den andern Schülern rufen. Von Anfang an hält sie seine Hände. Es ist herzzerreißend.)

Es geht nicht gut. Es geht gar nicht gut. Ich sehe dich ... Es geht nicht gut.

Was geht nicht gut, liebe Mutter?

Ich möchte schreien... Aber ...

(Schweigen)

Ich esse immer weniger, und so fühle ich mich ständig unwohl – eine große Schwäche[1]. Und dennoch fühle ich mich so stark!... Da ist nur ... Nun.

Wenn ich reglos bin, habe ich eine Macht – eine fast unbegrenzte Macht.

Ja. Ja, das spürt man.

Auf die Weise.

Und wenn ich in meinem Körper bin, fühle ich mich so unwohl ...

Ja, liebe Mutter, ich verstehe.

Und alles nimmt so viel Zeit in Anspruch! Heute morgen habe ich niemanden empfangen. Alle warten [die Besucher vor der Tür]. Mein Kind, was tun?

Ach, liebe Mutter!... Wir lieben dich, liebe Mutter.

Wie?

Wir lieben dich.

Was?

Wir lieben dich.

---

1. An diesem Tag fühlte Satprem, daß die Bewegung sich beschleunigte und daß der Augenblick kommen würde, wo ein radikal anderes Mittel nötig sein würde – vielleicht muß der höchste Druck des Todes „die allmächtige Macht" hervordringen lassen, die in den Zellen der Natur eingeschlossen ist, von der Sri Aurobindo in *Savitri* spricht? Als könne die höchste Macht nur aus dem höchsten Widerspruch zur Macht entspringen – bis der Tod seine Maske der Unsterblichkeit enthüllen wird.

Ich weiß nicht einmal mehr, was du sagst.

Ich sage dir, daß ich dich liebe.

Oh, mein Kind …

> *(Mutter geht in sich, während sie Satprems Hände hält[1].*
> *Dann ertönt Champaklals Glocke, zweimal, dreimal.)*

Wie spät ist es?

Elf Uhr, liebe Mutter.

Ist es zehn Uhr?

Nein, nein, elf.

Danke, mein Kind.

Oh, liebe Mutter!…

Danke, mein Kind.

Wir brauchen dich, liebe Mutter.

Danke.
Oh … oh! Danke, mein Kind…

Ach, Mutter, es ist eine solche Gnade, hier zu sein!

> *(Satprem legt seine Stirn auf Mutters Schoß)*

Auf Wiedersehen, Mutter!

14. Mai 1973

Und du?… Was gibt's?…

Und du? (Lachen)

Ich muß mich ständig zusammenreißen, um nicht zu schreien… Und dann erlebe ich von Zeit zu Zeit einen wunderbaren Augenblick – aber

---

1. Während dieser Meditation hätte Satprem am liebsten sein ganzes Leben in Mutters Körper einfließen lassen.

der ist so kurz! Ansonsten verhalte ich mich ständig so *(geschlossene Fäuste)*, um nicht zu schreien.

(Schweigen)

Was möchtest du lieber: meine Hand halten oder nicht?

(Satprem nimmt Mutters Hand)

Was ist dir lieber?

So ist es gut.

(Mutter geht in sich, Champaklal läutet unaufhörlich)

Ach, sie sind unerbittlich!...

15. Mai 1973

(Gespräch mit Sujata)

Du hast kühle Hände!
Hast du nichts zu sagen?

Ich liebe dich.

Du bist lieb *(Mutter streichelt Sujatas Hände).*

Wir alle lieben dich.

Ich euch auch.
Aber ich ... *(weite, nach oben weisende Geste)*

(Mutter fährt fort, Sujatas Wange zu streicheln, Schweigen)

Mein Gott ... Mein Gott ...

(Mutter drückt Sujatas Wangen)

Auf Wiedersehen!

Auf Wiedersehen, liebe Mutter!

15. Mai 1973

Krishna in Gold

(Eine Vision Sujatas am Nachmittag des 15. Mai)

Ein Ort ähnlich dem Sportplatz. Ein paar Leute hier und dort sprechen und gehen umher.

Ich stehe irgendwo in der Mitte des Platzes vor Mutters Tür.

Durch den Haupteingang fährt ein Fahrzeug herein – halb Karren, halb Droschke – gezogen von zwei Ochsen. Es kommt einige Meter vor mir zum Stehen. Der Fahrer läßt die Ochsen niederknien. Heraus steigt ein Herr. Die Kutsche wird weggefahren.

Der Herr ist in weiß gekleidet, nach indischer Façon (Dhoti, Punjabi). Er hat ein rundes Gesicht und ist hellhäutig. Er erinnert mich an einen Zamindar [Landherrn] aus dem Norden Indiens. Tatsächlich ist es der neue Besitzer, der gekommen ist, um den Ort zu übernehmen.

Die Türen hinter mir sind verschlossen. Er hält die Schlüssel.

Aber einen bestimmten Raum darf er nicht öffnen: nämlich den, den ich für Mutters Wohnstatt halte. Aber er geht geradewegs darauf zu und schließt die Tür auf.

Er tritt ein. Ich auch, als sei ich dazu berechtigt.

Wir gehen tastend weiter bis zum Ende dieses Raumes. Ich erkenne eine Art kleines Fenster in der Rückwand. In der linken hinteren Ecke steht ein reich geschmückter hoher Thron. Auf dem Thron sitzt eine Gottesgestalt.

Der Gott wirkt ziemlich klein auf dem riesigen Thron. (Er ist circa 60 cm hoch.)

Er ist aus massivem Gold gefertigt.

Zu seinen Füßen liegen Zeichen und Gegenstände der Verehrung.

Als wir uns ihm nähern, steigt ein intensives Gebet, eine Aspiration in mir hoch. Wir stehen vor ihm und sehen ihn an – mein ganzes Wesen ist ein intensives Gebet und eine Anrufung. Der Gott erwacht zum Leben. Er lächelt flüchtig und steigt dann herab.

Er reicht mir kaum zur Brust und sieht aus wie ein kleiner Junge von acht oder zehn.

Zu dritt treten wir aus dem Raum. Die Szene hat gewechselt. Jetzt befinden wir uns auf dem offenen Land. Ein weites, unbegrenztes Gebiet breitet sich vor uns aus. Einige Felder sind bepflanzt, aber der größte Teil liegt brach.

Wir gehen weiter. Wir gehen auf dem engen Rand eines angepflanzten Reisfeldes zu unserer Rechten. Es ist grün. Ich bin dem Reis am nächsten. Der Herr geht außen. Der Gott befindet sich zwischen uns. Er hat

einen komischen Gang. Er ist so schwer in seinem massiven Gold, daß
er von einer Seite zur anderen zu schwanken scheint. Ich bin ein wenig
besorgt und halte seinen Arm, um ihm zu helfen. Ich empfinde auch eine
Zärtlichkeit wie zu einem Kind.

Dann wende ich ihm mein Gesicht zu, um ihn zu ermutigen. Aber statt
daß ich auf ihn herabblicke, sieht er zu mir herab. Ich bin ganz erstaunt
zu sehen, wie groß er während dieses kurzen Ganges von nur wenigen
Schritten geworden ist. Jetzt bin ich es, die ihm kaum zur Schulter reicht.
Er scheint zu einem Knaben von 13 oder 14 herangewachsen zu sein.
Wie ich hinaufblicke, sieht er auf mich herab und lächelt. Oh, welch ein
Lächeln! äußerst liebevoll und voller Schalk. Es enthält eine ganze Welt:
„Siehst du, mir geht es gut. Nun wirst du sehen, wieviel Spaß wir haben!“

Wir wandern weiter. Zu unserer Linken sitzt M [ein in den Sanskrit-
schriften sehr bewanderter Schüler] mit gekreuzten Beinen und gebeug-
tem Kopf. Im Weitergehen denke ich: „Wie schade, wir werden direkt an
ihm vorbeigehen, er wird nicht einmal wissen, wer vorbeiging.“ Aber als
wir näher kommen, hebt er seinen Kopf und sieht. Ich freue mich für M.

Wir gehen weiter. Jetzt wechseln die Szenen sehr schnell. Wir begegnen
immer mehr Leuten. Bäume. Straßen. Noch mehr Leute. Wo immer
wir hinkommen, herrscht Aufruhr, Störung, Verwirrung. Als würde die
Gottheit überall Chaos verbreiten. Der Zamindar wird ärgerlich. Er hatte
die Gottheit herausgebracht, um den Leuten zu zeigen, was für ein feiner
Kerl er sei, und nun diese Bescherung!

Alle hätten ihm ihren Respekt bezeugen, ihm gehorchen sollen, denn
war er nicht der Eigentümer? Aber der Gott erzielte genau die gegenteilige
Wirkung! Er sollte nicht länger draußen sein. Er mußte dahin zurückge-
bracht werden, wo er hingehörte, und wieder eingeschlossen werden.

So gehen wir zum Heiligtum zurück. Diesmal bleibe ich draußen. Der
Zamindar bringt den Gott hinein und versucht, die Tür abzuschließen.

Aber die Gottheit will nicht eingeschlossen werden.

Ich kann den goldenen Gott immer mehr wachsen sehen.

Die Decke stürzt ein. Der Kopf und die Brust des Gottes stoßen durch
das Dach. Er reißt die Wände ein und wirft die Ziegelsteine in alle Richtungen. Der Zamindar verschwindet unter dem Schutt.

Der goldene Gott wächst. Immer größer und mächtiger. Er duldet
keinen Widerstand. Mit seinen mächtigen Händen reißt er die Wände
seines alten Heiligtums nieder.

Beim Aufwachen nannte ich ihn „Krishna in Gold“.

19. Mai 1973

Das letzte Treffen

(Sujata gibt Mutter eine hellgelbe, leicht goldene Hibiskus mit einem roten Zentrum. Mutter hält die Blume, ohne sie zu sehen. An diesem Tag waren wir voller Fragen.)

Was ist das?

„Das Ananda im Physischen".

Das brauchen wir dringend.

Ja, Mutter.

Und du?

Ich dachte an ein Zitat von Sri Aurobindo … In Savitri sagt er deutlich: „Allmächtige Kräfte sind in den Zellen eingeschlossen."[1]

In …?

In den Zellen.

Ach!… Wie interessant!

ALLMÄCHTIGE Kräfte.

(Schweigen)

Sagt er nicht mehr darüber?

Nicht zu diesem Thema … Man hat den Eindruck, daß das Bewußtsein der Zellen erwacht ist, aber nicht die Kraft.

(Mutter hat nicht verstanden)

Das Bewußtsein der Zellen … fehlt? Nein?

Nein, das Bewußtsein ist da. Das Bewußtsein der Zellen ist erwacht, aber die Kraft ist nicht da.

Ach!… „Erwacht", sagst du?

Ja, liebe Mutter. Denn wäre sie erwacht, gäbe es keine Schwäche in deinem Körper[2].

---

1. „Almighty powers are shut in Nature's cells." (IV.III.370)
2. Aber alle in ihrer Umgebung würden niedergewalzt   „pulverisierte Egos". Genau das konnten wir nicht verstehen, dieses unendliche Mitgefühl, das sich verschleierte, um größere Schäden zu vermeiden.

Nein.

Aber es ist DA, Sri Aurobindo sagt es deutlich: es ist DA, in den Zellen selbst.

Ja, wir brauchen es nicht zu suchen.

Aber was müssen wir tun, um die Kraft zu erwecken?

Der Glaube, unser Glauben.

Wenn wir es wissen und Vertrauen haben ... Aber mein Physisches, mein Körper verfällt sehr schnell – was kann diesen Vorgang aufhalten?

Mutter, ich glaube nicht, daß das ein Zerfall ist, das ist es nicht. Ich habe den Eindruck, daß du physisch zu einem so vollständigen Punkt der Schwäche geführt wirst, daß die vollste Kraft erwachen muß...

Ah!... das ist es.

Damit die Kraft GEZWUNGEN ist, sich zu manifestieren.

Oder ich kann ... ich kann den Körper lassen, nicht?

Oh, nein! Mutter, es muß jetzt geschehen.

(Schweigen)

Jetzt ist der Augenblick ... Ich bin mir sicher, daß dies KEIN Zerfall ist, ganz und gar nicht. Es ist KEIN Zerfall.[1]

(Mutter nickt zustimmend)

Nicht wahr, ich habe immer gesehen, daß im äußersten Gegensatz der andere Pol hervorspringt. In dieser scheinbaren Machtlosigkeit muß die höchste Macht sich zeigen. Das ist überhaupt kein Zerfall.

(langes Schweigen)

Was möchtest du jetzt tun?

Mit dir zusammen bleiben, liebe Mutter.

So? *(Mutter nimmt Satprems Hände)*

Ja, Mutter.

---

1. Wir kämpften mit aller Macht gegen die vorherrschende Atmosphäre des Todes in ihrer Umgebung. An diesem Tag berührten wir wirklich die „Formation des Todes".

(Mutter geht für zehn Minuten in sich)

Für mich stellt sich jetzt die Frage der Ernährung. Es wird mir zunehmend unmöglich zu essen. Kann der Körper ohne Nahrung leben?

Mutter, ich glaube wirklich, du wirst an einen Punkt geführt, wo sich etwas anderes manifestieren MUSS.

Wie?

Ich glaube, du wirst an einen Punkt geführt (sagen wir der Schwäche oder der Machtlosigkeit), wo sich etwas ANDERES manifestieren muß.

Ach ...
Vielleicht.

Verstehst du, solange es nicht ... ja, den unmöglichen Punkt erreicht, einen Punkt ...

Ach, der unmögliche Punkt ist fast erreicht.

Ja, Mutter, das fühle ich auch. Ich spüre, daß du an einem Punkt angelangt bist, wo etwas anderes hervorbrechen wird.

(Schweigen)

Es ist absolut nicht das Ende; es wird im Gegenteil bald der Beginn sein.

Man sagte mir, der Beginn werde erst sein, wenn ich hundert Jahre bin; aber das dauert lange!

Nein, Mutter, ich glaube nicht, daß es so lange dauern wird. Das glaube ich nicht. Eine andere Funktionsweise wird einsetzen. Aber es gilt, bis zum Ende der alten Art zu gelangen, und dieser Teil ist schrecklich.

Oh! ... Ich will wirklich nichts sagen *(Mutter schüttelt den Kopf)*, ich will nicht darauf bestehen, aber ... wirklich ... *(Mutter spricht mit geschlossenen Augen, und der ganze Schmerz der Welt ist in diesem Kopfschütteln).*

Ja, Mutter. Ich verstehe, Mutter, ich verstehe. Ja ...

Das Bewußtsein ist klarer und stärker als je zuvor, aber ich wirke wie eine alte Frau ...

Ja, liebe Mutter, das ist „normal", möchte ich fast sagen. Du wirst zu etwas anderem übergehen, ich fühle es – das ist kein bloßer Glaube, der da spricht: etwas anderes in der Tiefe versteht.

(Schweigen)

Ich spreche nicht von „Glauben", Mutter; etwas sagt mir wirklich: so IST es.

(Mutter geht in sich, stöhnt leicht, beugt sich nach vorn und scheint etwas zu suchen, nimmt dann wieder Satprems Hand und geht wieder in sich)

Wie spät ist es?

Fünf vor elf … Auf Wiedersehen, Mutter!

(dann schloß sich die Tür)

Und jetzt

Dann schloß sich die Tür.
Sie wird noch sechs Monate leben, 182 Tage.
Zwei Tage vor dem „Ende", wiederholte sie: „Ich will aufstehen und gehen …"
Vor unseren Augen bohrte man fünfundzwanzig Schrauben in ihren Sarg. Ein Sonnenstrahl fiel auf ihren Nacken; ihre Hände waren zusammengepreßt – eine solche Kraft lag in ihren Händen, eine solche Macht in diesem angeblich toten Körper! Und diese unbeugsame Konzentration.
Sie trug ein Gewand aus weißer Seide, eine kleine Bluse mit Goldknöpfen.
Der ganze Handlungsablauf zieht an unseren Augen vorbei – so viele Jahre und dieses alles durchdringende Lachen eines jungen Mädchens und dieses Schweigen aus Schnee, dieser Flügelschlag durch unendliche Räume, dieses solide Feuer, das den ganzen Körper wie in einer konkreten Liebe entflammt. So viele Mysterien. „Der Tod ist das Problem, das zu lösen mir aufgetragen wurde."

Schon sind die kleinen Persönlichkeiten, ihr Gutes und Böses, ihre Schmerzen und ihre kleinen Angelegenheiten im Schweigen der Nacht entschwunden. Auch dieser Schreiber wird morgen wieder in diese Flamme der Liebe zurückkehren, von wo er gekommen war, und sie wird wieder zur Süße des Ganges finden. Aber die Menschen? Die Geschichte? Müssen weitere Millionen Menschen sterben, noch mehr Schmerzen über Schmerzen? – Wann wird die immerwährende Liebe sein? Wann eine strahlende Erde?

Ist es wieder einmal für später?

„Eine neue Art zu sterben muß möglich sein", sagte sie 1963. Sie sprach so oft von diesem „Tod" – auch Savitri machte sich auf, Satyavan im Tod zu suchen. Was ist dieser Tod? ... Der Sarg? Dieses Grab aus grauem Marmor, auf den sie Räucherstäbchen und Blumen legen werden, während sie ihre eitlen Geschichten fortsetzen? Und innen dieses gewaltige Schweigen ... dieser aus Macht geschmiedete Körper. Jede seiner Zellen wiederholte das Mantra während so vieler Jahre und Minuten und Sekunden: OM Namo Bhagavaté, OM Namo Bhagavaté ...

Ist das alles? Ist hier das Ende?

Aber dieser Krishna in Gold hat die Ketten der alten Heiligtümer gesprengt; ausgelassen und übermütig zieht er über die Straßen der zurückgebliebenen alten Welt, überall Chaos, Zwist und Verwirrung verbreitend. Und überall die Sinnlosigkeit und die Illusion: die Wissenschaft und die Religionen, die Ideen und die Heilmittel, um das alte zerfallende Gerippe wieder auszubessern. Alles wird rissig, kracht zusammen, man spricht tausend Sprachen, und niemand versteht sich mehr. Die Staatspräsidenten gleichen Gauklern und die Gaukler den Weisen, und alles ist gleich, ob schwarz oder weiß, chinesisch, russisch oder amerikanisch. Und Krishna blinzelt uns zu: „Na, wartet, ihr werdet schon sehen!..." Die Bombe? – Nein, das wäre allzu kindisch. Das Ende der Illusionen, das Ende der menschlichen Illusion – da geht es um mehr, und es ist sehr verwirrend. Und wenn alles falsch wäre? Die Medizin und der Heilige Stuhl, Aristoteles und Euklid und die Vervielfältigung der Moleküle der Desoxyribonukleinsäure in alle Ewigkeit – und wenn es all das nicht gäbe?... Ein heftigeres Erdbeben als alle ihre Hiroshimabomben zusammen. Unser mentaler Kahn für immer zerschmettert und der Mensch an ein unbekanntes Ufer geschleudert?...

Die Strandschnecke aus ihrem Gehäuse gekrochen. Und es war doch eine so imposante und mathematische Welt ... in diesem Gehäuse. Aber plötzlich gibt es kein Gehäuse mehr, keine „Mathematik" mehr – nur noch ... was?

Die gewaltigste Revolution der Welt.

Alexander der Große und Lenin und die Pompadour (samt Einstein und dem letzten Friedensnobelpreisträger) waren so imposant ... in dieser Strandschnecke. Aber ohne Strandschnecke ist es etwas anderes.

Ein gewaltiges ANDERES.

„Ich bin dabei, die Illusion aufzuspüren, die wir zerstören müssen, damit das physische Leben ununterbrochen sein kann ... Der Tod kommt von einer Entstellung des Bewußtseins."

Und wenn alles in unserem mentalen Wasserloch „entstellt" wäre? Wenn unsere ganze Lebensweisheit, jeder unserer Schritte, unsere Distanzen, unsere Zeit, unsere Augen falsch wären? Der Blick eines Marienkäfers, einer Strandschnecke, eines Menschen – und dann die Augen von morgen!

Krishna in Gold ist dabei, die alte Kruste zu zerschlagen: die Kruste des Guten und des Schlechten, der Hoffnung und der Verzweiflung – die Kruste von Leben und Tod. Und wenn es gar kein „Leben" und gar keinen „Tod" mehr gäbe?

Ein schwindelerregender Blick.

Und die unverbesserlichen Menschen fahren fort, die Evangelien der Strandschnecke zu zitieren, Räucherstäbchen auf grauen Marmorgräbern zu verbrennen, Babies in die Welt zu setzen, während Krishna in Gold die Decken einstürzen läßt – wie werden sie aus diesem Umbruch hervorgehen?

In diesem Grab wiederholen Abertausende und Millionen von Zellen das Mantra, unablässig, unaufhaltsam – eine neue Schwingung untergräbt die Mauern der Welt. In diesem gewaltigen Schweigen setzt eine einsame kleine menschliche Form mit zusammengepreßten Händen das Gebet der Welt fort, wiederholt den Anruf der Erde, geht weiter ... Sie wollten sie nicht mehr lebend haben – sie ist dabei, den Tod zu besiegen.

Dieser Schleier der Illusion über einer unbekannten Wirklichkeit. Sie untergräbt den Tod von innen heraus.

Wenn nichts mehr von unseren Illusionen übrig bleibt, wird „Das" sein.

„Ich bewege mich auf einem äußerst schmalen Grat ..." Die Welt bewegt sich auf einem äußerst schmalen Grat. Wird sie auf die eine oder andere Seite fallen?

Vielleicht ist die Stunde gekommen, zu wissen, was man will.

Manchmal scheinen wir fast einzudringen in dieses Grab, so intensiv ist unser Blick, so schmerzerfüllt unser Herz. Und fast scheint es uns, als sähen wir etwas ganz Stilles, die Augen weit geöffnet auf den Tod, und ein unbeugsamer Wille – der wartet.

Der darauf wartet, daß sich unser Gebet dem ihren anschließt. Mutter, was hast du diesen Menschenkindern zu sagen?

An diesem 18. November 1973 sagte sie uns etwas. Wir waren wie vom Donner gerührt, ein einziger Schmerz von Kopf bis Fuß, wir saßen zwischen diesen Hunderten und Tausenden von Leuten, die eine „Tote" anschauten. Die Ventilatoren surrten, die Neonlichter brannten; ein Duft von Räucherstäbchen und Jasmin lag in der Luft; sie beeilten sich, ihren Sarg zu zimmern. In unserem Herzen war ein so gewaltiges „Unmöglich" wie ein Schrei der ganzen Erde und aller schmerzbeladenen Menschen dieser Erde. Das war also das „Ende", es war wie immer – wie in Theben, wie in Babylon, wie in Buchenwald. Dort hörte es auf, und man beginnt von neuem. Es war so schreiend unmöglich. Niemals, niemals würde ich von vorn beginnen. Niemals, niemals ein „Nocheinmal" mit all seinen Schmerzen, all seinen Gebeten, diesem großen Daseinsschmerz für nichts. Millionen von Menschen in meinem Herzen, alle gleich, die so inbrünstig auf DIESEN MOMENT gewartet hatten. Und es gab keinen Moment. Wieder wird man Euklid lernen und die Schwerkraft der Körper ... in einem anderen Leben, und wieder dieser Schmerz und dieses „Glück", und wieder das Loch? Wir waren derart gebrochen und erschüttert an diesem 18. November – da war nichts mehr als ein betäubender Kopfschmerz und leere Augen, die auf diesen Todeszug starrten. Und dann hatten wir plötzlich die ungeheuerlichste Erfahrung unseres Lebens. Wir hatten uns so oft bei Mutter beklagt, nie „Erfahrungen" zu haben. Wir waren in keiner Verfassung, eine Erfahrung zu haben oder uns zu konzentrieren oder zu beten oder sonst irgend etwas zu wollen – wir waren einzig dieser Kopfschmerz, dieser Körper, dem alles wehtat, diese Art von erschreckender Nichtigkeit, die auf eine kleine weiße Gestalt starrte. Eine unverständliche Maskerade. Es war falsch, zum Heulen falsch. Es war ein Traum, es war nicht wahr.

Das ganze Leben war nicht wahr.

Da nahm sie uns in ihre Arme. Sie hob uns über unseren Kopfschmerz hinweg, hob uns über die Menge hinweg, hob uns über all diese kleinen unverständlichen Körper hinweg – und dann ein Bersten. Wir traten in ein gewaltiges Glockengeläut ein – weit wie das Universum, jenseits aller Universen, aller Leben, aller Körper, und dennoch DARIN *–, ein gewaltiges Glockengeläut, das die Welten hinwegfegte, die Schmerzen hinwegfegte, die Fragen nach dem Wie hinwegfegte, und wir waren nur noch in diesem gewaltigen Tönen, von dem jeder Schlag durch das Universum hallte:*

KEIN HINDERNIS, NICHTS STEHT IM WEG
KEIN HINDERNIS, NICHTS STEHT IM WEG
KEIN HINDERNIS, NICHTS STEHT IM WEG

... ein ungestümes Läuten, und die ganze Welt erzitterte in einem Sturm von zwingender, unwiderstehlicher Freude – triumphierend. NICHTS STEHT IM WEG ...

Die neue Welt war nicht aufzuhalten. Es war da.

Es war getan.

Unser ganzer Körper zitterte.

21. Juni 1981
Land's End

Bibliographie

Auf deutsch erhältliche Werke von und über Mutter und Sri Aurobindo:

Beim Verlag Hinder + Deelmann erhältlich:

Sri Aurobindo:
   Das Göttliche Leben
   Die Synthese des Yoga
   Essays über die Gita
   Savitri: Legende und Sinnbild (deutsche Übersetzung von Heinz Kappes)
   Das Geheimnis des Veda
   Die Grundlagen der indischen Kultur
   Das Ideal einer geeinten Menschheit
   Über sich selbst
   Licht auf Yoga
   Bhagavadgita (aus dem Sanskrit übersetzt von Sri Aurobindo)

Die Mutter:
   Mutters Agenda (13 Bände)

Satprem:
   Das Abenteuer des Bewußtseins
   Mutter – Der Göttliche Materialismus
   Mutter – Die neue Spezies
   Mutter – Die Mutation des Todes
   Der Aufstand der Erde
   Evolution 2
   Das Mental der Zellen
   Der Sonnenweg
   Gringo

Beim Verlag W. Huchzermeyer erhältlich:

Sri Aurobindo:
   Die Dichtung der Zukunft
   Zyklus der menschlichen Entwicklung
   Briefe über den Yoga
   Gedanken und Aphorismen, mit Erläuterungen der Mutter
   Sawitri – Eine Sage und ein Gleichnis (zweisprachige Ausgabe,
                                          deutsche Übersetzung von Peter Steiger)
Die Mutter: **Gespräche 1950-1958**
Sri Aurobindo: **Briefwechsel mit Nirodbaran**
Nirodbaran: **Gespräche mit Sri Aurobindo**
Nirodbaran: **Zwölf Jahre mit Sri Aurobindo**
Satprem: **Vom Körper der Erde oder der Sannyasin**

Beim Aquamarin Verlag:

A. B. Purani: **Abendgespräche mit Sri Aurobindo**

ausführlichere Inhaltsangaben bei www.evolutionsforschung.org

www.ingramcontent.com/pod-product-compliance
Lightning Source LLC
Chambersburg PA
CBHW081322090426

42737CB00017B/3002